U0943417

肖高华 著

曾国藩文化思想与中国近代化

中国社会科学出版社

图书在版编目（CIP）数据

曾国藩文化思想与中国近代化／肖高华著．—北京：中国社会科学出版社，2016.8

ISBN 978-7-5161-8742-5

Ⅰ.①曾…　Ⅱ.①肖…　Ⅲ.①曾国藩（1811—1872）—中华文化—思想评论　Ⅳ.①K252.03

中国版本图书馆CIP数据核字（2016）第189870号

出 版 人　赵剑英
责任编辑　孔继萍
责任校对　张依婧
责任印制　何　艳

出　　版　中国社会科学出版社
社　　址　北京鼓楼西大街甲158号
邮　　编　100720
网　　址　http：//www.csspw.cn
发 行 部　010-84083685
门 市 部　010-84029450
经　　销　新华书店及其他书店

印刷装订　北京市兴怀印刷厂
版　　次　2016年8月第1版
印　　次　2016年8月第1次印刷

开　　本　710×1000　1/16
印　　张　15.25
插　　页　2
字　　数　250千字
定　　价　58.00元

目　录

绪　论

一　曾国藩之人生历程

曾国藩（1811—1872），字伯函，号涤生，湖南湘乡（今双峰）人，中国近代史上著名的政治家、军事家和思想家。曾国藩出生于清王朝由强盛转入衰落的历史时期，祖籍世代务农，传到他的上五世时已经颇有家业，但家世并不十分显赫。正如曾国藩后来所说，曾氏家世微薄，自明朝以来，没有以学业为生之人。

曾国藩六岁入私塾读书，取名子城。八岁时，曾国藩的父亲曾麟书开馆授业，曾国藩跟随父亲学习《诗》《书》《周礼》《仪礼》《史记》《文选》等。道光十年，曾麟书把曾国藩送往湖南衡阳，跟随汪觉庵学习。一年多时间后，曾国藩又返回湘乡连滨书院学习，得到山长刘象履的高度赏识。

道光十四年，曾国藩进入岳麓书院学习，师从当时岳麓书院山长欧阳厚均。当年与曾国藩在岳麓书院学习的同学还有罗泽南、胡林翼、郭嵩焘、左宗棠、刘蓉、刘长佑等人，其后来大部分成为了湘军重要将领。道光十五年，曾国藩第一次入京参加会试，但是考试结果名落孙山。道光十八年，曾国藩第二次入北京参加会试，得中三甲第四十二名进士，朝考一等，改为翰林院庶吉士。从此以后，曾国藩置身词林，改名为国藩，意味着抱有澄清天下的远大志向。随后，曾国藩与郭嵩焘等同行，回到湖南老家，酬谢亲友，祭拜祖坟。

道光二十年，翰林院举行散馆考试，曾国藩从湖南返回北京参加考试。这次考试的散馆题目为《正大光明殿赋》，以“执两用中怀永图”为韵，诗的题目为《赋得“人情以为田”》。在散馆考试中，曾国藩名列二等第十九名，被授职翰林院检讨，随后担任国史馆协修职务。道光二十三年，曾国藩参加翰詹廷试，廷试的题目为《如石投水赋》，其韵为“陈善闭邪谓之敬”。在这次廷试中，曾国藩列二等第一名，任职翰林院侍讲。不久之后，清廷任命曾国藩为四川省乡试正考官。

道光二十四年，曾国藩担任翰林院教习庶吉士职位。次年，曾国藩先后担任詹事府右春坊右庶子、翰林院侍讲学士、文渊阁直阁事等职。道光二十六年，湖南籍京官上书皇帝奏稿，由曾国藩撰写，意味着他已经成为湘籍京官之首。道光二十七年，曾国藩参加翰詹大考，取得了二等第四名的优异成绩，最后通过了仕途上层层的八股制艺考试，任职为内阁学士，同时兼礼部侍郎，次年升职为礼部右侍郎，开始了其真正的官场生涯。任礼部右侍郎之后，得到领班军机大臣穆彰阿的赏识，四年之中，曾国藩先后担任过兵、工、刑、吏各部侍郎，最后升到二品大员。

在京官期间，曾国藩经常拜访理学师友。道光二十一年，曾国藩访问唐鉴，唐鉴告诫其“诗、文、词、曲，皆可不必用功，诚能用力于义理之学，彼小技亦非所难”。在这个时期内，曾国藩写了两篇关于唐鉴的文字，分别为《送唐先生南归序》和《唐镜海先生七十生日同人寄怀诗序》。唐鉴对曾国藩影响很大，他对义理之学开始有了一个较为全面的认识。

咸丰二年，曾国藩典试江西，其间因母亲病故回家守孝。咸丰三年，湖南巡抚张亮基转来咸丰帝的寄谕，令曾国藩帮同湖南巡抚办理本省团练。接到谕旨后，曾国藩力陈不能出山办理团练，后来，在郭嵩焘的多次劝诫之下，才勉强同意。在担任湖南团练大臣之后，曾国藩在长沙设立了审案局，招募勇丁，揭开了平定太平天国运动的序幕。

在曾国藩担任湖南团练大臣之后，张亮基调往武昌署湖广总督。不久之后，骆秉章出任湖南巡抚，曾国藩的处境十分艰难，于是给朝廷上了《移住衡州折》。曾国藩愤怒出走衡阳后，开始一心一意训练湘军。咸丰三年十月，太平天国西征军围攻武昌，清廷谕令曾国藩赶紧督带兵勇炮船，驰赴长江下游会剿。曾国藩借此机会向清廷申请筹备炮船，在衡阳、湘潭所设的两个船厂自造。经过半年的努力，曾国藩所组建的湘军已经具有了初步的规模。湘军的创建，为曾国藩日后的辉煌事功打下了坚实的基础。

咸丰三年，太平军攻克南京，斩杀两江总督陆建瀛。在太平天国定都南京之后，分别派出军队进行北伐和西征。太平天国西征军于咸丰三年十二月攻克庐州，安徽巡抚江忠源投水自尽。次年一月，西征军在黄州大败清廷军队，湖广总督吴文镕在战役中丧生。随后，西征军攻克武昌，进入湖南，迅速攻占岳州、宁乡、湘阴等地，直接威逼长沙。

咸丰四年二月，曾国藩率领水陆两师，从衡阳启程，着手准备东征。曾国藩占领岳州之后，对太平军的轻视，致使其受挫后被迫退回长沙。在靖港之战大败之后，曾国藩感到奇耻大辱，试图投湘江自尽，被幕僚章寿麟救出。就在曾国藩灰心丧气之际，部下塔齐布取得湘潭大捷，打败林绍璋的太平军，湘军取得的第一个胜利，把曾国藩从死亡线上拉了回来。

经过靖港之败和湘潭大捷之后，曾国藩取得了许多经验教训，开始对湘军进行大规模的整顿。经过整顿后，咸丰四年五月，曾国藩从长沙出征，连克常德、澧州、岳州。在平定湖北之后，曾国藩辞谢了署理湖北巡抚的任命，一心带领湘军东下，并制订了三路进军计划，大有一鼓作气攻克南京的气势。

然而，九江战役再次兵败，重演靖港之败的一幕，曾国藩又一次跳江，恰逢水师统领彭玉麟驾驶舢板路过而救起。九江战役之败，破坏了曾国藩直接攻克南京的计划，很长时间之内被迫坐困江西。九江战役之败后的一两年时间内，曾国藩没有取得任何战功，并与江西官员结怨极深。当时江西巡抚陈启迈，更多地考虑江西地方利益，与曾国藩产生了很大矛盾，致使曾国藩的处境相当尴尬。正如王定安所说："曾文正以客军羁江西，外逼石达开、韦昌辉诸剧寇，内与地方官相抵牾，其艰危窘辱，殆非人所堪。"① 曾国藩当时也说："余前在江西，所以郁郁不得意者：第一不能干预民事，有剥民之权，无泽民之位，满腹诚心无处施展；第二不能接见官员，凡省中文武官僚晋接有稽，语言有察；第三不能联络绅士，凡绅士与我营款惬，则或因醋而获咎。坐是数者，方寸郁郁，无以自伸。"②

咸丰六年，曾国藩奔父丧在家，待了整整将近两年的时间，基本上为朝廷所遗忘。咸丰八年六月，曾国藩重新受到朝廷的起用，统令分散在各地的各路湘军的散兵游勇。八月，太平军在陈玉成、李秀成的率领下，对江北大营进行集中攻击，削弱了在安徽的清军势力。因此，曾国藩把攻下

① 王定安：《湘军记》，岳麓书社 1983 年版，第 57 页。

② 《曾国藩全集·家书》（一），岳麓书社 1985 年版，第 360 页。

安庆作为首要目标，然太平军在三河镇大败湘军，湘军将领李续宾、曾国华丧生。

三河镇大败之后，湘军士气低迷。此时，曾国荃在湖南招募了一支湘勇，前往支援曾国藩。咸丰九年十月，曾国藩制订计划，准备分兵四路围攻南京。与此同时，清军江南大营因遭到太平军的强烈攻势而惨败，两江总督何桂清败逃。于是，朝廷谕旨命曾国藩担任两江总督。咸丰十一年，曾国荃率领的湘军攻下安庆，从此湘军名声大震。

在夺取安庆之后，经营江浙便成了曾国藩的重要工作，由此出现了左宗棠、李鸿章两位显赫人物。

咸丰十年，到曾国藩幕府不久的左宗棠就得到曾国藩的举荐，朝廷谕旨左宗棠以四品京堂候补，随同曾国藩襄办军务。安庆大捷之后，曾国藩上奏朝廷，要求左宗棠督办浙江全省军务，全省所有主、客各军，均归其节制。在左宗棠的楚军攻占杭州后不久，朝廷命左宗棠补授闽浙总督，同时仍然担任浙江巡抚职务，成为清廷大员，与曾国藩处于同等地位。

咸丰十年，曾国藩派李鸿章做淮扬水师的组建工作。次年，淮扬水师建成，曾国藩举荐李鸿章为水师总督。之后李鸿章在安徽组建淮军。从此，湘军、楚军、淮军三足鼎立，从三面威胁南京，成为后来平定太平天国的主要力量。曾国藩在安庆大捷之后，攻下南京成为他的一个重要目标。同治三年，曾国荃加强了对南京的进攻。在南京即将攻下的情况下，为了不大功独享，曾国藩奏请朝廷派李鸿章率领淮军前来合攻，最后终于攻下南京。

同治三年，朝廷命令曾国藩北上剿捻，两江总督职务则暂时交给李鸿章。曾国藩在接到朝廷谕旨后，没有立即听从朝廷命令，而是向朝廷上了两道奏折，即《遵旨赴山东剿贼并陈万难迅速缘由折》《请另简知兵大员督办北路军务片》。在没有办法的情况下，同治四年，曾国藩带领军队北上。曾国藩采取河防之策，根本防范不了迅速发展的捻军，因而主动向朝廷提出辞职。同治五年，朝廷把曾国藩和李鸿章调换了位置，曾国藩回任两江总督，授李鸿章为钦差大臣，专办剿匪事宜。

同治六年，曾国藩重新担任两江总督之后，认为制造轮船是救亡图存的一种重要手段，“中国自强之道，或基于此”①。早在咸丰十一年，曾国

① 《曾国藩全集·奏稿》（十），岳麓书社1993年版，第6092页。

藩就在安庆设立了中国第一家军械所，用于生产近代化的武器装备。当时，华衡芳和徐寿同时到达江南制造总局，共同支持曾国藩的洋务事业。同时，曾国藩派容闳去西洋购买制造机器的母机，这是中国第一次大规模地把西方先进设备引进国内。除了把制造枪炮的任务交给江南制造总局之外，曾国藩还在局内设立翻译馆，翻译外国书籍，西方近代文化从此进入中国。曾国藩认为，中国要想学习西方科学技术，徐图自强，仅依靠购买外国机器是不行的，还必须派遣留学生出国深造。

总而言之，为抵抗外国的入侵，曾国藩对西方近代文化的学习从“学作炮弹、学造轮舟”入手，发展到购买制造机器的母机，再发展到翻译介绍西方近代科学技术，最后到派遣留学生出国，开始了对“西学”的引进，正式启动了中国近代化的历史进程。

同治九年，发生了震惊中外的天津教案。事件发生后，法国联合各国外交官向清政府抗议，扬言不按照法国要求处理教案，天津将被夷为平地。清廷命令直隶总督曾国藩，前往天津和崇厚一起处理教案。曾国藩反复思考，认为要想妥善处理天津教案是很难的，但仍然抱着“信守和约”的外交思想去处理这一案件。在处理过程中，曾国藩采取“理势并重”的原则，力求不引发战争，但最终还是没有让国人满意，无论是朝廷还是民间，除郭嵩焘等少部分人之外，纷纷对其进行谴责，其一世英名毁于一旦。在处理天津教案后，曾国藩遵旨重任两江总督，不久病逝于任上。

二 海内外相关研究述评

曾国藩是中国近代史上著名的政治家、军事家和外交家，中国传统文化的集大成者、著名理学大师，同时又是洋务运动的首创者，西方近代文化的积极倡导者。自去世之后，曾国藩一直为学界所关注，尤其是民国时期和20世纪80年代之后，在这两个历史时期，曾国藩文化思想受到学术界的普遍关注，一度成为学术热点。学者们对曾国藩传统文化思想尤其是理学经世思想，以及近代文化思想等方面，都进行了深入研究。

（一）20世纪80年代以前关于曾国藩文化思想的研究

就在曾国藩去世后不久的清末时期，王定安、欧阳兆熊等人开始对曾国藩文化思想的理论渊源进行探讨。王定安在《曾文正祠雅图记》中，明确指出曾国藩的学术渊源来自义理之学。他认为，曾国藩欲融门户销畛疆，力求实事矫空疏，兼崇义理耻穿凿。欧阳兆熊认为，曾国藩文化思想吸收了诸子百家之长。他指出，曾国藩的学术思想一生三变，其最初钻研翰林辞赋，在师从唐鉴之后，笃信程朱理学，后来又探讨六书之学，博览乾嘉训诂诸书，而不以宋学注经为然。欧阳兆熊认为，在京官时以程朱为依归，至出而办理团练事务之后，复而以申韩为用。①

民国时期尤其是在国家危难之际，形成了一个曾国藩文化思想研究的高潮，学界从曾国藩文化思想与诸子百家的关系、曾国藩文化思想与中国传统文化及西方近代文化之间的关系、曾国藩经济文化思想、曾国藩教育文化思想、曾国藩军事文化思想、曾国藩文化思想的整体评价等方面，进行了深入探讨。

关于曾国藩文化思想与诸子百家的关系。钱穆认为，曾国藩文化思想以理学为主，博采百家。他指出，曾国藩能平定太平天国，成为显赫一时的人物，在于其能兼采当时汉学家、古文学家长处，以补理学枯槁狭隘之病，其“论学之平正通达，宽宏博实，有清二百余年，固亦少见其匹矣”。② 钱基博认为，曾国藩生平所得力者，在当时的历史条件下能从容挽救危局，使国家转危为安也，持己平实，不为矫激，而欲萃诸子百家之长而当躬。③ 何贻焜在《〈曾公评传〉叙》中，较为全面地指出了曾国藩与诸子百家之关系。何贻焜认为，曾国藩博取百家之长，树德上追寻孔周，自苦仿效禹墨，持法窃用申韩，善处功名之际，则又取于黄老之术。他说：“故公之大者本于《礼经》，于诸子百家之术，亦取其长而不溺其偏。其于宋大儒之学，笃宗程朱，而于象山、姚江，亦不附和世儒，轻事非诋。故其道大而能容，通而不迂，此公所以能定当时之难，为近代英贤之宗，赫然与葛陆范马诸人争烈也。”④

关于曾国藩与中国传统文化及西方近代文化关系的研究。郭斌龢认为，曾国藩既坚守中国传统文化，又学习西方近代文化。他指出，曾国藩是中国传统文化的典型代表，曾国藩之荣耀，是中国传统文化之荣耀，从曾国藩的人格修养上，可以充分反映出中国传统文化的价值。他认为，曾国藩才德兼备、文武兼备，有宗教家的信仰而无其迷妄，有道德家之笃实而无其迂腐，有艺术家之风采而无其浮华，有哲学家之深思而无其凿空，

① 欧阳兆熊：《水窗春呓》，中华书局 1984 年版，第 17 页。

② 钱穆：《中国近三百年学术史》，中华书局 1986 年版，第 591 页。

③ 钱基博：《近百年湖南学风》，岳麓书社 2010 年版，第 29 页。

④ 《李肖聃集》，岳麓书社 2008 年版，第 204 页。

有科学家之条例而无其支离，有政治家之手腕而无其权诈，有军事家之韬略而无其残忍，是中国传统教育理想与制度下所造就的最良成果。他说："西洋历史上之人物中，造诣偏至者固其多，然求一平均发展道德文章事功三者之成就，可与文正相比者，实不数数觏。"[①] 同时，郭斌龢认为，曾国藩并不排斥西方近代文化，如派遣留学生出国学习，创设机器局，江南制造局内翻译西方著作，等等。

蒋廷黻分析了曾国藩的中国传统文化观与西方近代文化观。他指出，曾国藩是中国传统文化的代表人物，孔孟程朱的忠实信徒，甚至是理想主义人物，是实践主义的理学家。同时，蒋廷黻认为，曾国藩已经认识到政治的改革必须有精神的改革，而精神教育是曾国藩终身事业的基础，也是其在中国近代史上有着特殊地位之所在。他将曾国藩事业分为两部分：一是革新，即接受西方近代文化；二是守旧，即恢复中国传统文化之美德，认为"这是曾国藩对我国近代史的大贡献，我们至今还佩服曾文正公，就是因为他有这种伟大的眼光"[②]。

萧一山赞扬曾国藩能发扬中国传统文化之意蕴，以礼学经世为依归，其人格修养、道德境界有着特殊的造诣，绝不是一般汉学家、理学家、文学家所能比拟的。他认为曾国藩既坚守中国传统文化，又吸收西方近代文化。他认为，曾国藩的救国方案，是分作两方面进行的，一方面守旧，就是恢复中华民族固有的美德，以"公""诚"的精神来改造旧社会；另一方面革新，就是在一定程度上接受西方近代文化，以"炮""船"的机械科学来开创新事业。他说："革新守旧同时进行，这是经世学的必然道理，也是曾国藩对我国近代史的大贡献。"[③]

关于曾国藩政治文化思想研究。李朴生认为，曾国藩在事业上最受人称赞的地方，就是知人善任，并对曾国藩的人才观及用人方法进行了系统介绍。[④] 林炳康认为，曾国藩把太平天国爆发的原因归之于吏治腐败，把惩治吏治腐败视为挽救清王朝的重要手段，对后世整饬吏治有一定参考价值。[⑤]

---

① 郭斌龢：《曾文正公与中国文化》，《大公报》1932 年 11 月 7 日。

② 蒋廷黻：《中国近代史大纲》，东方出版社 1996 年版，第 42 页。

③ 萧一山：《曾国藩传》，东方出版社 2009 年版，第 142 页。

④ 李朴生：《曾国藩的用人方法》，《行政效率》1934 年第 7 期。

⑤ 林炳康：《曾国藩论国难与吏治》，《行政效率》第 3 卷第 2 期，1935 年。

关于曾国藩经济文化思想研究。唐庆增认为，曾国藩的经济思想包括消耗、重农、盐政、币制、厘金，认为曾国藩经济思想能够注重国计民生，对于解决当时的时弊有一定的积极作用。① 盐务是当年关系到国计民生的重大问题，齐宣着重论述了曾国藩在整理盐务上的作用和贡献。②

关于曾国藩教育文化思想的研究。黎正甫对曾国藩的家庭教育思想进行了研究，认为曾国藩教育子女的主要内容，可归纳为四个方面，即做人、为学、养生、治家。曾国藩特别注重家庭教育，而又能尽其教育子弟之责，本智育、德育、体育三个方面，治家处世孝友为人之道，以循循善诱引导子弟，着重实际，不落迂腐空谈，其训勉子弟者，都能适合其个性，而非难行难做之事。③ 曾胜镇对曾国藩教育思想形成的家庭环境、时代背景进行了分析，并对曾国藩的政治教育、军事教育、家庭教育、健康教育等方面进行了系统阐述。④

关于曾国藩的军事文化思想研究。黄仁荣认为，对曾国藩的选将之道、选兵之法、用兵之方等方面进行了研究，认为曾国藩自练湘军到临终，共二十余年，其治兵的方略，对后世治军有借鉴作用。⑤

曾国藩的实干精神受到民国学界的肯定。秦骊认为，曾国藩的实干精神反映在事业上是，做事切实际，不做则已，做必有成；不避艰难险阻，百折不挠；对上对下、对己对人都是一个“诚”字；无论大事小事都能兼顾。⑥ 乃统认为，虽然曾国藩以文人统兵，但没有当时文人的颓风、武人的弊端，注重实践而不浮夸，以忠诚而挽救时弊，其后尤能吸收科学思想，打开国人以往守旧的思想，成就其伟大的事业。⑦

民国时期，关于对曾国藩文化思想的整体评价问题，大多数学者对曾国藩文化思想持肯定的态度。但是，王芸生、宋亮等人，对曾国藩文化思想的评价持否定的态度。王芸生认为，曾国藩是中国正统书生的最后一个典型代表，是最后一个卫道者，以中国本位文化效忠满清王朝，维持中国传统社会的专制统治，阻碍了中国现代化进程。他认为，曾国藩所捍卫的

---

① 唐庆增：《曾国藩之经济思想》，《经济学季刊》第5卷第4期，1935年3月。
② 齐宣：《曾国藩对盐务的贡献》，《东亚经济月刊》第1卷第5期，1942年。
③ 黎正甫：《曾国藩的家训》，《公教学校》第28期，1936年。
④ 曾胜镇：《曾国藩的教育思想》，《师大月刊》第28期，1936年7月。
⑤ 黄仁荣：《曾国藩之生平及其治军方略》，《黄埔月刊》第5期，1935年。
⑥ 秦骊：《曾国藩之实干精神及其事业》，《汗血学刊》第2卷第6期，1934年。
⑦ 乃统：《曾国藩的实干精神》，《励志》第4卷第29期，1936年。

名教是孔孟之教，反对的是外夷之绪，湘军与太平天国之间的战争，实际上是文化战争，中国旧文化对接受了一些西方新文化的革命运动的战争，由鸦片战争到太平天国运动，中国本应走现代化的新道路，而曾国藩领导的湘军的胜利，又使中国传统文化得到了一次兴奋，延缓了中国现代化的进程。[①] 宋亮认为，曾国藩并没有澄清海内的大志，只是一个实用主义者，一个热心功名的地主绅士的顽固分子而已，在鸦片战争之后，中国应该走现代化的道路，但宋儒神秘化的道统，阻碍了中国现代化进程。[②] 王德亮则对王芸生的观念提出了批评，认为其完全抹杀了历史事实，肆意污蔑曾国藩文化思想。他指出，曾国藩在平定太平天国后，以求中国的进步、中国的富强，完全向着现代化的道路前进。[③]

新中国成立后到20世纪80年代之前，这个时期学界对曾国藩文化思想的研究较少，并且基本上持否定态度。阿英认为，曾国藩站在帝国主义的立场，替帝国主义洗刷罪恶，做帝国主义的代言人，为帝国主义的利益残酷镇压天津人民的爱国行动，做帝国主义的刽子手。[④]

（二）20世纪80年代以来关于曾国藩文化思想的研究

关于曾国藩理学思想的研究，是20世纪80年代以来曾国藩文化思想研究的重要领域。秦志勇认为，曾国藩的哲学思想主要源于程朱理学，具有注重实际的特点；其理学经世思想在一定程度上适应了当时社会实际的需要，因而具有一定的积极意义。[⑤] 胡维革等人认为，在中国近代特定的文化背景下，曾国藩将“空疏虚骛”的程朱理学与“务实求朴”的经世之学有机结合起来，构筑了独具特色的理学经世思想，并以仁学和理学为纽带，将理学与经世联结在一起，重新解释义理、辞章、考据、经济四者之间的关系，再现了传统儒学“内圣外王”的本质精义，从而将传统儒学发展到了一个新的里程碑。[⑥] 黄长义认为，曾国藩服膺程朱理学，全力研习经世之学，成为一位思想驳杂、颇富特色的理学经世思想家；同时，其经世思想具有“卫道”和“创新”的两重特点，既开中国近代化之端

---

① 王芸生：《论曾国藩》，《人物杂志》1946年创刊号。

② 宋亮：《曾国藩的新评价》，《建政月刊》第2期。

③ 王德亮：《与王芸生先生论曾国藩》，《中央周刊》1948年第40期。

④ 阿英：《曾国藩的媚外》，《人民日报》1960年11月5日。

⑤ 秦志勇：《曾国藩的理学经世思想及理学用世观》，《北方工业大学学报》（人文社科版）1996年第2期。

⑥ 胡维革、张昭君：《曾国藩理学经世思想探渊》，《北方论丛》1996年第1期。

绪，又开启了中国文化保守主义的先河，对中国近代社会和近代文化的变迁，都产生了极其深刻的影响。①

朱汉民认为，曾国藩调和汉宋之争，把“经济之学”明确作为孔门学说中“四者阙一不可”的独立门类，体现其理学经世的主张，其大力吸取儒学思想中实用理性的养料，主张实事求是，并对儒学的“礼”作了极为独到的发挥，为其理学经世思想找到了理论根据；在曾国藩“无所不窥”的学问追求中，礼学一直是其关注的学术重心，具体包括礼经学、礼仪制度考订、礼学理论等方面，其礼学思想中体现出“兼综汉宋”的学术旨趣，均源于其以礼治人的经世理念。② 邓亦武认为，“理学经世”是曾国藩思想体系的精髓，而理学经世思想的实质就是求实，曾国藩恰恰不独尊理学，而能够根据社会政治发展的需要，兼收并蓄中国传统哲学中各学派思想以为己用，同时又能冲破夷夏之防的心理障碍，接受和学习西方近代先进科学技术，在一定程度上体现了曾国藩的开放意识。③ 张昭军认为，曾国藩理学思想，具有四个方面的特色：一是以宋学为宗，但不废汉学；二是强化辞章之学为理学服务的学术功能；三是具有极为浓厚的经世致用色彩；四是以“理”合“礼”，重视阐发理学与礼学之间的关系。④ 徐雷认为，曾国藩的理学思想，以朱子理学为体，以孟子心学、王夫之气学为用，对汉学、陆王心学、桐城学的吸收均以此为前提，其偏重修身治世，客观上反映了晚清社会变革、学术转型的需要。⑤ 王兴国认为，曾国藩在中国近代学术思想史上做出了三大贡献：一是大力推崇王夫之，使船山学成为近代学术研究中之“显学”；二是将“实事求是”从考据学命题变成哲学命题；三是明确提出了理学经世派的理学纲领——“经济”之学。⑥

关于曾国藩与中国传统文化的研究。李育民认为，以儒家为主体的传统文化，非常重视完人的培养，形成修齐治平、内圣外王的政治伦理哲学，中国传统文化铸造了曾国藩的文化品格，按照中国传统文化的思想逻

① 黄长义：《儒家心态与近代追求——曾国藩经世思想简论》，《求索》1996 年第 3 期。

② 朱汉民：《曾国藩的礼学及其经世理念》，《中国哲学史》2007 年第 1 期。

③ 邓亦武：《浅论曾国藩“理学经世”思想》，《扬州师范学院学报》1993 年第 2 期。

④ 张昭军：《曾国藩理学思想探析》，《北京师范大学学报》（社会科学版）2004 年第 3 期。

⑤ 徐雷：《曾国藩理学思想研究》，博士学位论文，湖南大学，2010 年。

⑥ 王兴国：《曾国藩在中国近代思想史上的三个贡献》，《求索》1996 年第 2 期。

辑塑造人生，引导政事。[①] 朱东安认为，曾国藩是中国传统文化的集大成者，对中国传统文化的各门学派都采取全盘继承的方针，主张兼取各家之长，融会贯通，付诸实践；曾国藩带头引进西方先进科学技术，创办了中国第一批近代军事工业。从某种意义上来说，曾国藩是中国传统文化的化身，既是其精华所聚，又是其糟粕所聚。[②]

关于曾国藩与近代文化关系的研究。童远忠认为，曾国藩在与西方人的交往中，目睹了西方的坚船利炮，发现了西方文化的诸多优越之处，逐渐开始透过封建传统的樊篱，用一种新的视野来审视西方近代文化，从而构筑起庞大的思想体系。[③] 宋德华等人认为，在曾国藩文化思想中，除了自觉地维护中国传统的伦理道德之外，还不自觉地对中国传统文化有所舍弃和改变，在文化精神上迈出了由传统走向近代的蹒跚步履，对中国近代文化精神的形成和发展产生了重大而深远的影响。[④] 肖高华等人认为，曾国藩试图在保持中国传统文化体系基本不变的前提下，有选择地引进西方近代文化，以中国传统文化为主，以西方近代文化为辅，用近代文化之长弥补传统文化之不足，开创了一条既可固守名教纲常而又不反对学习西方近代文化的道路，从而最终动摇了传统士大夫心目中的“夷夏”观，为近代西方文化的传入奠定了思想基础。[⑤] 辛松认为，曾国藩是中国传统社会向近代社会转型时期的重要人物，作为转型时期的人物，曾国藩既是传统思想的集大成者，也是近现代思想的开拓者，是中国近代科技思想体系价值观的先驱，是中国近代军事技术思想的开拓者。[⑥]

关于中国近代化问题的研究。吴乃华认为，19 世纪 60—90 年代开展的洋务运动是中国近代化的开端，它尽管取得了一些成效，对中国近代化产生了较大的影响，但并没有达到预期的目的。[⑦] 王林茂认为，鸦片战争

---

① 李育民：《曾国藩传统文化思想研究》，湖南师范大学出版社 2006 年版，第 4 页。

② 朱东安：《曾国藩与中国传统文化》，《近代史研究》1997 年第 1 期。

③ 童远忠：《曾国藩晚年对西方近代文化的认识》，《钦州师范高等专科学校学报》1998 年第 4 期。

④ 宋德华、胡文校：《曾国藩与中国近代文化精神》，《湘潭大学学报》（社会科学版）1997 年第 1 期。

⑤ 肖高华：《论曾国藩文化思想的主要特征》，《湖南科技大学学报》（社会科学版）2007 年第 2 期。

⑥ 辛松：《曾国藩科技思想探究》，硕士学位论文，国防科学技术大学，2007 年。

⑦ 吴乃华：《洋务运动与中国近代化》，《湖北省社会主义学院学报》2002 年第 3 期。

以后，在民族危机非常严重的形势下，中国人试图借鉴西方文明的形式，图谋自强之路，由此开始了一个特殊的中国近代化历程。[①] 陈铁军认为，“中体西用”思想是近代中西文化交融冲突的产物，是洋务派为寻求中国出路的文化自救方案和关于如何向西方学习的战略思想，较为成功地指导了中国早期的工业化运动，在中国近代化进程中具有重要的地位和作用。[②]

虽然在学术界，有一部分学者主张以鸦片战争为中国近代化的开端，但绝大多数学者认为，应该将曾国藩开创的洋务运动作为中国近代化的开端，因为它为中国近代化提供了政治、经济、文化思想等方面的条件。

关于曾国藩文化思想与中国近代化关系的研究。罗玉明等人认为，在中国教育近代化过程中，曾国藩虽然没有创办过近代学校，但是通过阅读西方近代科学著作，认识到西方近代教育在人才培养中的重要作用，呼吁学习西方近代教育制度，组织大批精通西学的人才翻译西方近代著作，积极呼吁派遣留学生出国，并试图处理好传统教育内容与西方近代文化之间的关系，对推动中国教育近代化发挥了不可替代的作用。[③] 刘基玖认为，曾国藩在“师夷长技以制夷”战略思想的指导之下，在中国军事近代化的开始阶段做出了重要的贡献，是推动中国军事近代化的先驱。[④] 文瑶认为，曾国藩对中国科技近代化的发展起了重要的促进作用，使步履艰难的中国近代科技伴随政治运动走向历史舞台，并由此带来了巨大的社会变革。[⑤]

学术界对曾国藩的历史地位的评价，大部分学者持较为肯定的态度，认为曾国藩是推动中国近代化的第一人，是爱国者。冯友兰认为，曾国藩成功地阻止了中国社会的后退，抵抗了帝国主义的文化侵略，这是他的一个大贡献。[⑥] 许山河认为，曾国藩为清王朝效忠，平定太平天国运动，而满族是中华民族的一个组成部分，因此，将曾国藩称为汉奸，在理论上是站不住脚的。[⑦] 杨国洪认为，曾国藩坚持“理势并重”的外交原则，并非

---

① 汪林茂：《中国近代化历程纵横观》，《浙江社会科学》1997 年第 3 期。

② 陈铁军：《“中体西用”思想与中国近代化进程》，《安庆师范学院学报》1999 年第 4 期。

③ 罗玉明：《曾国藩与中国教育近代化》，《求索》2007 年第 6 期。

④ 刘基玖：《论曾国藩、李鸿章与中国军事近代化》，《船山学刊》2005 年第 1 期。

⑤ 文瑶：《曾国藩与中国科技近代化》，硕士学位论文，湘潭大学，2007 年。

⑥ 冯友兰：《中国哲学史新编》（第 6 册），人民出版社 1989 年版。

⑦ 许山河：《曾国藩是爱国者》，《湘潭大学学报》1989 年第 1 期。

一个汉奸或卖国贼，而是一个试图卧薪尝胆，终于无可奈何的爱国者，他的外交主张，在当时的历史环境下是一个正确的选择。[①] 徐泰来认为，对中国近代化运动，曾国藩不仅有发轫和首创之功，而且使中国在近代化的道路上迈出了重要的一步。[②] 梁念琼认为，曾国藩在近代中西文化交流中的作用表现在许多方面，其中尤其突出的有两个方面：一是突破了传统观念中的“夷夏”界限，消除了近代中西文化之间交流的心理障碍；二是在实践魏源“师夷长技以制夷”之说的基础上，更进一步提出了“师夷智”的观点。[③] 中国台湾学者余英时认为，曾国藩高于大多宋明理学家之处，在于打通了“义理”与“词章”之间的壁垒，其所景仰的不是乾嘉时期奉为考据始祖的顾炎武，而是道光以来推为经世儒宗的顾炎武。[④] 台湾学者李娇莹探讨了曾国藩在儒家道统与洋务思想交织下所产生的经世理念，并分析了其对近代中国的影响。[⑤]

当然，也有少数学者对曾国藩持否定态度。盘桂生认为，曾国藩是站在中国传统统治阶级集团、帝国主义立场上，镇压人民的刽子手，基本上是一个应该否定的历史人物。[⑥] 朱东安认为，曾国藩、李鸿章、袁世凯、蒋介石在思想上和政治路线上是一脉相承的，而对于大地主大买办阶级来说，李鸿章、袁世凯、蒋介石等人不过是他们某一时期的政治领袖，而创行这条路线的曾国藩，则始终是支撑其反动政权的精神支柱。[⑦]

在海外，对曾国藩文化思想的研究，也取得了一定的研究成果。美国汉学家芮玛丽明确将曾国藩文化思想的主要特征归类于中国保守主义，认为曾国藩是哲学家中具有英雄行为的人物，这种英雄行为将带有各种弊病的儒家学说体系屡屡训练出来。[⑧] 日本学者紫山川崎三郎认为，曾国藩统

---

① 杨国洪：《论曾国藩的外交思想》，《深圳大学学报》1992 年第 4 期。

② 徐泰来：《论曾国藩的历史作用和地位》，《湖南师范大学社会科学学报》1995 年第 5 期。

③ 梁念琼：《试论曾国藩在近代中西文化交流中的作用和地位》《船山学刊》2000 年第 2 期。

④ 余英时：《士与中国文化》，上海人民出版社 2003 年版，第 582—596 页。

⑤ 李娇莹：《曾国藩的经世思想与近代中国》，博士学位论文，（台湾）中国文化大学，2008 年。

⑥ 盘桂生：《“曾国藩是爱国者”驳论》，《广西师范大学学报》1992 年第 2 期。

⑦ 朱东安：《曾国藩传》，百花文艺出版社 2001 年版。

⑧ ［美］芮玛丽：《同治中兴——中国保守主义的最后抵抗》，房德邻等译，中国社会科学出版社 2002 年版，第 93 页。

一了西方人所谓“严格意义的中国”，他把持经纶的大纲，鄙视空文，看重实践，无一语涉虚，无一步蹈空，规模宏远，思虑周透，大节义，大文章，大学问，敬天爱民，忠于职守，至诚如神，可谓有世界级大经世学问家的本领，是东方国家的华盛顿。①

总之，学术界对曾国藩理学经世思想、曾国藩与中国传统文化、曾国藩与西方近代文化、曾国藩文化思想的历史地位和作用等方面进行了较为深入的探讨，取得了一系列丰硕的成果。然而，对于曾国藩与中国近代化的关系，虽然也进行了一定程度的研究，但还有继续研究的空间。本书试图从曾国藩文化思想与中国近代化关系的角度入手，从政治、经济、军事、教育等诸多方面，揭示曾国藩文化思想在中国近代化进程中的历史地位和作用，以此推动曾国藩文化思想研究的深入展开。

三 研究意义

自曾国藩去世后，对曾国藩思想的研究经久不衰。尤其是民国时期和20世纪80年代之后的一个时期内，对曾国藩文化思想的研究成为学术界的热点问题，学者们从不同的角度对其进行了深入的探讨，并取得了一系列的研究成果。然而，对于曾国藩文化思想与中国近代化两者之间关系的研究，相对比较薄弱。

在近代中国从传统王朝国家向现代国家转型的过程中，中国传统文化与西方近代文化之间的关系十分复杂，既存在着诸多的文化冲突，又彼此不断融合。如何妥善解决好中西文化之间的关系，为中国近代化探寻一条合理的文化出路，成为近代中国有识之士苦苦追寻的重大问题。本书探讨的曾国藩文化思想与中国近代化，正是近代中国从传统文化向近代文化转型过程中的一个典型代表。

本书旨在通过对曾国藩文化思想与中国近代化关系的研究，进一步探讨中国传统文化的合理内核及近代中国的文化精神，了解在民族危亡和西学东渐的历史背景下，中华民族为民族独立和国家富强走过的艰辛历程，加强我们对中国国情的进一步了解，增强中华民族的凝聚力，为实现中华民族伟大复兴的“中国梦”而努力奋斗。同时，通过对曾国藩文化思想

① ［日］紫山川崎三郎：《曾国藩传——日本人眼中的曾国藩》，王纪卿译，香港中和出版有限公司2012年版，第28页。

与中国近代化关系的研究，使我们能够更加清楚地认识中国近代化的历史发展规律，借鉴历史经验，为我国社会主义现代化建设服务。

四　概念界定

（一）文化思想

“文化”一词最早出现在西汉，刘向的《说苑》中有“圣人之治天下也，先文德而后武力。凡武之兴，为不服也，文化不改，然后加诛”[①]。这里的“文化”为“以文德感化”之意。唐朝时期将“文化”与“武功”对应，“文化”即“以文教化”之意，《旧唐书》中有“经纬两仪文化洽，削平万域武功成”[②] 的文字表达。到元朝以后，“文化”多指通过“文治教化”所呈现的社会文明状态，较为接近现代意义上的文化概念。

在西方社会，文化起初是指“对人的心智的培养”[③]。文艺复兴之后，文化被赋予了新的含义，康德指出，文化就是一种使一个存在者，自由地抉择其目的的能力。[④] 泰勒在《原始文化》一书中指出，文化是包括全部的知识、信仰、艺术、道德、法律、风俗，以及作为社会成员的人所掌握和接受的，任何其他的才能和习惯的复合体。[⑤]

在西学东渐的时代潮流下，国内学界纷纷对“文化”概念进行深入探讨。梁启超认为，文化是人类心能所开释的有价值的“共业”，但是“共业”之全部并不都是文化。[⑥] 这里的文化是指人类通过精神活动所创造的精神财富。梁漱溟认为，文化之义，应该是经济、政治乃至一切无所不包的统一体，包括精神生活、社会生活、物质生活等方面的内容。[⑦] 贺麟认为，文化是经过人类精神陶铸过的自然世界。[⑧]

总之，国内外学术界对文化的定义，迄今还没有形成一个统一的界

---

① 刘向：《说苑·指武》，转引自《说苑全译》，王瑛等译，贵州人民出版社 1992 年版，第 650 页。

② 刘昫：《旧唐书》，吉林人民出版社 1995 年版，第 702 页。

③ ［英］阿雷恩·鲍尔德温：《文化研究导论》（修订版），陶东风译，高等教育出版社 2004 年版，第 7 页。

④ ［德］康德：《判断力批判》（下卷），白宗华译，商务印书馆 1985 年版，第 95 页。

⑤ ［英］爱德华·泰勒：《原始文化：神话、哲学、宗教、语言、艺术和习俗发展之研究》，连树声译，广西师范大学出版社 2005 年版，第 1 页。

⑥ 梁启超：《梁启超讲文化》，天津古籍出版社 2005 年版，第 133—134 页。

⑦ 梁漱溟：《中国文化要义》，学林出版社 1987 年版，第 1—2 页。

⑧ 贺麟：《文化的体与用》，商务印书馆 1947 年版，第 32 页。

定。从宏观层面上来说，文化是指人类的一切创造物，是物质财富和精神财富的总和；从中观层面上来说，文化是指精神形态的创造物，包括政治、经济、军事、教育等方面的内容；从微观层面上来说，文化是与政治、经济、社会相并列的一个范畴。本书取中观层面上的文化概念，来讨论曾国藩文化思想，包括政治文化、经济文化、军事文化、教育文化等方面的思想。

（二）中国近代化

近代化就是传统社会向现代社会转型的历史过程。一般认为，西欧的近代化开始于14世纪以来的文艺复兴。

关于中国从传统社会向现代社会的转型问题，学术界存在着几种不同的观点。

第一种为“外源型”现代化观，最典型的代表有费正清、罗荣渠等人。他们以西方价值观念来认识中国社会，认为西方社会是一个动态的近代社会，而中国社会则是一个长期处于停滞状态的传统社会，缺乏自身发展的内在动力，只有经过西方的冲击，才能摆脱传统的困境。他们认为，西方社会的挑战对中国社会是一种刺激，为中国近代化提供了机遇，近代中国历史进程是由一个更加强大的西方社会的入侵所推动的。罗荣渠指出：“对西欧的内源型来说，内因即现代化的各种自变量起关键作用，外部环境的压力也相对地缓和得多。晚近的外源型现代化则不然，现代化受到各种外来的他变量的影响与干扰，而且与日俱增。这些外部因素是发展中国家无法自己掌握的，却是在一定条件下可以加以利用的。”①

第二种为“内源型”现代化观，最典型的代表有孔飞力、柯文等人。他们认为中国社会的转型是中国传统社会自身发展的结果，在西方社会大规模冲击中国社会之前，中国社会内部已经出现危机，新的力量已经削弱中国传统社会。柯文指出，19世纪、20世纪的中国社会发展，有一种从18世纪和更早发展过来的内在结构和趋向，若干塑造历史极为重要的力量一直在发挥作用，前所未有的人口压力的增长与疆域的扩大，农村经济的商业化，社会各阶层在政治上遭受的挫折日增等，呈现在我们眼前的并不是一个惰性十足、停滞不前的传统秩序，而是一种活生生的历史情势，一种充满问题与紧张状态的局面。他认为，面对这种局面，中国人民正力

---

① 罗荣渠：《现代化新论：世界与中国的现代化进程》，商务印书馆2004年版，第185页。

图探求方法加以解决，尽管中国的情境日益受到西方社会影响，但是中国社会的内在历史发展脉络自始至终依然是中国的。①

第三种为“传动型”现代化观，最典型的代表有虞和平、郑大华等人。他们认为，中国社会的转型是西方近代文化和中国传统文化双重合力的结果，传统与现代性并不矛盾，一方面西方社会的入侵对中国现代化有诱导作用，另一方面中国人的现代化追求，在中国传统文化中已经有所触及。

受不同研究视角的影响，对中国近代化的开端存在着不同的认识，有的认为中国近代化开端于1840年的鸦片战争，有的认为开端于1861年的洋务运动，有的认为开端于1864年中国社会地方军事化的形成，有的认为开端于1861年辛酉政变，有的认为开端于1898年戊戌变法。当然，多数论者赞成以洋务运动为中国近代化的开端，笔者也支持这一观点。而作为洋务运动的开创者——曾国藩，为中国近代化的启动做出了一定的贡献，因此，本书将探讨曾国藩文化思想与中国近代化的问题。

近代化与现代化在英文中是同一个单词，即 modernization，没有多大区别。但从时限上来说，“近代”离当今较远，“现代”离当今较近。近代化和现代化都是指人类社会从传统社会向现代社会转型的历史过程。就同一国家而言，这种转型的程度是不同的，近代化程度要低于现代化。因此，本书采用近代化的概念，更符合中国近代社会的实际。②

五　研究思路、方法、框架、突破与不足

（一）研究思路

本书以曾国藩的诗文、日记、家书、书信、奏稿、批牍等为主要考察对象，同时结合时人及后人的各种资料，全面系统地考察曾国藩文化思想。书中以曾国藩文化思想与中国近代化之间的关系为研究视角，集中考察曾国藩的政治、经济、军事、外交、教育等方面思想主张，探求曾国藩文化思想在中国近代化历史进程中的历史作用。同时，书中对曾国藩文化思想与晚清经世派人士的文化思想、同时期其他洋务派人士的文化思想、

① ［美］柯文：《在中国发现历史：中国中心观在美国的兴起》，林同奇译，中华书局2002年版，第210页。

② 史远芹：《中国近代化的历程》，中共中央党校出版社1999年版，第2页。

早期维新派人士的文化思想进行比较，寻找他们之间的文化发展脉络。还有，书中适当考察了曾国藩文化思想形成的社会历史背景、思想渊源、演变历程、主要特征及历史影响等。

（二）研究方法

本书采用文献阅读法、比较研究法、历史主义与系统化相结合的方法等。

其一，文献阅读法。阅读曾国藩的诗文、日记、家书、书信、奏稿、批牍等，探求曾国藩文化思想的主要内容。

其二，比较研究法。把对曾国藩文化思想与晚清经世派的文化思想、同时期的其他洋务思想家的文化思想、顽固派人士的文化思想、早期维新派的文化思想进行比较，探求曾国藩文化思想的主要特征。

其三，历史主义与系统化相结合的方法。采取历史主义的方法，结合曾国藩文化思想形成、演变的历史环境，来全面考察曾国藩文化思想的主要内容。同时，采取系统化的方法，对曾国藩文化思想主要内容进行全面考察，分析出曾国藩文化思想的主要特征。将历史主义与系统化的方法有机结合，既要甄别时代和环境对曾国藩文化思想的局限，又要看到曾国藩文化思想中超出时代和环境限制的积极成分，并揭示其在中国近代化进程中的历史地位。

（三）研究框架

本书从以下几个方面进行研究。

其一，对本书的研究对象——曾国藩文化思想进行界定，对几种不同的近代化观念进行简单分析。

其二，关于曾国藩文化思想的形成及演变历程。其中曾国藩文化思想的理论渊源主要包括：曾国藩对理学经世思想的继承和发展、曾国藩对诸子百家思想的吸收、曾国藩对近代湖湘学派中“经世致用”思想的弘扬、曾国藩对“师夷长技以制夷”思想的发扬等。曾国藩文化思想形成的时代背景主要包括：清末社会危机、中西文化冲突的加剧、士大夫观念的逐渐转变等。

其三，关于曾国藩文化思想的主要内容。主要内容包括：“笃信程朱”的理学思想、“兼容并蓄”的“百家”思想、“务实求朴”的经世致用思想、“中体西用”的洋务教育思想、“自强求富”的近代科技思想等。

其四，关于曾国藩文化思想的基本特征。主要包括：以程朱理学中的

“义理”思想为体，同时吸取“经世致用”思想为用；以内圣之学为体，以外王之学为用；以宋学思想为体，同时吸取汉学思想为用；以儒学思想为体，同时吸取诸子百家思想为用；以中国传统文化为主体，同时吸取西方近代文化为用。

其五，关于曾国藩文化思想与洋务运动。主要包括：洋务运动与中国近代化的开端、早期中国近代化的特点、曾国藩文化思想在洋务运动中的地位和作用。

其六，关于曾国藩文化思想与中国近代化的关系。主要包括：曾国藩文化思想与中国政治近代化、曾国藩文化思想与中国经济近代化、曾国藩文化思想与中国军事近代化、曾国藩文化思想与中国教育近代化等。

其七，关于曾国藩文化思想的历史地位及影响。曾国藩文化思想既属于中国传统文化的范畴，又吸收了诸多西方近代文化因素，在中国近代思想文化史上具有十分独特的历史地位，对当年及后世的中国社会转型产生了深远的历史影响。

（四）突破不足

本书在以下几个方面有所突破：其一，改变以往就曾国藩谈论曾国藩、就文化思想谈论文化思想的习惯思维，重视考察曾国藩文化思想与中国近代化历史进程之间的关联，把曾国藩文化思想置于中国近代化的历史场景之中，诠释曾国藩文化思想演进历程中所面临的中国传统文化与西方近代文化之间的艰难选择。其二，注重全方位、多角度对曾国藩文化思想进行整体研究，在论述曾国藩文化思想之时，也适当考察林则徐、魏源等晚清经世派人士的文化观，李鸿章、左宗棠、郭嵩焘等其他洋务派人士的文化观，倭仁等顽固派人士的文化观，并对其进行分析比较，避免将曾国藩文化思想孤立起来，只见树木，不见森林。其三，在考察曾国藩文化思想时，大多选取曾国藩的日记、诗文、书信、家书、奏稿、批牍等，以确凿的史料来论述其原典思想。

当然，由于笔者学力有限，本书存在很多不足之处，主要体现在以下方面：其一，对历史宏观场景的把握不够，对曾国藩文化思想与近代中国社会转型、中西文化的冲突与融合等因素考察不够。其二，由于本书涉及晚清经世派人士文化观、其他洋务派人士文化观、顽固派人士文化观、早期维新派文化观，且他们之间的文化观既有一定的联系，又存在较大的差别，情况错综复杂。本书对他们之间的文化观的比较不够深入，对曾国藩文化思想与各派人士文化观的比较有待完善。其三，对曾国藩文化思想中某些问题评价还比较欠缺。针对上述诸多不足，在以后的学习与研究过程中，笔者将不断予以改进和完善。

第一章

曾国藩文化思想的
渊源及其演变

曾国藩文化思想的形成，既有一定的思想理论渊源，又离不开当年特殊的社会时代环境。曾国藩兼有中国传统文化化身和中国近代文化主要代表的双重身份，这是由于他既“笃信程朱”又“博取众长”；既“恪守宋学”又“兼容汉学”；既坚持以“中国传统文化”为体，又提出以“西方近代文化”为用，从而最终完成了由中国传统文化观向近代文化观的演变历程。

第一节　曾国藩文化思想形成的时代背景

一　清末社会危机与文化危机

自明朝中叶以后，中国传统的社会政治体制呈现出衰败的迹象。清政府建立后，在政治上实行专制统治，不断加强中央集权，强化君主专制统治，乾隆、嘉庆时期达到了极点。18 世纪末随着乾隆皇帝的驾崩，中国历史上的“康乾盛世”画上句号，清王朝已经由强盛走向了衰落。从此之后，整个社会陷入了士气低落、经济衰退、军备废弛的状况之中。在嘉庆、道光、咸丰时期，清王朝的政局可谓江河日下，一幅衰世景象，形成一个上下俱困、内外交迫的衰世局面。

中国传统政治文化的惰性，使清王朝权力依旧高度集中，从而导致政治腐败。晚清政府在政治上表现为高度集权，严格区分满汉之防，专制主义达到顶峰。满族贵族入主中原后，皇权的集中程度非常之高。雍正时期设立军机处，集权程度前所未有，满汉分歧更加严重，民族矛盾尖锐。

虽然在道光、咸丰之后，由于中国传统社会面临“千古未有之变局”，整个社会岌岌可危，清政府不得不给予汉族士大夫部分权力，但仍然对其处处牵制。马克思在论述中国问题时指出，晚清社会实行高度集权，这种社会政治机构是以家长制权力为特征的，一切制度由皇帝一个人决定，皇帝是至高无上的政治人物，通常被尊为全国的君父，“皇帝的每一个官吏也都在他所管辖的地区内被看做这种父权的代表”。① 随着西方列强“坚船利炮”的到来，国门被迫打开，一系列不平等条约签订，亡国危机日趋严重。

道咸时期，即曾国藩文化思想的形成与演变时期，是中国历史上一个十分动荡的落后时代，政治腐败、军备废弛、思想文化僵化，人才日渐寥落，整个社会是一派衰世景象。中国传统社会统治集团昏庸无能，大小官吏不负政治责任，逢迎谄谀。曹振镛是道光皇帝十分器重的宰相，其人琐鄙无能，整个道光皇朝政治风气柔靡泄沓，但仍然在粉饰太平盛世。《瞑庵二识》中称：“曹文正公晚年，恩遇益隆，声名俱泰。门生某请其故，曹曰：‘无他，但多磕头，少说话耳。’道光以来，世风柔靡，实本于此。近更加以浮滑，稍质直即不容矣。有无名子赋《一剪梅》云：‘仕途钻刺要精工，京信常通，炭敬常丰。莫谈时事逞英雄，一味圆融，一味谦恭。’其二云：‘大臣经济在从容，莫显奇功，莫说精忠。万般人事要朦胧，驳也无庸，议也无庸。’其三云：‘八方无事岁年丰，国运方隆，官运方通。大家赞囊要和衷，好也弥缝，歹与弥缝。’其四云：‘无灾无难到三公，妻受荣封，子荫郎中。流芳身后更无穷，不谥文忠，便谥文恭。’”②

胡林翼对当时的军备废弛、吏治腐败的情况进行了描述。他在《请通饬修筑碉堡启》中称：“驱怯战之兵，日日浪战，以冀幸其一胜，军兴三年，无一人深入贼营，探其虚实；贼营动静，无能知者。亦未闻设一奇策，引贼入彀。……今粤西乃弃民以尝贼，以此求功，窃所未喻，其失一也。久治之世，兵民晏安成习，心志不苦，患难未尝，则智慧钝而胆力怯。一盗夜呼，千人皆废。彼小事且然，况大寇耶？粤军兵将，卧耽鸩毒，即无疾病，亦半萎靡。选将不精，束伍不定，以此言战，何恃不恐！

---

① 《马克思恩格斯选集》（第 2 卷），人民出版社 1972 年版，第 2 页。

② 朱克敬：《瞑庵二识》（卷 2），岳麓书社 1983 年版，第 119 页。

以此言兵，虽多奚为！其失二也。”[①] 可见当时军备废弛、吏治腐败达到十分严峻的程度。

曾国藩对当时的社会黑暗、政治腐败、官场效能低下的现状一针见血地指出，朝廷官员办事存在着退缩、琐屑的通病，地方官吏办事存在着敷衍、颟顸的通病。他认为，退缩者，同官互推，动辄请旨，不肯任怨、任咎；琐屑者，不顾大体，察及秋毫，不见舆薪；敷衍者，装头盖面，只是顾及个人眼前得失，不考虑国家长远利益；颟顸者，从外表看完美无缺，而内在实质已经完全溃烂，奏章粉饰，而语无实际。他说：“有此四者，习俗相沿，但求苟安无过，不求振作有为，将来一有艰巨，国家必有乏才之患。”[②] 咸丰三年正月，曾国藩在给彭申甫的信中称，无兵不足深忧，无饷也不足痛哭，但举目斯世，难以找到一个攘利不先、赴义恐后、忠愤耿耿之人，即使有个别这样的人存在，也是屈居卑下，往往抑郁不伸，无法施展其才能，以挫，以去，以死，而贪位退缩者则骧首而上腾，而富贵，而名誉，而老健不死。[③] 曾国藩的这些言论，无不深刻地反映了当时整个社会的堕落与黑暗。

晚清政府千方百计搜刮民财，各级大小官吏则贿赂公行。时人王杰在奏疏中谈到晚清官场腐败，百姓民不聊生时指出：“州县有所营求，即有所馈送，往往以缺分之繁简，较贿赂之等差。此等脏私非州县家财，直以国帑为夤缘之具。上官既甘其饵，明知之而不能问，且受其挟制，无可如何。间有初任人员，天良未泯，小心畏咎，不肯接受，上司转为说合，懦者千万抑勒，强者百计调停，各使受代而后已。一县如此，各县皆然，一省如此，天下皆然。于是大县有亏空十万余者，一过奏销，横征暴敛，挪新掩旧，小民困于追呼，而莫之或恤。”[④] 吏治腐败是清末一个严重的问题，大小官员营私舞弊，贿赂公行，官吏不执法，幕僚不守法，书役弄法，棍徒玩法。龚自珍指出，大官不谈掌故，小臣不立风节，典法陵夷，纲纪颓坏。在龚自珍看来，晚清政府昏庸无能，吏治腐败，民不聊生，国势衰败，危机四伏，清王朝已经步入了“日之将夕”的衰世。他说：“自乾隆末年以来，官吏士民，狼艰狈蹶，不士、不农、不工、不商之人，十

① 《胡林翼集》（二），岳麓书社 1999 年版，第 63 页。

② 《曾国藩全集·奏稿》（一），岳麓书社 1987 年版，第 7 页。

③ 《曾国藩全集·书信》（一），岳麓书社 1990 年版，第 105 页。

④ 吴忠匡：《满汉名臣传》，黑龙江人民出版社 1991 年版，第 3564 页。

将五六；……承乾隆六十载太平之盛，人心惯于泰移，风俗习于游荡，京师其尤甚者。自京师始，概乎四方，大抵富户变贫户，贫户变贱者，四民之首，奔走下贱，各省大局岌岌乎皆不可以支月日，奚暇问年岁？”①

自清朝中叶以后，军队腐败真是无以复加，但求苟安无过，不求振作有为。八旗、绿营孱弱至极，而偏善于妒忌人才，懦于御贼，而勇于扰民，造成了一种兵不相习、将不相和、胜则相忌、败不相救的局面。从曾国藩的奏疏和时人的议论中可以看出晚清军队的上述腐败情况。咸丰元年三月，曾国藩在向皇帝上的《议汰兵疏》中指出：“兵伍之情况，各省不一。漳、泉悍卒，以千百械斗为常；黔蜀冗兵，以勾结盗贼为业；其他吸食鸦片，聚开赌场，各省皆然。大抵无事则游手恣肆，有事则雇无赖之人代充；见贼则望风奔溃，贼去则杀民以邀功。章奏屡陈，谕旨屡饬，不能稍变锢习。”②

在广州有外国人描绘晚清政府军备废弛的情况，以情报人员的口吻绘声绘色地描写道，广州附近的炮台不过是属于幼稚阶段的堡垒建筑的样本，没有壕沟，也没有棱堡及其他任何反击的防御工事，河岸上的炮台是裸露的，没有一个能抵挡得住一只大炮舰的火力，或可以抵御在岸上与炮舰配合的突击队的袭击。时人认为，对于常备的有实效的军事力量，清王朝的军队似乎一点都不知道，即使在一个城市里，民众以为有一队强大、可靠的军队驻扎，而实际上只是几个溃不成军的乌合之众而已。③

清王朝的文化发展是变态的，没有从明末清初的前近代启蒙思想发展为近代意义的自由、民主观念，文化在专制主义下失去了自由发展的空间，逐步显露文化危机。清初提倡理学，但仅仅作为一种维护传统统治秩序的官方哲学，而失去了学术本义。顾炎武、黄宗羲、王夫之等人提倡的经世致用之学，虽一度兴起，但很快被冷落。

为了对国内实行专制主义统治，清王朝逐渐对异端思想严加防戒，实行文化排外主义，“严夷夏大防”。从康熙的“禁教”，发展到雍正的“禁学”，乾隆的“天朝物产丰盈，无所不有，原不藉外夷货物以通有无”④，造成一种夜郎自大、闭关自守、与外部世界隔绝的状态，一切思想概念都

---

① 《龚自珍全集》，上海人民出版社1975年版，第106页。

② 《曾国藩全集·奏稿》（一），岳麓书社1987年版，第19页。

③ 《鸦片战争史料选译》，中华书局1983年版，第69页。

④ 戴逸、李文海：《清通鉴》，山西人民出版社2000年版，第4686页。

走不出本国的范围。马克思在《中国革命与欧洲革命》中指出，从17世纪末开始，欧洲国家为了与中国通商而互相竞争，西方国家之间在与中国通商问题上的剧烈纠纷，曾经有力地推动了清政府实行排外政策，是毫无疑义的，但是更主要的原因是，清政府害怕西方国家支持中国人反抗清王朝的专制主义统治，因而禁止西方国家与中国人有任何往来。[①] 文化专制主义把学术、思想逼进了死胡同，现实的社会问题促使晚清部分开明士大夫不得不另谋中国学术、思想的发展之路。曾国藩文化思想正是在这样的历史背景下逐渐形成的。

二　程朱理学道统的重建

程朱理学是元朝以后的中国官方哲学。清朝初年，程朱理学仍然在学术上占有主导地位。然而，自乾嘉汉学兴起之后，清代学风发生逆转，程朱理学受到摒弃而被冷落。嘉道年间，汉学风靡天下。作为官方哲学的程朱理学，经过清初的批判和汉学的长期压抑而式微。时人潘德舆说："程朱二子之学，今则宗之者罕矣。其宗之者率七八十年以前之人，近则目为迂疏空滞而薄之，人心风俗之患不可不察也。……而七八十年来，学者崇汉唐之解经与百家之杂说，转视二子不足道，无怪其制行之日趋于功利邪僻，而不自知也。"[②] 自嘉庆、道光朝以后，整个社会出现了全面的危机，部分士大夫把挽救时局的希望寄托在程朱理学身上，形成了理学复兴运动，力主恢复程朱理学正统地位，主张"理为气主"。

在传统士大夫看来，嘉道年间的内忧外患，正是世道人心日益衰竭所造成的。因而，朝野上下一批欲以挽救时局为己任的人们，开始重新审视长期以来遭到冷落的程朱理学。唐鉴是晚清时期重建程朱道统的中心人物。道光二十年，唐鉴从南京再度到京师为官。作为全国学术中心的京师，当时的学术思想界已经趋于沉寂。由于汉学本身的流弊，以及汉学大师的纷纷凋谢，逐渐失去了主导学术思想界的地位。在当时的学术中心京师，缺乏一种可以主导思想界的学术思想。唐鉴进入京师之后，逐渐形成了一个以其为中心，包括倭仁、吴廷栋等人在内的，讲求义理之学的理学士人群体，一种崇尚义理之学的社会风气逐渐兴起。方宗诚在为《何文

---

① 《马克思恩格斯全集》（第9卷），人民出版社1961年版，第109页。

② 潘德舆：《养一斋集》（第18卷），同治十一年（1872）刊本，第6—7页。

贞公遗书》作序中指出：“嘉道间，海内重熙累洽，文教昌明，而黯然为为己之学，兢兢焉谨守程朱之正轨，体之于心，修之于身，用则著之为事功，变则见之于节义，穷则发之于著述，践之于内行，纯一不杂，有守先待后之功者，闻见所及，约有数人。长白倭文端公、霍山吴竹如先生官京师时，与师宗何文贞公、湘乡曾文正公、罗平窦兰泉侍御，日从善化唐确慎公讲道问业，不逐时趋。”①

唐鉴为学以“整齐严肃”“主一无适”八字为标准。他说：“检摄于外，只有‘整齐严肃’四字；持守于内，只有‘主一无适’四字。”② 唐鉴治学严格实行“居敬穷理”的涵养功夫，对曾国藩文化思想的形成产生了重要的影响，正是在晚清程朱理学复兴思潮之下，曾国藩一生“笃信程朱”。

三 “西学东渐”下的中西文化冲突与融合

晚明时期，西方传教士利玛窦来华，虽然带来了西学，但仅仅是“明其不徒恃传教为生也”③，输入西学与传教是明显的手段与目的的关系。徐光启、李之藻等人在与利玛窦的交往中，积极鼓励吸收西方科学知识，以益世用，并明确提出了“西学补益王化”之说。清初，汤若望以其学术活动，确立了西方天文数学在中国学术上的一席之地。但是，在经过“康熙历狱”之后，清王朝已经认识到西方近代文化与中国传统文化之间的冲突，对传教士采取既利用又限制的政策，一方面利用其引进西方实用之学，另一方面限制其在华传教。后来，由于教廷内部争端的加剧，西方传教士在华活动逐渐衰落。

19 世纪初，随着西方资本主义的迅速发展，新教势力壮大起来，代替天主教成为西学传播者。第一位来华的新教徒是英国传教士马礼逊。1811 年，他在广州出版了第一本中文西书——《神道论赎救世总说真本》，揭开了晚清西学东渐的序幕。此后，米怜、卖都思等传教士在新加坡、马六甲等南洋各地开办教会学校，出版报刊、书籍。比较重要的有，1815 年在马六甲创办的《察世俗每月统计传》，是传教士创办的第一份中

① 《何桂珍文集》，云南人民出版社 2001 年版，第 5 页。

② 《曾国藩全集·日记》（一），岳麓书社 1987 年版，第 92 页。

③ 柳诒徵：《中国文化史》（下册），中国大百科全书出版社 1988 年版，第 675 页。

文期刊。1818 年，米怜的《生意公平聚益法》，为最早向中国介绍西方资本主义经济知识的著作。1833 年《东西洋考每月统计传》在广州创办。《美理哥合省国志略》《贸易通志》等，介绍世界历史、地理、政治、经济等方面的知识，在华侨中传播西方近代科学文化，为以后在中国大陆传播西学奠定了基础。这些书刊成为后来林则徐、魏源、曾国藩等人了解西方世界的重要资料。

兴办教育是传教士传播西学的重要手段。1818 年英华书院创办，开设的课程有英文、中文、天文、数学、地理、伦理、哲学等。1839 年马礼逊学堂创办，开设的课程包括英中文科。中文科有四书、《易经》《诗经》《书经》等。英文科有天文、算术、代数、几何、历史、地理、化学等。在华人中西学教育，也培养了近代中国一批早期的翻译人才，为日后的西学东渐打下了基础。

鸦片战争之后，清政府被迫与西方列强签订了中英《南京条约》、中美《望厦条约》和中法《黄埔条约》，割让香港给英国，开放广州、厦门、福州、宁波、上海五处通商口岸，允许外国在通商口岸开设学堂、传播宗教、开办医院。于是，西方传教士从南洋来到中国沿海地区，其中香港、上海是西学传播最迅速的地区，开始了晚清西学东渐的新阶段。

在这一时期西方传教士在中国出版了大量的西方科学著作，主要有哈巴安德的《天文问答》、合信的《天文略论》及《全体新论》、蒙克利的《算法全书》、伟烈亚力与李善兰合译的《续几何原本》、伟烈亚力与王韬合译的《重学浅说》、艾约瑟与李善兰合译的《植物学》等，对西方近代天文学、医学、数学、几何学、力学、植物学等方面的知识进行了较为详细的介绍。到 1860 年，基督教新教在香港、上海、广州、厦门、福州、宁波等地开办各种新式学校 50 余所，在校学生千余人。此时，林则徐、魏源、梁廷枏、徐继畬、李善兰等知识分子，开始主动了解、吸收西方科学知识。

第二次鸦片战争之后，清政府被迫签订了《天津条约》《北京条约》，西方列强取得了一系列特权，同时也为西学传播创造了条件。条约规定，增开天津、牛庄等 11 个通商口岸，外国人可以在这些通商口岸居住、租地起造教堂、医院等；外国人可以在中国自由传教，中国政府不得阻止；外国人可以在中国内地游历、通商，便利了西方对中国的文化渗透。在清政府方面，以咸丰帝的去世、祺祥政变的发生、慈禧太后掌权为转折点，中国对外政策发生了调整，如总理衙门的设立、京师同文馆的开办、洋务运动的开展，对西学传播产生了重要影响。在这一时期，新式学堂不断增多，政府创办译书机构，翻译近代西方书籍相当之多，西学在中国的影响不断扩大。

晚清时期，传教士来华，有不平等条约的保护，与作为授传对象的中国知识分子，国家政治、经济地位的不平等而造成了文化地位的不平等，传教士大多以欧洲中心论来看待中国文化，因而中西文化之间的冲突不断加剧。正如熊月之所指出，西学中的伦理道德、宗教信仰、价值观念等，与中国传统文化形成了冲突，传统文化中三纲五常受到了一定的冲击，但仍占主导地位，西方近代文化中的自由、平等、民主思想，虽为部分中国人所接受，但并未被整个社会所认同。[①] 当然，不可否认，西方近代文化对中国社会产生了广泛而深刻的影响。人们的思想意识、风俗习惯、教育制度等诸多方面，西方近代文化的影响无处不在。

随着西方近代文化的输入，与中国传统文化开始接触，并发生冲突。在中国传统文化中，“天命”思想是中国政治制度中的一个重要观念，等级制度森严。在西方文化观念中，把一切人都说成上帝的子女，都是平等的。中国传统士大夫尤其是顽固派士大夫不能接受西方近代文化观念，认为中国是文明礼仪之邦，中国伦理道德是不可动摇的精神支柱，西方宗教完全背离了中国的典章制度。

文化是一个民族与国家存在和发展的灵魂，不同的民族与国家有着不同的文化传统，在彼此之间的文化交流中又相互融合。而这种融合的过程，同时也是它们之间相互冲突的过程。晚清时期，中国传统文化与西方近代文化之间的冲突与融合，贯穿于整个历史过程之中。正如丁伟志所指出的：“十九世纪中叶，中西文化交流所具有的国际的经济和政治背景已直露无遗。如果说以往的中西文化交流，基本上是两种既成定型的文化体系间相对平衡而持恒的切磋琢磨、吸补吐纳，那么，近世的中西文化交流，已变成急剧动荡的国际局势所左右的、瞬息万变的文化冲突与文化选择。”[②]

“西学东渐”下中西文化之间的冲突与融合，为曾国藩在中国传统文

---

① 熊月之：《西学东渐与晚清社会》，中国人民大学出版社 2010 年版，第 595 页。

② 丁伟志：《中体西用之间》，中国社会科学出版社 1995 年版，第 6 页。

化与西方近代文化之间的抉择提供了时空背景，是曾国藩“中体西用”文化思想形成的重要前期。正如民国初年学者黄远生所指出：“盖最初新学萌芽曾文正李文忠张文襄之徒，位尊望重，纲纪人伦，若谓彼之所有，枪炮工艺制造而已；政法伦理以及一切形上之学，世界各国，莫我比伦。”①

第二节　曾国藩对理学经世思想的继承和发展

曾国藩把程朱理学与经世致用思想有机地结合起来，形成了具有一定特色的理学经世思想，从而在中国近代思想文化史上将传统儒学发展到了一个特殊的历史阶段。

一　曾国藩理学经世思想的萌芽

孔子倡导“仁”“礼”之学，以博施于民为政治目标，主张己所不欲、勿施于人，己欲立而立人、己欲达而达人的忠恕之道。同时，孔子倡导克己复礼思想，认为君子克己复礼，则天下归仁。孟子主张“仁政”“王道”之学，以不忍人之心，行不忍人之政。同时，孟子具有“当今之世、舍我其谁”的积极入世精神。曾国藩在私塾学校就读完了五经、《周礼》《仪礼》《史记》《文选》等儒家经典著作，以孔孟为代表的儒家“仁”“礼”政治文化，以及积极入世的人生态度，对曾国藩文化思想的形成产生了较大的影响。

曾国藩认为，尧、舜、禹、汤、文、武、周公、孔子之学，没有别的，就是“求道”而已。他在《答刘蓉》中称：“物无穷，则分殊者无极，而格焉者无已时，一息而不格，则仁有所不熟，而义有所不精。彼数圣人者，惟息息格物，又以好色恶臭者竟之，乃其所以圣也。……国藩不肖，亦谬欲从事于此。”② 曾国藩在《答冯卓怀》中称：“周公之材艺，孔子之多能，吾不如彼，非吾疚也；若其践形尽性，彼之所禀，吾亦禀

① 黄远庸：《黄远生遗著》，台湾华文书局1968年版，第119—120页。

② 《曾国藩全集·书信》（一），岳麓书社1990年版，第21—22页。

焉。一息尚存，不敢不勉。”①

“礼”从先秦时期开始，就包含了因时制宜的思想。据《礼记·礼器》记载，“礼也者，合于天时”，“礼，时为大”②。据《论语·为政》记载，“殷因于夏礼，所损益可知也；周因于殷礼，所损益可知也；其或继周者，虽百世可知也”。③ 朱熹认为，自修身以至于治理天下，不可一日而无礼，“天叙天秩，人所共由，礼之本也。商不能改乎夏，周不能改乎商，所谓天地之常经也。若乃制度文为，或太过则当损，或不足则当益。益之损之，与时宜之，而所因者不坏。是古今之通义也”④。

清初学者孙奇逢认为，礼有礼之常，礼有礼之变，礼之生命力，在于有因有革，在制礼和实践中，必须体会礼的精义，而不拘于具体的仪式。他说：“夏、殷、周一礼相因，而妙处全在损益。如无损益，天地为死局矣。”⑤ 陆世仪认为，《仪礼》不过是写出一个规模举止以为楷式，在以后的具体实践中，必有本之而稍为变通，行礼的可贵之处，在于其并非完全依据《仪礼》。他认为，“礼则记三代之典礼，后世帝王代起，有一代则有一代之制作”，“后世之礼岂能如三代之礼”，“三代之典礼文章，亦非言言可为法则”。⑥ 陆世仪批评秦汉以后的制作礼乐者，多非明理之儒而明理之儒则又多是古非今，动辄有碍，不懂得变通之理。中国传统文化中的“礼之因革”思想，对曾国藩文化思想的形成产生了较大的影响。

曾国藩继承了“礼之因革”“礼贵变通”的思想。他在《钱选制艺序》中说：“泥橇而山樏，夏葛而冬裘，适时则贵失时则捐。……人情贱同而思异，物穷则变，自古然也。故善趋时者贵先时，不贵后时。”⑦ 曾国藩继承了中国传统文化中的“礼之因革”思想，为曾国藩文化思想既坚守中国传统文化，又接受西方近代文化，达到“以礼经世”，提供了理论基础。

道光十四年，曾国藩入岳麓书院求学。岳麓书院创办于宋代，张栻、朱熹等理学大师曾经在此讲学，具有悠久的理学学术传统。到清代乾嘉年

---

① 《曾国藩全集·书信》（一），岳麓书社 1990 年版，第 67 页。

② 转引自杨天宇《礼记译注》（上册），上海古籍出版社 2004 年版，第 285 页。

③ 朱熹：《四书集注》，陈成国标点，岳麓书社 2004 年版，第 68 页。

④ 同上。

⑤ 《孙奇逢集》（中），中州古籍出版社 2003 年版，第 531 页。

⑥ 转引自林存阳《清初三礼学》，社会科学文献出版社 2002 年版，第 141 页。

⑦ 《曾国藩全集·诗文》，岳麓书社 1986 年版，第 228 页。

间，尽管汉学风靡一时，理学式微，但它并没有对湖湘文化产生太大的影响。岳麓书院的山长罗典、欧阳厚均、丁善庆等都是程朱理学信徒。岳麓书院浓厚的理学氛围，对曾国藩文化思想的形成产生了深远的影响。曾国藩在学问上以朱子为宗，在一定程度上与他在岳麓书院的学习有关。

曾国藩在岳麓书院求学之时，正值“学宗程朱”的欧阳厚均掌教。曾国藩从师于他。欧阳厚均（1766—1846），字福田，号坦斋，湖南安仁人。早年就读于岳麓书院，从学于罗典，后历任户部主事、郎中、御史等职，晚年任岳麓书院山长。欧阳厚均的学术思想与程朱理学一脉相承，理学著述颇丰，有《坦斋文集》《易监》《有方游草》《望云书屋文集》等。欧阳厚均以“诚”为宗旨，“惟立诚，故有物”。欧阳厚均处处留心“有体有用之学”，要求曾国藩等学子学成之后，具有真才实学，成为经世致用之人。为推崇理学，欧阳厚均曾修建圣祠，供祀朱熹、张栻，重建朱熹故迹“极高明”亭，立朱熹手书“忠孝廉洁”匾额于讲堂。在教学上，欧阳厚均以“诚”为本。这些都是最纯正的理学训规，给初入学林的曾国藩留下了极深刻的印象。欧阳厚均的理学思想对曾国藩产生了很大的影响。曾国藩在岳麓书院学习期间，谨遵师教，刻苦攻读，学业大进。在此期间，他结识了同乡书生刘蓉。刘蓉为学以程朱理学为宗，与曾国藩志同道合。入岳麓书院求学，应视为曾国藩治理学的开端。

总之，在此期间，孔孟之道特别是其中“入世经世”的价值观和“仁礼并重”的修齐观对曾国藩的影响较大。儒家对“君国天下”的责任感和进取有为的人生态度激励了曾国藩，使其决心以远古先王与周公、孔子为学习的榜样。曾国藩在《王船山遗书序》中称：“昔仲尼好语求仁，而雅言执礼，孟氏亦仁礼并称，盖圣王所以平物我之情，而息天下之争，内之莫大于仁，外之莫大于礼。”① 在这里，曾国藩将修养身心的“内圣”之学和辅物济时的“外王”之学，当成其理学思想与经世思想结合的开始。

二　曾国藩理学经世思想的形成

道光二十一年，曾国藩入居翰林，这就为其理学经世思想的进一步发展提供了有利的条件。而对其理学经世思想的形成影响最大的要数桐城派

① 《曾国藩全集·诗文》，岳麓书社1986年版，第277—278页。

邵懿辰、梅曾亮、姚鼐，以及京师理学复兴派唐鉴、倭仁等人。

在乾隆、嘉庆、道光年间，很难发现有清初孙奇逢、陆世仪、张履祥那样的理学思想家，治理学的人寥若晨星，只有桐城派固守阵地。桐城派兴起于康雍乾鼎盛时期，由方苞到刘大櫆传承到姚鼐正式建立。清代程朱理学是正统哲学，但是，乾嘉时期汉学成为学术主流。嘉道以后，理学复兴，在这个过程中，桐城派始终在维护理学的正统地位。姚鼐主张用“汉学”考据之长来弥补理学之短，提出了义理、考据、辞章相结合的主张。正如萧一山在《清代通史》中说：“自朴学盛行以后，理学衰微不张，《啸亭杂录》谓濂、洛、关、闽之书无读者，盖非过语。理学之薪传，反为文学家所夺。桐城派首张周敦颐‘文以载道’及欧阳修‘因文见道’之言，以孔、孟、韩、欧、程、朱之道统自任，排斥汉学；虽其势力不敌，然汉、宋之争，于清则始终未息。”①

曾国藩在中进士之前，虽然在一定程度上受到湖湘文化中重义理学风的影响，但对理学的了解还不够深入，所读的书大多是经、史、诗赋之类。道光二十年四月，曾国藩在散馆考试后，授予翰林院检讨时，其志向仍然是以文章报国，可以无愧于词臣。曾国藩自从与桐城派交往之后，其治学观点发生了一定的转变。

曾国藩首先取经于桐城派大师邵懿辰。邵懿辰，字位西，著名理学家和今文学家，晚清时期复兴宋学的重要人物。道光二十年十一月十六日，邵懿辰第一次给曾国藩讲理学，所谈者大多是康熙时期的理学大师，诸如“国朝二魏、李文贞、熊孝感、张文端诸人”。五天后，邵懿辰又与曾国藩谈理学，“邵言刘蕺山先生书，多看恐不免有流弊，不如看薛文清公、陆清献公、李文贞公、张文端公诸集，最为醇正。自渐（惭）未见诸集，为无本也”②。可以看出，邵懿辰对曾国藩理学思想的形成产生了一定的影响。邵懿辰是曾国藩的师友，立身行事颇有理学家的风格，重行谊、讲气节。据曾国藩说，邵懿辰学术“初以安溪李文贞公、桐城方侍郎为则，摈斥近世汉学家言。为文章，务先义理，不事缛色繁声，旁证杂引以追时好”③。邵懿辰对曾国藩理学入门起了一定的作用。邵懿辰向曾国藩极力

---

①　萧一山：《清代通史》（第4卷），华东师范大学出版社2006年版，第475页。

②　《曾国藩全集·日记》（一），岳麓书社1987年版，第49—50页。

③　《曾国藩全集·诗文》，岳麓书社1986年版，第282页。

推荐的张文端，著有《聪训斋语》，书中有读书者不贱、守田者不饥、积德者不倾、择交者不败等格言，该书成为曾国藩日后教育子弟的重要教材。

梅曾亮对曾国藩理学思想的形成，产生了一定影响。梅曾亮（1786—1856），原名曾荫，后改曾亮，字葛君，江苏上元人，入姚鼐主讲之钟山书院，与管同、方东树、姚莹并称“姚门四弟子”。曾国藩曾写诗盛赞梅曾亮的文章，“单绪真传自皖桐，不孤当代一文雄。读书养性原家教，绩学参微况祖风。众妙观如蜂庤蜜，独高格似鹤骞空。上池我亦源头识，可奈频过风日中。”① 这里曾国藩说自己多次拜访梅曾亮，走进桐城门下。

桐城派对曾国藩影响最大的要数宗师姚鼐。姚鼐（1731—1815），字姬传，一字梦谷，别号惜抱，安徽桐城人，历任兵部主事、礼部主事、刑部郎中、《四库全书》纂修等职，晚年主讲梅花、紫阳、钟山等书院，著有《惜抱轩全集》等。姚鼐作为桐城派的集大成者，提出义理、考据、辞章三者统一。他在《述庵文抄序》中指出：“余尝论学问之事，有三端焉，曰：义理也，考证也，文章也。是三者，苟善用之，则皆足以相济；苟不善用之，则或至于相害。今夫博学强识而善言德行者，固文之贵也；寡闻而浅识者，固文之漏也。”② 当然，姚鼐认为，在义理、考据、辞章三者之中，义理居于首要地位。他在《复汪进士辉祖书》中称：“夫古人之文，岂第文焉而已。明道义，维风俗，以昭世者，君子之志；而辞足以尽其志者，君子之文也。达其辞则道以明，昧于文则志以晦。”③

曾国藩推崇桐城派。他在《致刘蓉》中称：“盖仆早不自立，自庚子以来，稍事学问，涉猎于前明、本朝诸大儒之书，而不克辨其得失，闻此间有工为古文诗者，就而审之，乃桐城姚郎中鼐之绪论，其言诚有可取。于是取司马迁、班固、杜甫、韩愈、欧阳修、曾巩、王安石及方苞之作，悉心而读之，其他六代之能诗者，及李白、苏轼、黄庭坚之徒，亦皆泛其流而究其归。”④ 他在《圣哲画像记》中也称，姚鼐先生持论宏道，自己

① 《曾国藩全集·诗文》，岳麓书社 1986 年版，第 85 页。

② 《姚鼐文选》，黄山书社 1986 年版，第 54 页。

③ 同上书，第 85 页。

④ 《曾国藩全集·书信》（一），岳麓书社 1990 年版，第 5 页。

能够对义理之学有大体的了解，是从受到其启发才开始的。[①] 曾国藩得到了姚鼐思想的启迪后，在学术上大有长进。他在《欧阳生文集序》中称："乾隆之末，桐城姚姬传先生鼐，善为古文辞。慕效其乡先辈方望溪侍郎之所为，而受法于刘君大櫆，及其世父编修君范。三子既通儒硕望，姚先生治其术益精。历城周永年书昌，为之语曰：'天下文章，其在桐城乎！'由是学者多归向桐城，号'桐城派'。""当乾隆中叶，海内魁儒畸士，崇尚鸿博，繁称旁证，考核一字，累数千年不能休。别立帜志，名曰'汉学'。深摈有宋诸子义理之说，以为不足复存，其为文尤芜杂寡要。姚先生独排众议，以为义理、考据、辞章，三者不可偏废。必义理为质，而后文有所附，考据有所归。一编之内，惟此尤兢兢。当时孤立无助，传之五六十年。近世学子，稍稍诵其文，承用其说。"[②]

曾国藩不仅继承了桐城派的义理之学，而且对其有所发展，将"经济"提到一个较高的地位。后来曾国藩在姚鼐弟子姚莹"义理、考据、辞章"三门之学的基础上，受唐鉴的启发，加入"经济"。以"经济"充实"义理"，赋予"义理"崭新的时代内容，赋予"经济"近代意义。

而对曾国藩的理学思想影响最大的要数唐鉴，他是曾国藩研习宋学的指导者。唐鉴，字镜海，湖南善化人。历任监察御史、按察使、布政使、太常侍卿等职，嘉道年间著名理学大师，曾主讲金陵书院。唐鉴的理学著述颇丰，计有《学案小识》《省身日录》《读易反身录》《朱子年谱考异》《读礼小事记》等。唐鉴潜心性道，崇尚闽洛之学，号称理学大师，在京师士林中颇有声望。唐鉴是个坚定的理学信徒，在当时汉学盛行的环境中，始终笃信程朱理学，具有很大的反学术潮流之勇气。

唐鉴笃信程朱理学，力排陆王心学。程朱理学和陆王心学是理学的两个不同的学术流派。理学萌芽于唐朝中期的韩愈、李翱、柳宗元，经过北宋的周敦颐、邵雍、张载、程颐、程颢得到发展，到南宋朱熹集大成。到了宋代，一些思想家在以儒家伦理思想为核心的基础上，吸收了道家有关万物生化的观点和释家的性论观，把"天理""气""理"作为万物的本原，形成"理本论"和"气本论"。

唐鉴以程朱理学为学术正统，视陆王心学为离经叛道之学。他认为，

① 《曾国藩全集·诗文》，岳麓书社 1986 年版，第 250 页。

② 同上书，第 245—247 页。

圣人之学，格致诚正修齐治平而已，离此者叛道，不及此者远于道，学圣贤者，没有人不是由格致诚正而得的。他认为，朱子得程子之嫡传，以《大学》之纲领条目，表示学者为学次第，以中庸、天道、人道明孔门传授心法，以居敬穷理为尊德性道问学功夫，集诸子之大成，救万世之沉溺，其心其道与颜、曾、思、孟无异。他认为，孟子之后，传圣人之道者，朱子一人而已，还程朱真图辙，就是还颜、曾、思、孟真授受，更是还孔子真面目。他认为，陆王"致良知"之学，主张"吾心自有天则，不当支离而求诸事物"，不是道学，为阳明之学者，推阐师说，导致人心亡、世教裂，并最终造成明朝灭亡。他说："阳明言性，无善无恶，盖亦指知觉为性也。其所谓良知、所谓天理、所谓至善，莫非指此而已。故其言曰：佛氏本来面目，即我们所谓良知。又曰：良知即天理。又曰：无善无恶。乃所谓至善，虽其纵横变幻，不可究诘，而其大旨，亦可睹矣。充其说，则人伦庶物，固于我何有，而特以束缚于圣人之教，未敢肆然决裂也。则又为之说曰：良知苟存，自能酬酢万变，非若禅家之遗弃事物也。其为说则然，然学者苟无格物穷理之功，而欲持此心之知觉，以自试于万变，其所见为是者果是，而所见为非者果非乎。又况其心，本以为人伦庶物，初无与于我，不得以而应之。以不得以而应之心，而处乎未尝穷究之事，其不至于颠倒错谬者几希。其倡之者，虽不敢自居于禅，阴合而阳离。其继起者，则直以禅自任，不复有所忌惮。此阳明之说，所以为祸于天下也。"①

唐鉴以"居敬穷理"为正宗，认为"敬"字要贯通内外、贯彻始终，否则不得谓之敬，离开"敬"字便无自修功夫，离开"诚"字便无自慊功夫。他认为，为人第一要义为"戒欺"，不可掩着。唐鉴主张"存理去欲"，认为存心方能穷理，穷理即所以存心。他在《窒欲说》中称："无欲必先窒欲"，"欲之害多矣"，"若盗贼之来也，庐舍皆空；若江河之决也，堤防胥溃"，"若起而不窒，犹寇至而不为之御，河决而不为之防也"②。

嘉道之际开启"汉宋调和"之学术风气，唐鉴对此有不同看法。虽然唐鉴倡导为学之道有三门，曰义理，曰考核，曰文章，然而，其明显存

① 唐鉴：《清学案小识》，商务印书馆 1935 年版，第 4 页。

② 《唐鉴集》，岳麓书社 2010 年版，第 61 页。

在“重义理轻辞章”的倾向，认为只有宋学才是“道德性命之经”。唐鉴认为，读经的目的在于了解先贤的“道”，至于辞章只是载道之器。他将儒家经典分为“字里行间之经”和“道德性命之经”，认为汉学但求训诂其文字，考索其典章名物，不重心身，不知猎取，不知格致。从曾国藩问学的情况可以看出唐鉴的治学趣旨。唐鉴曾经对曾国藩说，“文章之事，非精于义理者不能至”，“诗、文、词、曲，皆可不必用功，诚能用力于义理之学，彼小技亦非所难”，“考核之事，多求粗而遗精，管窥而蠡测。……经济之学，即在义理之内”。①

在师从唐鉴期间，曾国藩博览理学群书，遵循体用并进、道业双修的理学治学宗旨。在读书方面，他先后精读了朱熹的《朱子全书》、真德秀的《大学衍义》、李光地的《周易折中》、张履祥的《杨园先生集》与《近古录》等历代理学著作。

唐鉴对曾国藩的影响很大，有“昭然发蒙”的作用，是曾国藩初登程朱理学的引路人。曾国藩到京师之后，拜访同乡理学大师唐鉴，遂问学于他，从而正式迈入钻研程朱理学之门，以后一生都以其为治学基础。曾国藩曾在日记中写道：“至唐镜海先生处，问检身之要、读书之法。先生言当以《朱子全书》为宗。时余新买此书，问及，因道此书最宜熟读，即以为课程，身体力行，不宜视为浏览之书。又言治经宜专一经，一经果能通，则诸经可旁及。若遽求兼精，则万不能通一经。先生自言生平最喜读《易》。又言为学只有三门：曰义理，曰考核，曰文章。考核之学，多求粗而遗精，管窥而蠡测。文章之学，非精于义理者而不能至。经济之学，即在义理之内。又问：经济宜何如审端致力？答曰：经济不外看史，古人已然之迹，法戒昭然；历代典章，不外乎此。……听之，昭然若发蒙也。”②

唐鉴认为，当时社会人才短绌的原因在于程朱理学衰微，主张在学校讲授程朱之学，挽救世风。他在《复曾涤生侍郎书》中指出：“庠序中知时文诗赋，不知有明新正学也。邸钞言学校者不一而足，而多谓‘责成于校官’。试思校官皆能知格物诚正、农桑礼乐乎？亦可谓全不省时事矣。无以则惟有讲学一法。先将周、程、张、朱之书颁发学官，不读此者

---

① 《曾国藩全集·日记》（一），岳麓书社 1987 年版，第 92 页。

② 同上。

不准入学。慎选各省乡官之素能明道者，以为之师，不禁其召徒讲学，丽泽群居，述濂洛渊源，守关闽礼法。”①

唐鉴特别强调“静”字功夫，主张把“诚”与“静”结合起来。他对曾国藩说，为学最是静字功夫要紧，程夫子是后代圣人，在于静字功夫足，王文成也是静字有功夫，所以能不动心，若内心不能静，省身不密，见理不明，都是浮的，无法达到求学的真正境界。② 唐鉴以“整齐严肃、主一无适”为居敬穷理的标准。他曾经告诫曾国藩，检摄于外，只有“整齐严肃”四字，持守于内，只有“主一无适”四字。③ 曾国藩十分佩服唐鉴“居敬穷理”功夫，称他“陋室危坐，精思力践，年近七十，斯须必敬。盖先儒坚苦者亚，时贤殆不逮也”。④

唐鉴的治学之道对曾国藩产生了很大的影响。后来，曾国藩写过不少诗文，如《书学案小识后》《送唐先生南归序》《唐镜海先生七十生日同人寄怀诗序》《唐确慎公墓志铭》等。曾国藩师从唐鉴，加深了对程朱理学的信仰。曾国藩作《送唐先生南归序》中回忆说：“高才之士，钩稽故训，动称汉京，闻老成倡为义理之学者，则骂讥唾侮。后生欲从事于此，进无师友之援，退犯万众之嘲，……吾乡善化唐先生，三十而志洛闽之学，特立独行，诟讥而不悔。……吾党之士三数人者，日就而考德问业。”⑤ 在曾国藩给贺长龄的信中说：“国藩本以无本之学，寻声逐响，自从镜海先生游，稍乃粗识指归，坐眢见明，亦耿耿耳。乃甫涉向道之藩，遽钓过情之誉，是再辱也。”⑥ 自从向唐鉴请教后，曾国藩以主敬、静坐、早起、读书不二等 12 条为课程，按唐鉴提出的要求进行严格的身心训练，一生以程朱理学为基础，可见唐鉴对曾国藩影响的深远。

倭仁对曾国藩按照理学家的模式修身养性的形成，产生了很大的影响。倭仁，字艮峰，姓乌其格里氏，蒙古正红旗人，历任大理寺卿、侍讲学士、礼部侍郎、都察院左都御史、工部尚书等职。道光二十一年，曾国藩正式研习理学，唐鉴授以“检身之要”“读书之法”，当以《朱子全

① 《唐鉴集》，岳麓书社 2010 年版，第 81—82 页。

② 转引自萧一山《清代通史》（下卷），中华书局 1986 年版，第 1960 页。

③ 《曾国藩全集·日记》（一），岳麓书社 1987 年版，第 92 页。

④ 《曾国藩全集·诗文》，岳麓书社 1986 年版，第 318 页。

⑤ 同上书，第 168 页。

⑥ 《曾国藩全集·书信》（一），岳麓书社 1990 年版，第 3 页。

集》为宗。同时，唐鉴要求曾国藩与倭仁多加强学术交流，向倭仁学习，并认为倭仁用功最笃实。

倭仁的治学之道可以概括为“立志为学”“居敬存心”“穷理致知”等。倭仁认为，“志既立矣，便当居敬以涵养其本原。盖人心虚灵，天理具足，仁、义、礼、智皆吾固有，苟能端庄静一以涵养之，则志气清明，义理昭著。以此穷理，理必明，以此反身，身必诚。乃学问之大本原也。”在倭仁看来，“敬”是道德主体通过修身塑造的，“动容貌，整思虑，则自然生敬”，要求做到“整齐严肃”，“足容重，手容恭，目容端，口容止，声容静，头容直，气容肃，立容德，色容庄”。在倭仁看来，“穷理致知”是治学路径的关键。

道光二十二年十月，曾国藩向倭仁请教修身之道。曾国藩在日记中写道：“又言近时河南倭艮峰仁前辈用功最笃实，每日自朝至寝，一言一动，坐作饮食，皆有札记。或心有私欲不克，外有不及检者皆记出。”① 在“诚意工夫”的修养方面，曾国藩以倭仁为模范。道光二十二年十月二十六日，曾国藩在《致诸弟》的家书中，就详细介绍了倭仁“居敬存心”的“诚意工夫”。他说：“倭艮峰先生则诚意工夫极严，每日有日课册，一日之中一念之差、一事之失、一言一默皆笔之于书。书皆楷字，三月则订一本。自乙未年起，今三十本矣。盖其慎独之严，虽妄念偶动，必即时克治，而著之于书。故所读之书，句句皆切身之要药。”②

曾国藩与倭仁相互切磋理学，“拜倭艮峰前辈，先生言：‘研几’工夫最要紧，颜子之‘有不善，未尝不知’，是研几也。周子曰：‘几善恶。’《中庸》曰：‘潜虽伏矣，亦孔之照。’刘念台先生曰：‘卜动念以知己。’皆谓此也。失此不察，则心放而难收矣。又云：人心善恶之几，与国家治乱之几相通。又教予日课，当即写，不宜再因循”。③ 倭仁最擅长的是“研几工夫”，能够抓住思想或事物发展过程中刚刚露出的某种迹象，加以认真研究，从而把握其发展趋势，权衡利弊，加以解决。倭仁解决的方法就是通过静坐、札记等自省功夫和相互研讨，将一切不合圣道的杂念消灭于萌芽之际，以便使自己的思想行为沿着“圣人贤人”要求的

---

① 《曾国藩全集·日记》（一），岳麓书社 1987 年版，第 92 页。

② 《曾国藩全集·家书》（一），岳麓书社 1985 年版，第 40 页。

③ 《曾国藩全集·日记》（一），岳麓书社 1987 年版，第 113 页。

方向向前发展，并将学术、心术、治术联通一气，通过道德修养的提高和学问的增长，逐渐体验和学习治国理政的本领。也就是理学家一套完善的修、齐、治、平理论。

曾国藩按照倭仁的要求进行修身养性，每天阅读《朱子全集》后静坐自省，对照检查，写出心得体会，并与吴廷栋等人交流。还经常把自己的日记送给倭仁批阅。得到倭仁指教后，曾国藩的修身、静坐功夫得到了很大的改变。

在理学方面，曾国藩受唐鉴的影响很大，曾国藩理学思想的形成是从程朱入手，但他并不像唐鉴那样，独宗程朱理学，而是经周敦颐、张载、欧阳修、韩愈、司马迁，而溯至孔孟，称“许郑训诂之文或失则碎”，程朱“指示之语或失则隘”，为学“能深且博，而属文复不失古圣之谊者，孟氏而下唯周子之《通书》，张子之《正蒙》，醇厚正大”。曾国藩治学则“上者仰企于《通书》《正蒙》，其次则笃嗜司马迁、韩愈之书，谓二子诚亦深博而颇窥古人属文之法”。曾国藩推崇周张，把孔子、孟子、周敦颐、张载视为儒家正统。当刘蓉指责他不应推崇司马迁、韩愈的文章时，曾国藩反复强调：“今论者不究二子之识解，辄谓迁之书，愤懑不平；愈之书，傲兀自喜。而足下或不深察，亦偶同于世人之说，是犹睹《盘》《诰》之聱牙而谓《尚书》不可读；观郑、卫之淫乱，而谓全《诗》可删，其毋乃漫于一概而未之细推也乎？”①

曾国藩对倭仁的思想也有超越。晚清理学可分为两个主要派别，即以倭仁为首的主敬派，以曾国藩为首的经世派。前者以程朱的道德论为中心阐发理学，认为人心是维系天下国家的关键，而人心的善恶取决于学术的正邪；后者主张将义理与经济结合起来，在学术上主张兼收并蓄。当年，咸丰帝向倭仁、曾国藩的好友吴廷栋询问两人的治学之道。吴廷栋称道，倭仁是其笃守程朱之学者，平日专在身心检察，日日记载以为考验，最值得佩服的是笃实精神；曾国藩则励志不苟，是经邦济世的一流人才，虽进言近激而心实无他。倭仁和曾国藩的差别在于，前者偏于“内圣”修身功夫，强调师儒教化作用，后者除修身之外，更强调建功立业。当然，曾国藩与倭仁并不是完全对立的。正如李细珠指出的，晚清理学分为修身派与经世派，但两者并无本质区别，更不是水火不容，而是相辅相成、一体

---

① 《曾国藩全集·书信》（一），岳麓书社 1990 年版，第 7 页。

两面之关系。①

在京师官宦期间，曾国藩广交师友，精研“义理”与“经济”，把理学与经世之学进一步结合起来，并将唐鉴、姚鼐等人的三门之学，发展成为四门之学。唐鉴在曾国藩向他问学时指出，为学只有三门，曰义理，曰考核，曰文章，经济之学即在义理之内，这对曾国藩产生了很大的影响。曾国藩继承并超越了唐鉴的这一思想，突出了经济之学的意蕴，把“经济”单独列出，使之与“义理”“考据”“辞章”并列，认为“义理”与“经济”无严格的治学之分，若通义理之学，则经济之学也在其中。曾国藩认为，为学之术有四，即义理、考据、辞章、经济，义理之学在孔门为德行之科，今世称为宋学；考据之学在孔门为文学之科，今世称为汉学；辞章之学在孔门为言语之科，从古艺文及今世的制艺、诗赋都在其列；经济之学在孔门为政事之科，前代典礼政书及今世掌故都属于这一范畴。同治八年，曾国藩在《劝学篇示直隶士子》中称：“人之才智，上哲少而中下多；有生又不过数十寒暑，势不能对此四术遍观而尽取之。是以君子贵慎其所择，而先其所急。择其切于吾身心不可造次离者，则莫及于义理之学。”②

在注重修身的同时，曾国藩将“经济”之学单设出来，与义理、考据、辞章之学并列。关于经世的内容，他认为天下之大事宜考究者，有官职、财用、盐政、漕运、钱法、冠礼、婚礼、丧礼、祭礼、兵制、兵法、刑律、地舆、河渠14个方面。在这里，曾国藩完全逾越了理学与经世之学的鸿沟，在充分肯定“义理”之学的重要性的同时，将“经济”之学凸显出来，使之与“义理”之学平行，适应了时代的需要，避免了以往儒学忽视经世致用的弊端，同时也大大扩展了理学的适应范围，从而标志着曾国藩的理学经世思想的正式形成。

三　曾国藩理学经世思想的丰富和发展

曾国藩离京后，办团练，建湘军，平定太平天国，发动洋务运动，在实践中进一步丰富和发展了湖湘学派的理学经世思想。道光末年，由于政

① 李细珠：《理学与“同治中兴”——倭仁与曾国藩比较观察》，《学术月刊》1999年第3期。

② 《曾国藩全集·诗文》，岳麓书社1986年版，第442页。

局动荡，社会风气日益败坏，为了缓和统治阶级内部矛盾，巩固封建统治秩序，曾国藩认为必须抛弃学术上的门户之见，从中吸取新鲜血液。这一时期曾国藩理学经世思想集中体现在服膺程朱理学到“汉宋兼容”、从排斥陆王心学到取彼之长、推崇王夫之等方面。

汉学与宋学是儒学内部两个不同的学术体系，其思维方式、研究方法等各有特色。在清代汉宋之争贯穿始终，尤其是在嘉道年间，江藩与方东树等人，围绕汉学与宋学的学术正统地位问题展开了激烈争论。

江藩（1761—1831），字字屏，号郑堂，晚号节甫，江苏甘泉人，著述有《国朝汉学师承记》《国朝宋学渊源记》等。江藩以维护汉学为己任，通过为清代汉学家修史立传的方式，将惠栋、戴震已经昌明的汉学延续下去。他在《国朝汉学师承记》中称：“藩绾发读书，授经于吴郡通儒余古农、同宗艮庭二先生，明象数制度之原，声音训诂之学，乃知经术一坏于东、西晋之清谈，再坏于南、北宋之道学，元明以来，此道益晦。至本朝，三惠之学盛于吴中，江永戴震诸君继起于歙，从此汉学昌明，千载沈霾一朝复旦。暇日诠次本朝诸儒为汉学者，成《汉学师承记》一编，以备国史之采择。”①

对于江藩的独尊汉学，龚自珍认为不妥。他指出，汉学不能概括清朝开国以来的学术，江藩在汉学与宋学的学术处理上存在偏颇，建议改《国朝汉学师承记》为《国朝经学师承记》。他在《与江子屏笺》中说：“夫读书者实事求是，千古同之，此虽汉人语，非汉人所能专。一不安也。本朝自有学，非汉学，有汉人稍开门径，而近加邃密者，有汉人未开之门径，谓之汉学，不甚甘心。不安二也。琐碎饾饤，不可谓非学，不得为汉学。三也。汉人与汉人不同，家各一经，经各一师，孰为汉学乎？四也。若以汉与宋为对峙，尤非大方之言；汉人何尝不谈性道？五也。宋人何尝不谈名物训诂？不足概服宋儒之心。六也。……本朝别有绝特之士，涵咏白文，创获于经，非汉非宋，亦惟其是而已矣，方且为门户之见者所摈。九也。国初之学，与乾隆初年以来之学不同；国初人即不专立汉学门户，大旨欠区别。十也。”②

方东树崇尚程朱理学，对考据之学持批评的态度。方东树（1772—

① 江藩：《国朝汉学师承记》，中华书局 1983 年版，第 5—6 页。

② 《龚自珍全集》，上海人民出版社 1975 年版，第 346—347 页。

1851），字植之，安徽桐城人，著述有《仪卫轩诗文集》《汉学商兑》等。为了批驳江藩的《汉学师承记》，方东树作《汉学商兑》。该书旨在光大宋学，贬低汉学，否定乾嘉学派的考据学，维持程朱理学的地位，标志汉宋之争达到高峰。方东树攻击汉学，维护宋学，程朱理学在其心中占有极高地位。他在《汉学商兑·序例》中称："近世有为汉学考证者，著书以辟宋儒攻朱子为本，首以言心言性言理为厉禁。海内名卿巨公，高才硕学，数十家递相祖述，膏唇拭舌，造作飞条，竞欲咀嚼。……历观诸家之书，所以标宗旨、峻门户，上援通贤，下詟流俗，众口一舌，不出于训诂小学名物制度。弃本贵末，违戾诋诬，于圣人躬行求仁，修齐治平之教，一切抹杀。名为治经，实足乱经；名为卫道，实则畔道。……窃以孔子没后，千五百余岁，经义学脉，至宋儒讲辨，始得圣人之真。平心而论，程朱数子廓清之功，实为晚周以来一大治。今诸人边见傎倒，利本之颠，必欲寻汉人纷歧异说，复汩乱而晦蚀之，致使人失其是非之心，其有害于世教学术，百倍于禅与心学。又若李塨等以讲学不同，乃至说经亦故与宋人相反，虽行谊可尚，而妒惑任情，亦所不解。东树居恒感激，思有以弥缝其失。"①

方东树在《汉学商兑·重序》中，批评考据学上不能及于道，下不能及于用。他称："毕世治经，无一言几于道，无一念几于用，以为经之事尽于此耳矣，经之意尽于此耳矣。其生也勤，其死也虚，其求在外，使人狂，使人昏荡天下之心，而不得其所本。虽取大名如周公孔子，何离于周公孔子，其去经远矣。"② 他在《辨志一首赠甘生》中称，孔孟程朱之道，彻上彻下，不隔古今，天不变道亦不变，所谓庸常不易。他在《重刻白鹿洞书院学规序》中称，当年朱子之所以集群儒之大战，使斯道昭明，如日中天，其遗文教泽一字一言皆如布帛菽粟，后人不能尽察，要想挽救世风，莫如崇尚朱子之学为切。

阮元主张在宋学与汉学之间进行调和。阮元（1764—1849），字伯元，号云台，江苏仪征人，汉学家，著有《揅经室集》等。阮元在《拟国史儒林传序》中说："两汉名教得儒经之功，宋、明讲学得师道之益，

---

① 方东树：《汉学商兑》，商务印书馆1937年版，第1—2页。

② 同上书，第2—3页。

皆于周孔之道得其分合，未可偏讥而互诮也。”① 阮元在《学海堂集序》中，明确主张朱子之学与考据之学并行。他说：“多士或习经传，寻疏义于宋、齐，或解文字，考故训于《仓》《雅》，或析道理，守晦庵之正传，或讨史志，求深宁之家法，或且规矩汉、晋，熟精萧《选》，师法唐、宋，各得诗笔，虽性之所近，业有殊工，而力有可兼，事亦并擅。”②

程朱学派对汉学的攻击不遗余力，把社会颓废之原因归于汉学。早年的曾国藩对汉学曾采取排斥的态度，但后来逐渐认识到需要结束汉、宋之间的门户之争的迫切性，因而改变了排斥汉学的态度。

刘传莹对曾国藩汉学认识的转变有着重要的作用。刘传莹（1818—1848），字实甫，湖北汉阳人，早年“好为古文词”，后来致力于性理之学。道光二十六年，曾国藩在京师报国寺养病，携带段玉裁所注东汉许慎的《说文解字》随手翻阅。对考据学颇为熟悉的刘传莹也在这里，曾国藩便向他请教。刘传莹正为考据学“无当于身心”而感到苦恼，也向曾国藩学习理学。于是两人朝夕相处，互相学习，取长补短。刘传莹对曾国藩说，“学以反求诸心而已，泛博胡为？至有事于身与家与国，则当一一详核焉而求其是。考诸室而市可行，验诸独而众可从”，“礼非考据不明，学非心得不成”。③ 这为曾国藩汉宋兼容思想的形成准备了条件。自此之后，曾国藩对汉学时时进行学习，把学会文字训诂作为理解理学思想的前提和基础。不仅其本人对此坚持不渝，而且谆谆告诫子弟遵循。

曾国藩认为，汉宋之争是门户之见，应予以摒弃，主张对儒家各派兼取各家之长。曾国藩在《孙芝房侍讲刍议序》中称：“君子之言也，平则致和，激则召争；辞气之轻重，积久则移易世风，党仇诉事而不知所止。曩者良知之说，诚非无蔽；必谓其酿成晚明之祸，则少过矣。近者汉学之说，诚非无蔽；必谓其致粤贼之乱，则少过矣。”④ 曾国藩对考据学产生兴趣之后，觉得汉学与宋学并非完全对立，可以相互通融、借鉴。他在给刘蓉的一封信中表达了其融会汉宋的治学志向。他认为，对于汉、宋二派之间的争端，不能左袒而附一哄，于诸儒“宠道贬文”之说，尤不能雷

① 阮元：《揅经室集》（上册），中华书局 1993 年版，第 37 页。
② 阮元：《揅经室集》（下册），中华书局 1993 年版，第 1077 页。
③ 《曾国藩全集·诗文》，岳麓书社 1986 年版，第 256 页。
④ 同上书，第 256—257 页。

同而苟随，应兼取二者之长。曾国藩从礼中找到调和汉宋之道。他认为，乾嘉以来，士大夫为训诂之学者，诋毁宋儒为空疏，为性理之学者，又诋毁汉儒为支离。他主张以“礼”来沟通汉、宋二家之结，平息汉宋之争。他说：“由博乃能返约，格物乃能正心。必从事于《礼经》，考核于三千三百之详，博稽乎一名一物之细，然后本末兼该，源流毕贯，虽极军旅战争，食货凌杂，皆礼家所应讨论之事。”①

曾国藩十分推崇王夫之，认为其本身就是“一宗宋儒，不废汉学”。曾国藩在《复潘黻庭》的信中称：“王船山先生之学以汉儒为门户，以宋儒为堂奥，诚表微之定论。观其生平指趣，专宗洛、闽，而其考《礼》疏《诗》，辨别名物，乃适与汉学诸大家若合符契。特其自晦过深，名望稍逊于顾、黄诸儒耳。”②

曾国藩的门生黎庶昌为他作传时说：“始公（指曾国藩）居京师，从太常寺卿唐公鉴讲授义理学，疾门户家言，汉宋不通晓，亦宗尚考据，治古文词，与蒙古倭公仁，六安吴公廷栋，师宗何公桂珍，汉阳刘公传莹，仁和邵公懿辰数辈友善，更相砻砥，务为通儒之学。由是精研百氏，体用赅备，名称重于京师。”③ 这些话大体上反映了曾国藩汉宋兼容的学术特点。曾国藩调和汉学与宋学两派的矛盾，主张将学术研究与现实结合起来，抛弃门户之争的做法，在学术上树立了一种开放与务实的新风气。

程朱理学与陆王心学之争由来已久。朱熹把“理”作为宇宙万物的本原，相反，陆九渊认为“心即理也”，“宇宙便是吾心，吾心即是宇宙”。明代王守仁认为，“吾心良知”，“‘心’即‘理’也。天下又有心外之‘事’，心外之‘理’乎？”④

嘉道年间，程朱派对陆王心学展开了激烈批判，掀起了一场理学复兴运动。道光二十四年，罗泽南在《姚江学辨》中批判王学。罗泽南（1808—1856），字仲岳，号罗山，湖南湘乡人，著有《姚江学辨》《西铭讲义》《人极衍义》等。唐鉴在《国朝学案小识》中，用程朱派观点对王

---

①　《曾国藩全集·书信》（二），岳麓书社 1991 年版，第 1576 页。

②　《曾国藩全集·书信》（九），岳麓书社 1994 年版，第 6551 页。

③　黎庶昌：《拙尊园丛稿》（卷三），《清末民初史料丛书》，台北成文出版社 1968 年版，第 201—202 页。

④　王守仁：《传习录全集》，天津人民出版社 2014 年版，第 15 页。

学学者“皆厘而剔之”[①]。刘廷诏在《理学宗传辨正》中，“恪守濂洛渊源，力辨陆王蹊径”，把陆王心学排除于正统儒学之外。刘廷诏，字虞卿，河南永城人，潜心程朱理学，著述有《理学宗传辨正》等。

曾国藩先排斥陆王。道光二十五年，他在给刘蓉的书信中称，朱子曰“人心之灵，莫不有知”，此言是好恶之良知，曰“天下之物，莫不有理，惟于理有未穷，故其知有不尽”，此言吾心之知有限，万物之分无穷，不研乎至殊之分，无以洞乎至一之理，而王阳明的“致良知”，是任心之明，不可取信。他说：“今乃以即物穷理为支离，则是吾心虚悬一成之知于此，与凡物了不相涉，而谓皆当乎物之分，又可信乎？”[②] 他在《书学案小识后》中称：“盖欲完吾性分之一源，则当明凡物万殊之等；欲悉万殊之等，则莫若即物而穷理。即物穷理云者，古昔圣贤共由之轨，非朱子一家之创解也。自陆象山氏以本心为训，而明之余姚王氏乃颇遥承其绪。其说主于良知，谓吾心自有天，则不当支离而求诸事物。夫天则诚是也。目巧所至，不继之以规矩准绳，遂可据乎？且以舜、周公、孔子、颜、孟之知彼，而犹好问好察，夜以继日，好古敏求，博文而集义之勤如此，况以中人之质，而重物欲之累，而谓念念不过乎则，其能无少诬耶？”[③]

早在清初，孙奇逢在《理学宗传》中就提出了调和程朱陆王的道统学，在他提到的11位理学正宗传人中，包括陆九渊、王阳明。曾国藩从中得到了启发，从排斥陆王心学到取彼之长，积极消除程朱理学与陆王心学之间的门户之见。他曾在书信中称：“孔孟之学，至宋大明。然诸儒互有异同，不能屏绝门户之见。朱子五十九岁与陆子论无极不合，遂成冰炭，诋陆子为顿语，陆子亦诋朱子为支离。其实无极矛盾，在字句毫厘之间，可以勿辨。两先生全书具在，朱子主道问学，何尝不洞达本原？陆子主尊德性，何尝不实征践履？”[④] 曾国藩在《复朱兰》中为王阳明辩解说：“大率明代论学，每尚空谈，惟阳明能发为事功，乃为后儒掊击，不遗余力。阳明与朱子旨趣本异，乃取朱子语之相近者，攀附以为与己同符，指为晚年定论。整庵、高林杨园、白田诸公尽发其覆，诚亦不无可议，乃并其功业而议之，且谓明季流寇祸始于王学之淫诐，岂能然哉！彼一是非，

① 《曾国藩全集·诗文》，岳麓书社1986年版，第166页。

② 《曾国藩全集·书信》（一），岳麓书社1990年版，第21页。

③ 《曾国藩全集·诗文》，岳麓书社1986年版，第165—166页。

④ 《曾国藩全集·书信》（五），岳麓书社1992年版，第3466页。

此一是非，天下之无定论久矣。”① 这表明曾国藩开始了由排斥陆王心学到取彼之长的思想的转变，从而为其理学经世思想增添了新的活力。

总之，曾国藩将“义理”与“经济”、理学与经世致用之学、汉学与宋学、程朱理学与陆王心学有机结合起来，形成了独具特色的理学经世思想，为中国传统儒学的发展做出了重要贡献。正是他的理学经世思想中所具有的开放性和务实性，为其日后由中国传统文化向西方近代文化的转变奠定了基础。

第三节　曾国藩对诸子百家思想的吸收

曾国藩文化思想的主要渊源是儒家学派中的程朱理学，但是他对儒学以外的诸子百家思想同样采取兼容并蓄的方针，主张以儒学为主体，同时兼取各家之长，兼师并用，肯定诸子的价值和作用。在曾国藩文化思想的形成及其演变过程中，还不断吸收了中国传统文化中的道家、墨家、法家等诸子百家思想，认为以“老庄为体，禹墨为用”，对修身和政治都有极为重要的作用。咸丰十一年，曾国藩日记中写道：“细思立身之道，以禹墨之‘勤俭’，兼老庄之‘虚静’，庶于修己、治人之术，两得之矣。”②

老庄的“物壮则老”“木强则折”的思想，对曾国藩文化思想的形成有着较大的影响。曾国藩认为，任何事物必须在一定限度之内，超过这个限度就会发生性质的变化。他在家书中称，吉、凶、悔、吝四者相为循环，天道忌满，鬼神害盈，日中则仄，月盈则亏，天有孤虚，地阙东南，没有一个完整而不阙者。他说：“是故既吉矣，则由吝以趋于凶；既凶矣，则由悔以趋于吉。君子但知有悔耳。悔者，所以求其缺，而不敢求全也。”③ 曾国藩读了《庄子》之后，认为庄子思想与儒家思想并非截然对立的，出世、入出精神应相辅相成，互为补充。他在日记中写道，古往今来宇宙没有穷期，人的一生几十个寒暑只是过眼烟云，当思一搏，然而知天之长而人生所历者短，则忧患横逆之来当有忍耐之心，知地之大而人生所居者小，则遇到荣利争夺的情况当退让以守其雌。④

① 《曾国藩全集·书信》（八），岳麓书社 1994 年版，第 5875—5876 页。

② 《曾国藩全集·日记》（一），岳麓书社 1987 年版，第 574 页。

③ 《曾国藩全集·家书》，岳麓书社 1985 年版，第 78 页。

④ 《曾国藩全集·日记》（二），岳麓书社 1988 年版，第 739 页。

曾国藩吸收了老庄的“静”“虚”及“无为而治”的思想，主张静养修心。他在给诸弟的信中说道，自己的身体较弱，总以耳鸣为苦，吴竹如告诉他只有静养的办法能够治疗，而非药物所能为力。他说：“而应酬日繁，予又素性浮躁，何能着实养静？拟搬进内城住，可省一半无谓之往还，现在尚未找得。予时时自悔，终未能洗涤自新。”[①] 曾国藩主张静养修心，正是佛教中坐禅的修炼。道光二十二年十月二十七日，他在日记中写道：“唐先生言，最是。‘静’字功夫最要紧，……凡人皆有切身之病，刚恶柔恶，各有所偏，溺焉既深，动辄发见，须自己体察所溺之病，终身在此处克治。”[②] 在中国历史上，儒道具有很大的互补性，道家为儒家提供了一套清净无为的治术，使入世的儒家貌似出世，无为而无不为。“静”字功夫的修炼，使曾国藩终身受益，也大有利于曾国藩文化思想的形成。

墨家是春秋战国时期的“显学”，墨家文化“尚贤”，主张勤俭节约，重视力行与实践。墨子倡导“赖其力者生，不赖其力不生”，认为“农夫之所以早出暮入，强乎耕稼树艺，多聚菽帛而不敢怠倦者，何也？曰：彼以为强必富，不强必贫；强必饱，不强必饥，故不敢怠倦”。墨子要求统治者“早起晏退，听狱治政，终朝均分而不敢怠倦者何也？曰：彼以为强必胜，不强必乱；强必宁，不强必危。故不敢倦怠”[③]。

曾国藩对一向为文人所鄙视的墨家后学也给予了高度评价，认为这个学派中的“轻财好义”“忘己济物”等观点，是符合儒学的“圣道”说的，还是值得肯定的。曾国藩吸收墨子的思想，宣称“吾学以禹、墨为体”，重视力行与艰苦实践。《淮南子·要略训》说墨子背离周道而行夏政，不少典籍也称墨子继承夏禹，因此曾国藩将大禹、墨子并提。他在《日课四条》中称：“大禹之周乘四载，过门不入，墨子摩顶放踵，以利天下，皆极俭以奉身，而极勤以救民。故荀子好称大禹、墨翟之行，以其习勤劳也。”[④] 曾国藩效法禹、墨，以勤为本。黎庶昌对曾国藩的勤劳刻苦精神十分佩服，认为曾国藩每日黎明即出，巡视营房，按期阅视操练，

---

① 《曾国藩全集·家书》（一），岳麓书社 1985 年版，第 34 页。

② 《曾国藩全集·日记》（一），岳麓书社 1987 年版，第 123 页。

③ 转引自章继光《曾国藩思想简论》，湖南人民出版社 1988 年版，第 89—90 页。

④ 《曾国藩全集·家书》（二），岳麓书社 1985 年版，第 1395 页。

虽然一生军务繁忙，但仍然刻苦钻研学问。[①]

中国传统文化中的法家思想注重因时变通。商鞅主张，因时而立法，因事而成礼；礼、法以时而定，制令各顺其宜。韩非子主张，“不期修古，不法常可”，“世异则事异，事异则备变”。韩非子特别强调“权势”的作用，认为“尧为匹夫，不能治三人；而桀为天子，能乱天下；吾以此知势位之足恃而贤智之不足慕也”[②]。曾国藩吸收了法家思想中因时变通的观念，主张治国理政能如管、商之严整。曾国藩推崇法治，重视“仁”“法”“势”的结合。曾国藩认为，治国治军应当威恩并施、刚柔互用，或一张一弛、相辅相成。他在《禁扰民之规》中称：“用兵之道以保民为第一义。除莠去草，所以爱苗也；打蛇杀虎，所以爱人也；募兵剿贼，所以爱百姓也。”[③]

曾国藩主张吸收诸子百家思想，对学问分途大为不满。他在《答冯卓怀》中称，人原本禀气于天地，受形于父母，苟官骸得职，做事有伦，虽一字不识，默默无闻，于人生无损，虽著述万卷，誉满天下，于人生无加。他说：“世士不察，乃欲舍此之由，急彼之骛，校经，则汉宋分门；论文，则奇偶异帜。小学、金石、算术、舆地之事，名目既繁，风尚日新，穷年而殚日，悴力而敝身，则足以炽其好名争胜之私已矣，岂笃于为已者哉？”[④]

曾国藩甚至把儒学以外的诸子学说，称为孔子的言外之意。咸丰九年十一月，他在日记中称，孔子有所言，有所不言，积善余庆是其所言者，万事由命不由人是其所不言者，礼、乐、政、刑、仁、义、忠、信是其所言者也，虚无、轻静、无为、自化是其所不言者也。曾国藩认为，为学当以孔子不言者为体、以所言者为用，以孔子不言者存诸心、以所言者勉诸身，以庄子之道自怡，以荀子之道自克，则可以成为一个真正的道德君子。[⑤]

曾国藩在把诸子百家思想付诸具体实践的过程中，认为既要维护程朱理学的道统，又要从诸子百家思想中寻找适应时势变化的治术。他在

① 黎庶昌：《曾国藩年谱》，岳麓书社 1986 年版，第 112 页。

② 《韩非子》，吉林人民出版社 2005 年版，第 360 页。

③ 《曾国藩全集·诗文》，岳麓书社 1986 年版，第 466 页。

④ 《曾国藩全集·书信》（一），岳麓书社 1990 年版，第 66—67 页。

⑤ 《曾国藩全集·日记》（二），岳麓书社 1988 年版，第 433—434 页。。

《劝学篇示直隶士子》中称："以义理之学为先，以立志为本，取乡先达杨、赵、鹿、孙数君子者为之表。……志既定矣，然后取程朱所谓居敬穷理、力行成物云者，精研而实体之。然后求先儒所谓考据者，使吾之所见，证诸古制而不谬；然后求所谓辞章者，使吾之所获，达诸笔札而不差，择一术以坚持，而他术固未敢竟废也。其或多士之中，质性所近，师友所渐，有偏于考据之学，有偏于辞章之学，亦不必遽易前辙，即二途皆可入圣人之道。其文经史百家，其业学问思辨，其事始于修身，终于济世，百川异派，何必同哉？同达于海而已矣。"①

曾国藩将儒家思想与道家、墨家、法家思想有机结合。儒家文化中"自强不息、刚健有为"的积极入世精神，"为天地立心、为生民立命、为往圣继绝学、为万世开天平"的历史使命感和社会责任感，道家文化中的全身保生、退守避让之道，墨家文化中的勤俭节约思想，法家文化中的严格执行思想，都深深地濡染和引导了曾国藩。儒、墨、道、法各学派思想对曾国藩文化思想的形成产生了重要影响。咸丰十一年八月十六日，曾国藩在日记中称，若修心能如老庄之虚静，修身能如墨翟之勤俭，治民能如管、商之严整，而又持自以为是之心，则诸子百家都有诸多值得我们吸收的营养。②

曾国藩认为，儒学和诸子百家必须有机结合起来，互相取长补短，并提出了以"禹墨为体、老庄为用"的思想，主张以荀子之道自克，以庄子之道自怡。李元度在《曾文正公行状》中称，曾国藩处功名利禄之际，则师黄老退让之说，修身治家，则尚禹墨勤俭之说。谈到曾国藩治学博取百家之长问题，欧阳兆熊指出，曾国藩治学一生三变，其学问最初为翰林辞赋，在师从唐鉴之后，潜心义理之学，后又钻研六书之说，博览乾嘉训诂诸书，而不以宋学注经为然，在京官时期，以程朱理学为皈依，外出办理团练军务时期，又变而为申韩之术。③

当然，曾国藩对儒学与诸子百家学派并不是完全平等看待的，他认为治学应以儒学为主，其学术主旨无疑是程朱理学。他曾在日记中称："周末诸子各有极至之旨，其所以不及仲尼者，此有所偏至，即彼有所独缺，

---

① 《曾国藩全集·诗文》，岳麓书社1986年版，第443页。

② 《曾国藩全集·日记》（二），岳麓书社1988年版，第652—653页。

③ 欧阳兆熊：《水窗春呓》，中华书局1984年版，第17页。

亦如夷、惠之不及孔子耳。"① 曾国藩在思想上吸收诸子百家，在实践上持盈保泰，推功让利，其最终目的还是维护程朱理学的"道统"。不管曾国藩文化思想如何演变，其"以儒学为主体、理学为核心"的思想始终没有改变。正如章继光所指出，曾国藩思想的师承是广泛的，但核心是程朱理学，以程朱理学为体、为本，以经世之学、申韩、禹墨、老庄之学为辅、为用。②

第四节 曾国藩对近代湖湘学派中"经世致用"思想的弘扬

嘉庆、道光年间，宋学中空疏无物与汉学中的烦琐零碎的弊端日益显露，已经不能适应社会发展的需要，学术自身流变成为必然趋势。于是，在学术上出现了一种新的倾向，即对清初王夫之等人"通经致世"思想的回归，主张治学要考虑国计民生，要能解决社会实际问题。因此，以"经世致用"为特征的近代湖湘学风再度兴起。而"经世致用"的价值取向对曾国藩产生了很大的影响，使其从中吸取了积极入世、取笃实干和民族大义精神的思想养料。

一 近代湖湘学风中经世致用思想的再度兴起

宋代理学盛行之际，胡宏、张栻却以力行致用的学术思想而独具特色，逐渐形成了以经世致用为特征的湖湘学派。从湖湘学派的创始人胡安国、胡宏父子到清初的王夫之，都注重"经世之学"。

胡安国（1074—1138），南宋著名理学家、湖湘学派创始人。胡安国在他所写的《春秋传》中把《春秋》视为"经世大典"。他说："百王之法度，万世之绳准，皆在此书。故君子以谓五经之有《春秋》，犹法律之有断例也。学是经者，信穷理之要矣；不学是经，而处大事、决大疑能不惑者，鲜矣。"③

胡宏（1106—1162），胡安国季子，南宋学者，称五峰先生。胡宏特

① 《曾国藩全集·日记》（二），岳麓书社 1988 年版，第 652 页。

② 章继光：《曾国藩思想简论》，湖南人民出版社 1988 年版，第 95 页。

③ 胡安国：《春秋传》，岳麓书社 2011 年版，第 2 页。

别注重研究国家的治乱兴亡之道，把实践放在首位，反对那种“多寻空言，不究实用”“高谈性命”“临事茫然”的治学风气，主张为学应该“无不入时事者”，行贯穿在整个的学习过程之中。他说：“学，即行也，非礼，勿视听言动。学也，行之也，行之行之而又行之。习之不已，理与神会，能无悦乎！”①

张栻在继承胡宏经世思想的基础上，提出了“知行互发”的思想。张栻认为，当年的学者之所以总是背离《论语》中的务实精神，而流于空谈，往往是不懂得“知行互发”之故。他在《论语说序》中称：“盖自始学，则教之以为弟为子之职，其品章条贯，不过于声气容色之间，洒扫应对进退之事。此虽为人事之始，然所谓天道之至赜者，初亦不外乎是，圣人无隐乎尔也。故自始学则有致知力行之地，而极其终则有非思勉之所能及者，亦贵于行著习察，尽其道而已矣。……始则据其所知而行之，行之力则知愈进，知之深则行愈达。是知常在先，而行未尝不随之也。知有精粗，必由粗以及精；行有始终，必自始以及终。内外交正，本末不遗，条理如此，而后可以言无弊。”②

王夫之也主张知行统一，强调“力行”，以“通经致用”的思想治理国家。他认为，“圣人之道本易知而简能，而合之者为甚难矣。故曰：‘知之匪艰，行之惟艰’，行然后知之艰，非力行焉者不能知也”，“力行而后知之真也”。③ 王夫之认为，行比知难，非行不知，行而后知之艰。在肯定了行先知后的基础上，王夫之提出了“行必统知，而知有不统行”“行可兼知，而知不可兼行”的知行统一理论。

到了近代，由于宋学的空疏和汉学的烦琐，以儒家为主体的中国传统文化迫切需要注入新的活力。于是，以经世致用为特征的湖湘文化适应了当时社会发展的需要，开始独领风骚，其主要代表人物有陶澍、贺长龄等人。

陶澍，字子霖，号云汀，湖南安化人，鸦片战争前夕中国经世学派的代表人物。陶澍倡导“通经致用”，抨击空谈，注重实践，认为有实学，才有实行，才有实用。他在《〈钟山书院课艺〉序》中称，天下文章之高

---

① 《胡宏集》，中华书局1987年版，第46页。

② 《张栻集》（二），岳麓书社2010年版，第615页。

③ 《船山全书》（第七册），岳麓书社2011年版，第573—574页。

下，则随时间、地点为转移，要惟以实而不以华，为能垂世而可久。他说："古称扬州，其气轻扬而上浮，江、鲍、徐、庾，所患非藻绘不足也。……夫学何以实？盖必从'衣锦尚曈'之始，以驯致于不见是而无闷之域，而后读古圣贤之书，恍若謦瞭接而声与通。……有实学，斯有实行，斯有实用；非是，则五石之瓠，非不枵然大也，其中乃一无所有。以中无所有之人，即幸邀有司一日之知，责其实用，难矣哉！"①

陶澍认为，经学即为经世之学。他在《沅江县尊经阁记》中称："盖尝论之，古之所谓经者，致治之理也。惟天下至诚，能经纶天下之大经。而凡为天下国家，皆不外九经之目。若典籍，则所以发明此理者也，名之曰经。而典籍中皆若有古人之守纲常、名教之理，遂以维乎万世而不敝。斯经之理实，经之用宏，而经之名亦于是乎尊矣。"② 他在《〈庚午科四川乡试录〉序》中称："臣伏思自古文章之盛，视乎上之所以教，下之所以学，而其要在于宗经。经者，恒久之至道，不刊之鸿教也。经术明，则人才蔚起。其深者，渐摩浸润，密移于性命之际，发为文词，必充实光辉，粹然一衷于道。由是建之设施，则通经致用，亦经正而庶民兴。"③

乾嘉时期，汉学与宋学各立门户，相互诋毁，陶澍主张调和汉学与宋学。他在《洪氏〈易通〉序》中指出，汉学言象数，宋学言义理，两者不可偏废，无义理则象数为诞，离象数则义理为虚。他说："二者交讥。夫说经期经明而已。士有以是为门户，域于其中，断断相攻伐，为不可解也。"④

陶澍冲破中国传统文化中"重本轻末"观念，并逐步形成了"重商""用商""利商""便商"的经济思想。他身体力行，在任两江总督期间，进行了一系列整顿漕运、改革盐政、兴修水利的工作。

在大政改革中，陶澍借助商业资本，利用商民的力量推进改革。他体恤商民，注重"固商本、纾商力"，不遗余力地促进商业发展。他删裁浮费，减轻商民负担，保护商民利益。他在《筹办海运晓谕沙船告示》中指出，倘若有各衙门吏役、土棍等人，假公济私、敲诈商民，一旦发现，即以阻挠军法处置，决不宽饶。他认为，大多数贩卖票盐的普通商民，资

① 《陶澍集》（下册），岳麓书社 1998 年版，第 99 页。

② 同上书，第 20 页。

③ 同上书，第 47 页。

④ 同上书，第 58 页。

本不够雄厚，各口岸文武官吏都不得向他们敲诈勒索。陶澍派兵护送长途商船，以防船户之盗销，以免匪徒之讹索。

陶澍主张以银为本位，自铸银币，为商品经济的发展创造条件。他在与林则徐共同上奏《合奏查议银贵钱贱除弊安民事宜折子》中，系统阐述了建立国家独立的银本位制的观点。陶澍认为，银钱贵在流通，民情图简便，寻常交换应用银一两者，易而用洋钱一枚，自觉节省，而且无须兑换，又携带方便，是以不胫而走，价虽浮而人乐用。陶澍"重商"思想，是其经世思想的重要组成部分，有利于冲破自然经济的藩篱，促进商品经济的发展。

贺长龄（1785—1848），字耦耕，号西涯，湖南善化人，著名理学家。他主张学术经世，强调"真学问、真经济"。他在给黄惺斋的信中称，读书最重要的使命就是要有利于国家的发展，那些不利于身心性命、天下国家的书大可不读。作为地方督抚，他不仅力行实政，而且大力倡导经世实学。他主张节约，反对虚浮之风。他在《饬去繁文而修实政札》中道："本护院开诚布公，集思广益，凡有关风俗、人心、吏疵、民病，无不虚襟延伫，切实讲求。果以劝学、兴贤为不迂，所冀详申其硕画，更如水利、农田之是务，并将卓荐以通才。"①

贺长龄兼采宋学与汉学之长。他一生笃信理学，以导养身性为主，推崇理学名儒，认为历代以来在义理与经济方面粹然无疵者，有汤潜庵、李安溪、朱高安三人，继起则为陈桂林，以后就绝无仅有。贺长龄推崇理学，但并不在理论上排斥汉学，认为金石碑刻可以考校经史伪误，在实践中也吸取汉学的经世致用精神。

贺长龄主张发展工商业。在任贵州巡抚时，他鼓励苗汉通商。针对有关汉民盘剥苗民问题，他说："而原奏乃谓客民获利甚丰，半皆广田亩而峻墙宇，毋乃偶见一二，遂以概之千百，若使目击流民之苦，必不忍为是言也。黔不产盐，布匹又贵，类皆挹注于他省。苗民错居岩洞，所饶者杂粮材木耳，非得客民与之交易，则盐布无所资，即杂粮材木亦无由销售，分余利以供日用，是客民未尝不有益于苗。且苗民务耕作而不知贸易，客民耐劳而俭用，多就谷贱之地以为家，是亦未尝不两有益。若谓纷华靡丽一皆由客民导之，以至贫乏，则汉人中昔称富户、今为贫民者，正复不

① 《贺长龄集》，岳麓书社 2010 年版，第 345 页。

少，又将谁咎？盈虚消息，物理之常，即无客民，固不能保苗民之常富也。访闻黎平之苗，率多富实，固资山木之利，亦由善自经营，岂无客民往来，何以不能盘剥？然则苗民贫富之无常，犹之汉人耳。”①

贺长龄发表《严禁查税扰商示》，维护商民的正当利益。针对当时书役向在干沟过境商贩乱收费现象，他指出，干沟既无税口，不能将商贩货物拦住，“捏称查拿漏税，扰害商旅，合行出示严禁。为此仰商民人等知悉：如有货税书巡吏，在干沟地方借查漏税为名，妄拿滋事，并抢取穷民肩挑盐包及客商货物者，许该商民等，即将书役扭赴清镇县，就近讯明究办，或赴省呈控，以凭拿究，尽法惩治。”②

贺长龄鼓励开矿，提高人民生活水平，保障社会稳定。他认为，在云贵边疆民族地区，矿藏一经开采，即可使无数平民百姓有借以糊口的出路，虽输课有限，但对于维护边疆民族地区的社会稳定大有益处。

总之，以陶澍、贺长龄等人为代表的湖湘学派，再度开创了湖湘学风中的经世致用思想，对曾国藩产生了较大的影响。

二　近代湖湘学风中经世致用思想对曾国藩的影响

近代湖湘学风中经世致用的思想对曾国藩产生了很大的影响，以经世为指归，使其逐步形成了积极入世、取笃实干和爱国主义的价值取向。钱穆认为，曾国藩文化思想的渊源“有闻于其乡先辈之风而起者”。③

曾国藩对王夫之一向十分仰慕，对王夫之道德文章极为佩服，“欲将节义风天下，先刻船山百卷书”，认为王夫之的学术可以综理万事，消弭乱世。曾国藩《王船山遗书序》中曾评价王夫之说：“荒山敝塌，终岁孳孳，以求所谓育物之仁，经邦之礼。穷探极论，千变而不离其宗；旷百世不见知，而无所于悔。先生没后，巨儒迭兴，或攻良知捷获之说，或辨易图之凿，或详考名物、训诂、音韵，正《诗集传》之疏，或修补三礼时享之仪，号为卓绝。先生皆已发之于前，与后贤若合符契。”④ 曾国藩十分推崇王夫之，称其为“命世独立之君子”，赞扬“船山先生注《正蒙》数万言，注《礼记》数十万言，幽以究民物之同原，显以纲维万事，弭

① 《贺长龄集》，岳麓书社2010年版，第124页。

② 同上书，第409页。

③ 钱穆：《中国近三百年学术史》，商务印书馆1996年版，第632页。

④ 《曾国藩全集·诗文》，岳麓书社1986年版，第278页。

世乱于未形。其于古昔明体达用，盈科后进之旨，往往近之。”[①]

曾国藩对王夫之的格物致知的知行观给予了高度评价，对其“力行第一”的思想有深刻体会。曾国藩始终高度提倡“困之勉行”“身体力行”“笃实践履”，把“力行”看作人生事业发展的第一要义。曾国藩在家书中称，空言无益，譬如人欲进京，一步不行，而在家空言进京程途，没有任何益处。[②] 在家书中又称，为一身计，必须操练技艺，磨炼筋骨，困知勉行，操心危虑，而后可以增加智慧而长才识。[③] 正是由于受到王夫之的影响，曾国藩常勉励自己要以“不怕死、不要钱”的精神去经邦济世。

总之，近代湖湘学风中的经世致用思想对曾国藩产生了较大的影响，使其积极入世，走出书斋，参与社会政治、经济活动，经邦治国，务求实干，去努力实现治国平天下的宏伟志向。近代著名史家萧一山认为，曾国藩标榜经世，在很大程度上是受到了陶澍、贺长龄的熏陶，没有陶澍提倡经世致用思想，就不可能有近代湖南人才群体的出现，曾国藩的成就，依赖于陶澍、贺长龄的指引。他说：“学术为造就人才之根源，其端向不可不特别注意也。曾国藩所以能超出汉、宋，为往圣继绝学，则亦受其先达陶澍、贺长龄之影响。”[④]

根据现有资料，曾国藩没有能够与陶澍见面。道光十六年，曾国藩特意到南京拜见陶澍，但被陶澍的幕僚李子本所阻拦，没有能够当面向陶澍请教。后来胡林翼赠送《陶文毅公全集》给曾国藩，曾氏置于案头经常阅读。陶澍将经世之学引入理学之中，把经世思想应用于社会改革之中，曾国藩继承了陶澍理学经世思想，并从学理上进行了进一步阐发，完善了经世理论。

曾国藩任两江总督后，继续采用陶澍推行的票法治理盐务。他认为，淮北盐务，自前督臣陶澍改为票盐，意美法良，商民称便，果能率由旧章，行之百年而不弊。陶澍主张在学术上抛弃门户之争，吸取各派之长。曾国藩继承了陶澍的思想，推崇义理，不废汉学，认为“道”必须要依靠语言文字才能传于后世，辞章之学的作用在于发挥义理。他在给刘蓉的

① 《曾国藩全集·诗文》，岳麓书社 1986 年版，第 278 页。

② 《曾国藩全集·家书》（一），岳麓书社 1985 年版，第 102 页。

③ 同上书，第 1428 页。

④ 萧一山：《清代通史》，（三），华东师范大学出版社 2006 年版，第 571 页。

信中称："今日欲明先王之道，不得不以精研文字为要务。"①

曾国藩师从唐鉴，而唐鉴与贺长龄都是关系极为密切的善化同乡，贺长龄直接或间接地影响了曾国藩。贺长龄、魏源等人编撰的《皇朝经世文编》，是曾国藩案头常备之书，曾国藩承认自己治"经济"之学，主要学习两本书，即《会典》与《皇朝经世文编》。曾国藩对贺长龄的学问、人品、家风十分钦佩，常向他请教。据黎庶昌的回忆，道光二十一年十月，曾国藩"寓书善化贺公长龄，自陈其所学所志"。② 曾国藩赴京赶考时，曾得到贺长龄的资助。曾国藩在家书中写道："今年（道光二十二年）冬间，贺耦耕先生寄三十金。"③ 以后曾国藩常用书信往来，向贺长龄请教学术问题。曾国藩认为，"耦翁家教向好，贤而无子，或者其女子必贤"，"细思吾邑读书积德之家如贺氏者，亦实无之"。④

概括说来，近代湖湘学派中的经世致用之风，对曾国藩文化思想的形成产生了以下三个方面的影响。

一是积极入世的价值取向。近代湖湘学派提倡经世致用，主张从汉宋之学的烦琐和空疏之中解放出来，寻求解决实际问题的社会改革方案。曾国藩本身出身寒门，自幼刻苦攻读。他在《诰封光禄大夫曾府君墓志》中称："吾曾氏家世微薄，自明以来，无以学业发名者。府君积苦力学，应有司之试十有七，始得补县学生员。不获大施，则发愤教督诸子。"⑤ 深受经世致用思想影响的曾国藩，下决心积极入世，进仕做官，挽救清朝统治。澄清天下，消除社会动乱，建立封建盛世的统治秩序，是曾国藩孜孜以求的目标。在京官任上，曾国藩相继上了14篇奏折，其中包括《应诏陈言疏》《敬陈圣德三端预防流弊疏》《议汰兵疏》等，大胆地提出了对政治、经济、军事的改革主张。由此可见，湖湘学风中积极入世的价值取向对曾国藩产生了极大的影响。

二是取笃实践的实干价值取向。曾国藩继承并发扬了近代湖湘学派的"取笃实践""守道济时"的实干价值思想，抛弃了程朱理学中空谈义理、修自养性的一面，注重做事脚踏实地，从小事做起。在实际生活中，曾国

---

① 《曾国藩全集·书信》（一），岳麓书社1990年版，第6页。
② 黎庶昌：《曾国藩年谱》，岳麓书社1986年版，第7页。
③ 《曾国藩全集·家书》（一），岳麓书社1985年版，第48页。
④ 同上书，第219页。
⑤ 《曾国藩全集·诗文》，岳麓书社1986年版，第236页。

藩特别注重从小事来提高自己的道德修养功夫。在治学方面，曾国藩认为，应该踏踏实实，循序渐进。道光二十二年九月，曾国藩教育诸弟在学习上要脚踏实地，若志在穷经则专守一经，志在义理则专看一家文稿，志在作古文则专看一家文集，作各体诗、作试帖，都是如此，万不可以兼营并骛，好高骛远，否则将一无所成。[①] 这充分体现了曾国藩的勤俭、踏实的实干精神。此外，在洋务运动中，曾国藩率先创办了近代第一家军事工业——安庆机械所，并开创了近代职业技术教育和留学教育的先河。以上这些，充分体现了曾国藩取笃实践的实干精神。

三是民族大义精神。湖湘学风中的经世致用思想还带有浓厚的民族大义精神，湖湘学风中继承了孔子的“杀身成仁”和孟子的“舍生取义”的思想。王夫之继承和发展了孔孟的“仁义”思想，把民族利益看得高于一切，并以民族利益为标准，提出了“三义”说，即“一人之正义”“一时之大义”“古今之通义”，历代君主的一姓之兴亡是“一人之正义”，民众的生死是“一时之大义”，中华民族的兴亡是“古今之通义”。他认为，民族大义是天下古今之公义，不能以私害公、以小害大，在君臣之义与民族大义面前不可两全之际，若以先君之义是私义行为，违背了古今之公义。他说：“以一人之义，视一时之大义，而一人之义私矣；以一时之义，视古今之通义，而一时之义私矣；公者重，私者轻矣，权衡之所自定也。”[②] 他从反面提出“三罪”说，祸害在一个时期则为一时期之罪人，祸害在一个时代则为一时代之罪人，祸害在千秋万代则为千秋万代之罪人。湖湘学派中民族大义精神，对曾国藩产生了一定的影响，使其把挽救民族危亡看作高于一切的“古今之通义”，并且励精图治，试图实现民族的复兴。

湖湘文化注重义理与经世并重，既讲求格物致知，又讲求身体力行的传统。清朝中叶以后，注重经世致用，讲求实际学问的经世思潮兴起，而以陶澍、贺长龄等为代表的湖湘经世派，在当时更是首屈一指，对后来的曾国藩理学经世思想的形成产生了很大的影响。正如张之洞指出的，道光时期的湖湘经世人才群体，以陶澍为首创人物，而以曾国藩为集大成者。

---

① 《曾国藩全集·家书》(一)，岳麓书社 1985 年版，第 36 页。

② 《船山全书》(第 10 册)，岳麓书社 1996 年版，第 535 页。

第五节　曾国藩对晚清经世派“变古师夷”思想的发扬

鸦片战争是中国近代史上的一场“千古奇变”，强烈地刺激了一部分有识之士，使他们逐渐从传统的“内夏外夷”“天朝上国”等观念中解放出来。晚清经世思想家龚自珍、林则徐、魏源等人，提出了“变古师夷”的思想主张，喊出了“睁眼向洋看世界”“师夷长技以制夷”的口号。曾国藩继承并发扬了这一观点，在此基础上提出了“师夷智以制夷”的思想。

一　“变古师夷”思想的提出

龚自珍（1792—1841），号定庵，浙江杭州人，道光朝进士，官至礼部主事，有经世致用之志。龚自珍对汉学、宋学的不足之处提出了批评，主张调和汉学与宋学。他对乾嘉汉学的琐碎之风十分不满，认为汉学博而无约，有文无质。他在《江子屏所著书序》中称：“入我朝，儒术博矣，然其运实为道问学。自乾隆初元来，儒术而不道问学。所服习非问学，所讨论非问学，比之生文家而为质家之言，非律令。小生改容为间，敢问问学优于尊德性乎？曰：否否。是有文无质也，是因迭起而欲偏绝也。圣人之道，有制度名物以为之表，有穷理尽性以为之里，有训诂实事以为之迹，有知来藏往以为之神，谓学尽于是，是圣人有博无约，有文章而无性与天道也。”①

龚自珍在《陈硕甫所著书序》中，对“小学”“大学”各执一端学术理路提出批评。他说：“后世小学废，专有大学，童子入塾，所受即治天下之道，不则穷理尽性幽远之言。六书九数，白首未之闻。其言曰：学当务精者巨者，凡小学家言不足治，治之为细儒。于是君子有忧之，忧上达之无本，忧逃其难者之非正。不由其始者，终不得究物之命。于是黜空谈之聪明，守钝朴之迂回，物物而名名，不使有遁。其所陈说艰难，算师畴人，则积数十年之功，始立一术。书师则繁称千言，始晓一形一声之

① 《龚自珍全集》，上海人民出版社 1975 年版，第 193 页。

故，求之五经、三传、子、史之文而毕合。”[①] 龚自珍主张兼取汉学与宋学，认为汉学、宋学只有初入门径的差别，没有高低优劣之分，古者八岁入“小学”，教之六书九数，十五岁入“大学”，与之言正心诚意，以推及于家国天下。龚自珍主张，汉学与宋学两者相辅相成，相互促进，实现经邦治国之目标。

龚自珍强烈要求“变古”，以挽救社会危机。他认为，“一祖之法无不敝”，历史变革不能“拘一祖之法”。他说：“夏之既夷，豫假夫商所以兴，夏不假六百年矣乎？商之既夷，豫假夫周所以兴，商不假八百年矣乎？无八百年不夷之天下，天下有万亿年不夷之道。然而十年而夷，五十年而夷，则以拘一祖之法，惮千夫之议，恐其自陊，以俟踵兴者之改图尔。一祖之法无不敝，千夫之议无不靡，与其赠来者以劲改革，孰若自改革？”[②]

曾国藩调和汉学与宋学之争的主张，以及“师夷智”思想的提出，正是在新的历史条件下对龚自珍调和汉学与宋学思想、“变古”思想的发扬光大。

林则徐（1785—1850），字元抚，福建福州人，晚清时期著名经世思想家、政治家。林则徐是中国传统文化精华部分的继承者，然后其在历史的转折关头，又提出了“民心可用”“藏富于民”“师敌长技”的思想主张，成为中国近代化进程的先行者。

在严重的国家民族危机面前，林则徐提出了“民心可用”“民力可持”的思想主张，重视“民心”与“民力”的作用。他大力提倡民间自行组织团练来保家卫国。道光十九年七月二十三日，他联合邓廷桢发出《谕沿海民人团练自卫告示》，号召沿海村庄的绅士、商人及居民等，效忠邦国，群相集议，购置器械，聚合丁壮，以便自卫。他指出，若英国人上岸滋事，允许中国人民开枪阻止，勒令退回，或将其俘获，英人数量有限，自不能与广大中国人民为敌。林则徐把“民”放在一个比较重要的地位，视为立国之根本，对“君”的统治方式要求实行某种程度的限制，在一定程度上把“国家”与“人民”统一起来，带有一些人民性的国家学说的思想。林则徐在传统的爱国思想基础上，突破了狭隘的“忠君报

① 《龚自珍全集》，上海人民出版社 1975 年版，第 195 页。

② 同上书，第 5—6 页。

国”观念，升华到维护中华民族整体利益的近代爱国主义思想。

在外交上，林则徐一方面主张与西方列强进行斗争，但另一方面注重讲求外交策略。他坚决反对曾望颜提出的与外国一概断绝贸易的办法。他在《粤东章奏》中称：“窃以封关禁海之策，一以绝诸夷之生计，一以杜鸦片之来源。虽若确有把握，然专断一国贸易，与概断各国贸易，揆理度势，迥不相同。”如果将“现未犯法之各国夷船，与英吉利一同拒绝”，“未免不分良莠，事出无名”，将导致英法与其他西方国家“联成一气，勾结图私”，况且“鸦片之断与不断，转不在乎关之封与不封”。①

近代中国所面对的入侵者，已经不是历史上那种中国境内的某些少数民族的统治者“窥视中原”，而是西方列强。林则徐领导了中国近代史上第一次反侵略战争，当被以功当罪、遭到撤职查办的时候，他指出了妥协投降政策的危险，并忠告道光皇帝，不要为西方列强的威胁所屈服。他在《密陈夷务不能歇手片》中称：“抑知夷性无厌，得一步又进一步，若使威不能克，即恐患无已时；且他国效尤，更不可不虑。”② 林则徐注重“理”与“势”的外交观念，实行“奉法者来之，抗法者去之”的外交政策，这对曾国藩“理势并重”的外交文化观的形成产生了重要的影响。

林则徐主张“藏富于民”，重视发展工商业。林则徐之所以主张禁烟，一个重要的原因是认为鸦片有害于中国工商业的利益。道光十八年，他上奏《钱票无甚关碍宜重禁吃烟以杜弊源片》指出：“臣历任所经，如苏州之南濠，湖北之汉口，皆阛阓聚集之地，叠向行商、铺户暗访密查。佥谓近来各种货物，销路皆废，凡二三十年以前，某货物有万金交易者，今只剩得半之数。问其一半售于何货，则一言以蔽之，曰鸦片烟而已矣。”又说，“夫财者，亿兆养命之源，自当为亿兆惜之。果皆散在内地，何妨损上益下，藏富于民？”③

林则徐赴广州禁烟时，发现清朝海关政策在对外贸易中的诸多限制，阻碍了民间工商业的发展。他在《附奏夷人带鸦片罪名应议专条夹片》中称道，且闻沿海居民见英国商人获利之厚，莫不歆羡垂涎，就以此来制定种种限制，不准居民赴海外贸易，此为市井之谈，不足与言大义。林则

① 《林则徐选集》，人民文学出版社 2004 年版，第 115 页。

② 同上书，第 134 页。

③ 同上书，第 85 页。

徐鼓励沿海地方的人民经商，主张与西方各国发展正当贸易，主张租用商船海运漕粮，反对禁用钱票、洋钱。林则徐鼓励民间集资开采矿山，促进社会经济的发展。道光二十八年，林则徐任云贵总督时，曾上书《查勘矿厂情形试行开采折》，建议道光皇帝准许民间自由开采矿藏，减少政府的限制，扩大普通民众的收入来源。

林则徐“藏富于民”的经济思想在客观上有利于提高人民的生活水平，促进商品经济的发展。林则徐“藏富于民”的经济思想对曾国藩近代经济思想的形成产生了较大的影响，曾国藩的“商战”经济思想，是对林则徐“藏富于民”经济思想的继承和发展。

“师夷长技”的最早提倡者和实践者林则徐。在广州禁烟期间，林则徐对西方近代文化的某些因素很感兴趣，组织翻译西方书籍和报刊，编译了《四洲志》《华事夷言》及《各国律例》等，编撰《澳门新闻》，涉及西方国家的历史、地理、法律、政治等多方面的内容，在中国近代史上第一次提出了“师敌之长技以制敌”的口号。虽然林则徐“师敌之长技”的目的是维护清王朝的统治，但是，他不再仅仅从中国传统文化中寻求救世良方，而是把目光投向西方近代文化，并认为西方近代文化适应时代需要，符合中国文化发展新趋势。

当然，林则徐主张向西方学习，在相当大的程度上是被动的，在林则徐的文化思想中，西方近代文化并不占据主导地位，其近代文化思想是微弱、幼稚和简单的。而林则徐对中国传统文化体系是没有怀疑的。他在巡阅澳门时，对西方人的服饰、风俗习惯不以为然，他用鄙视的语气说道，婚配皆由男女自由选择，不避同姓，真是有坏风俗礼仪。这不能不说林则徐的价值观念和行为标准仍然局限于中国传统文化的范围之内。

林则徐是中国传统文化的维护者，但不是一个泥古不化的文化守旧主义者，从经世之学到接受西方近代文化，是林则徐文化思想的一个重大转折。林则徐提出了“师夷之长技以制夷”的观点，积极引进西方先进的产业技术，以图早日实现中国的现代化。这一思想无疑对后人产生了重大而深远的影响，在一定程度上打破了中国传统文化的封闭状态，动摇了传统士大夫“夷夏大防”的自高自大心理，开创了学习西方近代文化的先例。

曾国藩继承了林则徐这一思想，既坚守中国传统文化，又引进西方近代文化。在林则徐“师夷长技”思想的基础上，曾国藩提出了“师夷智”

的思想主张。曾国藩兴办近代企业，对“西书”“西学”的介绍，形成了一套较为完整的“中学为体，西学为用”的理论体系，对西方近代文化的了解，在一定程度上超越了林则徐的认识水平。

魏源（1794—1857），湖南邵阳人，晚清时期经世思想家、政治家，著有《海国图志》，主张学习西方近代科学技术。魏源主张经世致用，倡导汉宋调和，儒、释、道各家并重，提出了重利主义思想，力图实现“师夷长技以制夷”。

魏源倡导“经世致用”，通过加强道德修养，来挽救人心、改变社会风气。他在《海国图志叙》中称：“愤与忧，天道所以倾否而之泰也，人心所以违寐而之觉也，人才所以革虚而之实也。……此凡有血气者所宜愤悱，凡有耳目心者所宜讲画也。去伪，去饰，去畏难，去养痈，去营窟，则人心之寐患祛其一。以实事程实功，以实功程实事，艾三年而蓄之，网临渊而结之，毋冯河，毋画饼，则人材之虚患祛其二。寐患去而天日昌，虚患去而风雷行。”①

魏源对“汉学”“宋学”各执一端进行了批评，认为“汉学”过于烦琐，“宋学”空谈性理。他在《武进李申耆先生传》批评中“汉学”道，自乾隆中叶后，海内士大夫一味地潜心于汉学，争治诂训音、声，瓜剖缕析，禁锢了人们的思想，使大量治学之人走向了无用之途。他在《默觚·治篇一》中对宋学提出批评，认为“宋学”讲心性、躬礼仪，言万物一体，而不讲求国计民生，不关心普通百姓的疾苦，不讲求吏治，一旦国家有事，上不足以考虑国家发展战略，下不足以解决百姓疾苦，外不足以保家卫国。他认为，宋学空谈民胞物与，实际上无一事可以解决民生，此道无法实现安邦治国。他说：“工骚墨之士，以农桑为俗务，而不知俗学之病人更甚于俗吏；托玄虚之理，以政事为粗才，而不知腐儒之无用异同于异端。彼钱谷簿书不可言学问矣，浮躁饾饤可为圣学乎？释老不可治天下国家矣，心性迂谈可治天下乎？”② 魏源主张调和汉宋之争，实现学术经世的目的。

魏源兼取儒、释、道三家。儒家讲求修身治国平天下，修身是治国平天下的基础，治国平天下是修身的终极目标，而修身的方法重在内省一

---

① 《魏源全集》（十三），岳麓书社2011年版，第180页。

② 同上书，第33页。

途，魏源继承了这一思想。他在《默觚·学篇三》中称，作伪的事情千万端，都是从不自省而发生；作德的事情千万端，都是从自省为开端。魏源指出，不自我反省，则终日见人之不足，相反，能够自我反省，则终日见己之不足。他说："终日自反，则放心不收而自收；终日不自反，则心虽强收而愈放。愈内敛则愈无物我，而与天地同其大；愈外骛则愈歧畛域；而与外物同其小。"① 他在《默觚·学篇十一》中称，君子用世之学，自外入者其力弸，自内出者其力弘，力之大小在于心之翕散，天地人之所同，天地之气，翕则灵，不翕则不灵，小翕则小灵，大翕则大灵。

对于释家，魏源表示赞扬。他在《净土四经总叙》中称："王道经世，佛道出世，滞迹者见为异，圆机者见为同。而出世之道，又有宗、教、律、净之异。其内重己灵，专修圆顿者，宗教也；有外慕诸圣，以心力感佛力者，净土也；又有外慕诸圣，内重己灵者，此则宗、净合修，进道尤速。……劝化一人成佛，功德无量；况劝化数十百僧，展转至千百万，皆往生西方成佛，功德不可思议乎？"②

魏源从经世致用的角度诠释道家。他在《老子本义序》中称，有黄老之学，有老庄之学，黄老之学出于上古时期，"故五千言中，动称经言及太上有言"，又多引礼家之言、兵家之言，其宗旨见于《庄子·天下篇》，其旁出者见于《灵枢经》、黄帝之言及《淮南·精神训》，其于"六经"也近于《易》，其末章欲得小国寡民而治之，其中包含"以身治身""以家国天下治家国天下"之内容，则其言天下无为者，并非枯坐拱手而化行若弛。③

魏源提出了"重本"而不"抑末"的经济思想。魏源把"末富"视为国家富强的支柱之一，认为在社会经济呈现"官告竭"的状况下，往往"非商不为功也"。在他筹划的漕运、盐政改革方案中，试图借助商业资本——"海商"和"票商"的运作，来兴利除弊。

魏源提出了"缓本急标"的经济思想，把商业经济的发展置于首要位置，凸显"标""末"的地位和作用。他认为，虽然"本"是首要的，"末"是次要的，但在严重的财政危机面前，只有"末"或"标"的发

① 《魏源全集》（十三），岳麓书社 2011 年版，第 10 页。

② 《魏源全集》（十二），岳麓书社 2011 年版，第 125—126 页。

③ 同上书，第 5 页。

展，才能解决当务之急。他说：“语金（今）生粟死之训，重本抑末之谊，则食先于货；语今日缓本急标之法，则货先于食。”① 魏源的“缓本急标”经济思想，对中国传统文化观念中“工商为下”思想主张形成了有力冲击，对于加速当年自然经济的分解和商品经济的发展起了一定的促进作用。魏源主张把近代机器工业引入军用乃至民用生产，允许民办采用机器生产的工业。他在《筹海篇·议战》中称，允许沿海地区人民自愿设立工厂以造船械，可以自用或出售之。

在“义”和“利”的取舍问题上，魏源对士大夫和庶民提出了不同的要求，即士大夫取“名”，庶民取“利”。他在《学篇》中称：“圣人利、命、仁之教，不谆谆于《诗》《书》《礼》而独谆谆于《易》。《易》其言利、言命、言仁之书乎？‘济川’‘攸往’‘建候’‘行师’‘取女’‘见大人’，曷为不言其当行与不当行，而屑屑然利不利是诏？圣人若曰，天下无不吉之善，无不凶之恶，无不悔且吝之小恶。世疑天人之不合久矣，惟举天下是非、臧否、得失一决之于利与不利，而后与天人合。”② 魏源强调士大夫对于“仁”的重要性，但他又在理论上支持庶民言利，肯定人的合理的逐利行为。他说：“圣人以名教治天下之君子，以美利利天下之庶人。求田问舍，服贾牵牛，以卿大夫为细民之行则讥之，细民不责以卿大夫之行也。……故于士大夫则开之于名而塞之于利，于百姓则开之于利而坊之于淫。”③

魏源认为，富民“崇奢”，使社会财富进入商品流通环节，能促进社会分工和商品交换，促进物质生产的良性循环和商品经济的发展。他在《治篇》中称：“车马之驰驱，衣裳之曳娄，酒食鼓瑟之愉乐，皆巨室与贫民所以通工易事，泽及三族。王者藏富于民，譬同室博弈而金帛不出户庭，适足损有余以益不足。”④ 魏源“崇奢”经济思想，在一定程度上冲破了中国传统文化观念的束缚，引发了近代中国重商主义思潮的产生。

在西学东渐的时代潮流下，魏源产生了从“好古敏求”到“变古”的思想飞跃。魏源主张气本论，认为“太虚”聚合为气，气又散为

---

① 《魏源全集》（十三），岳麓书社 2011 年版，第 392—393 页。

② 同上书，第 19 页。

③ 同上书，第 40 页。

④ 同上书，第 63—64 页。

“太虚”，气化无一息不变。魏源以“气息变化”为理论依据，认为人类社会也在不断变化，彻底改变衰世局面的唯一出路是实行社会变革。他在《筹鹾篇》中指出，天下没有数百年不弊之法，没有穷极不变之法，没有不除弊而能兴利之法，没有不易简而能变之法。他认为三代以上，天是不同于当前之天，地是不同于当前的地，人是不同于当前的人，物是不同于当前之物，后世之事必然胜于三代，因此“变古愈尽，便民愈甚”。他在《治篇五》中称：“庄生喜言上古，上古之风必不可复，徒使晋人糠秕礼法而祸世教；宋儒专言三代，三代井田、封建、选举必不可复，徒使功利之徒以迂疏病儒术。君子之为治也，无三代以上之心则必俗，不知三代以下之情势者必迂。读父书者不可与言兵，守陈案者不可与言律，好剿袭者不可与言文；善琴弈者不视谱，善相马者不按图，善治民者不泥法。”① 他希望统治者进行社会变革，认为小变则小革，大变则大革，小革则小治，大革则大治，只有实行大的社会变革，才能促进人类历史的发展。

在“变古”基础之上，魏源提出了“师夷长技以制夷”的思想，强调学习西方近代文化的必要性。他在《筹海篇》中指出，欲抵抗外国的侵略，必先了解外国的情况，并吸收其长处为我所用。他认为，善于学习外国者能抵制外国的侵略，不善于学习外国者会被外国侵略。他指出，西方科学技术的优势主要是三个方面，即战舰、火器、养兵和练兵之法，必须在这些方面大力学习西方近代科学技术。他说：“选闽、粤巧匠、精兵以习之，工匠习其铸造，精兵习其驾驶、攻击。……我有铸造之局，则人习其技巧，一二载后，不必仰赖外夷。”②

在主张“变古”的同时，魏源强调“不变”之“道”，提出了“势变道不变”思想。他说：“气化无一息不变者也，其不变者道而已，势则日变而不可复者也。天有老物，人有老物，文有老物。柞薪之木，传其火而化其火；代嬗之孙，传其祖而化其祖。古乃有古，执古以绳今，是为诬今；执今以律古，是谓诬古；诬今不可以为治，诬古不可以语学。”③ 魏源把封建伦理纲常视为永恒不变之“道”。他认为，“乾尊坤卑”是天地

① 《魏源全集》（十三），岳麓书社 2011 年版，第 44 页。

② 《魏源全集》（四），岳麓书社 2011 年版，第 36 页。

③ 《魏源全集》（十三），岳麓书社 2011 年版，第 43 页。

定位，臣子必须恭敬君主的命令，儿子必须遵从父亲的命令，妻子必须无条件地服从丈夫。可以说魏源等晚清经世思想家，并没有完全突破中国传统文化的藩篱。

鸦片战争之前，传统的士大夫们始终坚守着华夏文化中心意识及“内夏外夷”“以夏变夷”等原则。然而，在鸦片战争中西方列强“坚船利炮”的沉重打击之后，中国传统文化受到了西方近代文化的严重挑战，不少爱国的士大夫开始反思，决心寻找一种“国富兵强”的良方。林则徐、魏源等人在实践中逐渐认识到，中国在器物上已经远远落后于西方，因此，要寻求御侮、强盛之路，绝不能完全向古代社会回归，而必须面向新的世界，即学习西方的近代文化。他们从中国传统文化的封闭体系中挣开了一条缝隙，开始注视西方近代文化。

林则徐、魏源等人是当年向西方学习的典型代表。他们认为，“筹夷事必先知夷情，知夷情必先知夷形”，了解西方国家的情况是一件迫在眉睫的事情。林则徐提出“师敌之长技以制敌”的思想，魏源提出“师夷长技以制夷”的口号，他们提出的“悉夷”，其目的是“制夷”，他们向外国学习，从一开始就是为了达到“制夷”的目的，这种理直气壮地提倡了解外国情形的行为，尽可能详尽地介绍外国情形，本身就是中国传统文化向近代文化转变的一大革新。曾国藩继承并发展了“师敌之长技以制敌”“师夷长技以制夷”的思想主张，为“师夷智”思想的提出提供了直接理论来源。

二　曾国藩“师夷智”思想的形成

曾国藩之所以能够提出“师夷智”的思想主张，从文化渊源上来说，是继承了中国传统文化中“礼贵变通”的思想。

曾国藩在《复刘蓉》的信中称，“所贵乎贤豪者，非直博稽成宪而已，亦将因其所值之时、所居之俗而创立规制，化裁通变，使不失乎三代制礼之意”。“诚以在宫雍雍，斯在庙肃肃。妃匹有笃恭之德，乃足以奉神灵而理万化，所谓有《关雎》《麟趾》之精意，而后可行《周官》之法度也。”“自阳侯杀缪侯，而大飨废夫人之礼。”“后世若以主妇承祭，则惊世骇俗，讥为异域。”“议礼之家必欲强后代之仪节就古人之室制，如《明史》载品官冠礼几与《仪礼》悉合，不知曰东房西牖，曰房内户东，曰坫，明世已无此宫室也。然稍师《仪礼》之法，则堂庭浅狭，必有龃龉而难行者。”①

“不泥古制”思想是曾国藩“师夷智”思想的基础。他认为，天下十四宗大事，皆以本朝为主，而追溯前代沿革本末，衷之以仁义，归之于简易，前代所袭误者可以自我更之，前代所未及者可以自我创之。

当然，曾国藩赞成在一定程度上继承古制，认为社会风俗也有一些未易变者。对于传统礼俗，曾国藩主张在“变”与“不变”两者之间进行调和思想。他说：“诚得好学深思之士，不泥古制，亦不轻徇俗好，索之幽深而成之易简，将必犁然有当于人心。”②

曾国藩“师夷智”思想的直接理论来源，是林则徐、魏源的“师夷长技”思想。曾国藩继承了林、魏的思想，认识到学习西方的重要性，认为中国传统文化在器物上远远不如西方近代文化，因此，要想抵御外侮，就得发奋图强，敢于向西方学习；只有善于学习西方的先进技术，才不会受到洋人的牵制。由此可见，曾国藩的“师夷智”思想与林、魏的“师夷长技”思想是一脉相承的。当然，由于时代的变化，曾国藩的“师夷智”思想在“师夷长技”思想的基础上，有所发展和突破，其中“智”的内涵要远远大于“技”。“技”一般是指洋人所拥有的“坚船利炮”，因此，向西方学习，也就是学习西方的技术而已；而“智”除了包含“坚船利炮”的物质层面外，还包括算学、术数及机械制造、绘图测算等近代文化科学知识。

曾国藩已经站在一个更高的视野，去认识西方近代文化。曾国藩的“师夷智”主张，比林、魏的“师夷长技”范围更宽、程度更深。此外，林、魏虽然提出了“师夷长技以制夷”的思想，但是他们的“华夏文化中心论”的意识还相当浓厚，他们甚至盲目地认为，西方文化起源于中国。这种“西学中源”论无疑给封建顽固势力以可乘之机，从而导致他们的“师夷长技”思想遭到顽固势力的强烈反对而根本无法实现。然而，在曾国藩那里，“华夏文化中心论”的意识相对来说要淡泊得多。他认为，在中西文化的大冲突中，只要守住儒学中的“名教伦常”即可，而学习西学特别是西学中科学技术和文化，正是为了更好地维护封建的纲常伦理，曾国藩试图在保持中国传统文化体系基本不变的前提下，有选择地

---

① 《曾国藩全集·书信》（十），岳麓书社 1994 年版，第 7034—7035 页。

② 同上书，第 7035 页。

部分引进西方文化，以中国传统文化为主体，以西方近代文化为补充，用西方近代文化之长来弥补中国传统文化的不足。

总之，曾国藩开创了一条既可固守名教纲常，而又不反对学习西方近代文化的道路，从而最终动摇了传统士大夫心目中的“夷夏”观，为近代西方文化和科学技术的传入奠定了思想文化基础。

第二章

曾国藩文化思想的主要内容

曾国藩被人称为“一宗宋儒”，同时博取众长，成为中国传统文化的集大成者。然而，面对西学东渐，他逐渐从中国传统文化向西方近代文化转变，成为中国近代文化的主要代表。在其文化思想中，他既主张“程朱理学”，又主张“博取众长”；他大力提倡经世致用，主张理论联系实际；在如何处理中学与西学的关系问题上，他提出了“义理为体、洋务为用”的思想；在具体的实践过程中，逐渐形成了一套比较完整的“自强”“求富”的近代科技思想。

第一节　曾国藩“笃信程朱”的理学思想

曾国藩在学术上最为尊崇、钻研最深的是程朱理学，因而被世人称为“一宗宋儒”。曾国藩一生以“义理”之学为标榜，对理学的追求是极为执着的，认为在所有的学问中，“以义理之学最大”。由此可见，曾国藩崇尚程朱理学确实达到了虔诚信服的程度。

一　曾国藩的“性命并重、尽性知命”观

“性”与“命”是古代哲学上的两个命题，是立足于人文主义，用此阐释天人关系和人伦关系的两个基本范畴，顺性命之理是一个古老的命题。儒家有“天人合一”的天命思想。《周易》中称，君子与天地合其德，与日月合其明，与四时合其序，与鬼神合其吉凶，先天而天弗违，后天而奉天时。《说卦传》中称，穷理尽性，以至于命，昔者圣人之作《易》也，将以顺性命之理，是以立天之道曰阴曰阳，立地之道曰柔曰刚，立人之道曰仁曰义。孔子称，死生有命，富贵在天，“道之将行也

与？命也。道之将废也与？命也。公伯寮其如命何！”[①]《中庸》中称，天命之谓性，率性之谓道。孟子发挥指出，莫之为而为者为天，莫之致而至者为命，尽其心者知其性，知其性则知天，存其心、养其性以事天，夭寿不贰，修身以立命。朱熹认为，天与命并非两物，以理言之谓之天，自人言之谓之命，其实则一而已。程子认为，“天人本无二，不必言合”，天人合一是自然现象，无所谓“天人合一”。

曾国藩从伦常思想的前提出发，将“性”与“命”两个命题并列。他在此基础上写了《顺性命之理论》一文，中称：“盖自乾坤奠定以来，立天之道曰阴曰阳，静专动直之妙，皆性命所弥纶。立地之道曰柔曰刚，静翕动辟之机，悉性命所默运。是故其在人也，氤氲化醇，必无以解乎造物之吹嘘。真与精相凝，而性即寓于肢体之中。含生负气，必有以得乎乾道之变化。理与气相丽，而命实宰乎赋界之始。”[②] 由此可见，他把“性”与“命”看作立“天、地、人”三才的大本大源。同时，曾国藩还特别强调“性”与“命”的作用，认为“性”与“命”不仅是“三才”之本源，而且是一切阴阳、刚柔、动静、开合等以及人的貌、言、视、听、思“五事”的主宰。

曾国藩进一步指出：“其必以肃、乂、哲、谋为范者，性也；其所以主宰乎五事者，命也。以身之所接言，则有君、臣、父、子，即有仁、敬、孝、慈。其必以仁、敬、孝、慈为则者，性也；其所纲维乎五伦者，命也。此其中有理焉，亦期于顺焉而已矣。”[③] 这样，他赋予“性”与“命”鲜明的道德属性和强烈的政治属性，使之成为维护中国传统社会宗法制度与纲常伦理关系的重要思想武器，正是他的这篇《顺性命之理论》被道光皇帝看中，才开始了他的仕途生涯。

曾国藩继承了传统儒家文化中“知命”“畏天命”的“天命”观，形成了“尽性知命”的思想。曾国藩认为，国家、家庭、个人的兴衰在于天命。曾国藩认为，国家要繁荣昌盛，必须得到有贤德的人才辅佐，家庭要兴旺发达，必须多出贤良的子孙后代，“此亦关乎天命，不尽由于人谋”，至于“一身之强”，“则有因强而大兴，亦有因强而大败”，“吾辈

---

① 朱熹：《四书集注》，陈成国标点，岳麓书社 1987 年版，第 230 页。

② 《曾国藩全集·诗文》，岳麓书社 1986 年版，第 133 页。

③ 同上。

在自修处求强则可，在胜人处求强则不可”。[①] 曾国藩认为，君子之道，以知命为第一要务，不知命无以为君子，甚至认为儿女的多少，丝毫皆有前定，绝非人力所可强求。曾国藩认为，个人事业的成功与否，在于“天命”。道光二十三年，他在给弟弟的信中称：“无如体气本弱，耳鸣不止，稍稍用心，便觉劳顿。每自思念，天既限我以不能苦思，是天不欲成我之学问也。故近日以来，意颇疏散。”[②]

曾国藩不仅有“知命”思想，而且有“畏天命”思想。他在《郭依永墓志铭》中称：“衰龄而哭子，仁慧而不寿，皆人世所谓不幸。然圣贤有遭之者矣，岂天之所可否，与人间所称善恶祸福，其说绝不类耶？抑人事纷纭万变，造物者都不訾省，一任其殃庆颠倒、漫无区别耶？天人感应之故，自昔久无定论。……吾闻君子之畏天命，有如孝子之事庭闱。苟遭祸谪，敬受不疑。恭若申生，顺若伯奇。”[③]

曾国藩把“性”视为自身可知的主观能动性，把“命”视为无法改变的造物主所主宰的命运。同治元年十月十日，曾国藩在日记中称：“阅王而农所注张子《正蒙》，于尽性知命之旨，略有所会。盖尽其所可知者，于己，性也；听其所不可知者，于天，命也。”“爱人，治人，礼人，性也；爱之而不亲，治之而不治，礼之而不答，命也。”“当尽性之时，功力已至十分，而效验或有应有不应，圣人于此淡然泊然。若知之若不知之，若着力若不着力，此中消息最难体验。若于性分当尽之事，百倍其功以赴之，而俟命之学，则以淡如泊如为宗，庶几其近道乎！”[④]

曾国藩提出的“性命并重”“尽性知命”的天命思想，不仅被其视为处理人伦关系的准则，而且视为处理政事军事的准则。他说：“凡办大事，半由人事，半由天事。如此次安庆之守，壕深而墙坚，稳静而不懈，此人力也；其是否以一蚁溃堤，以一蝇玷圭，则天事也。各路之赴援，以多、鲍为正援集贤之师，以成、胡为后路缠户之兵，以朱、韦为助守墙壕之军，此人事也；其临事果否得手，能否不为狗酋所算，能否不令狗酋逃循，此天事也。吾辈但当尽人力之所能为，而天事则听之彼苍，而无所

① 《曾国藩全集·家书》（二），岳麓书社 1985 年版，第 1285 页。

② 《曾国藩全集·家书》（一），岳麓书社 1985 年版，第 56 页。

③ 《曾国藩全集·诗文》，岳麓书社 1986 年版，第 326 页。

④ 《曾国藩全集·日记》（二），岳麓书社 1988 年版，第 814 页。

容心。”[①]

在中国传统文化中，道家文化“安命”思想十分浓厚。《庄子·则阳》中称：“圣人达绸缪，周尽一体矣，而不知其然，性也。复命摇作，而以天为师，人则从而命之也。……生而美者，人与之鉴，不告则不知其美于人也。若告之，若不知之，若闻之，若不闻之，其可喜也终无已，人之好之亦无已，性也。圣人之爱人也，人与之名，不告则不知其爱人也。若知之，若不知之，若闻之，若不闻之，其爱人也终无已，人之安之亦无已，性也。”[②] 曾国藩吸收了道家文化的“安命”思想。他说：“又闻道家之言，与化推移。纵心任远，有若委衣。虽宗旨之各别，要安命而无违。……修德之报或爽，虽神圣不能测其微。主之人者为吾能为，主之天者吾安敢与知？等死生于昼夜，信长短之有涯。存者抑情而复礼，逝者奠魄而永绥。”[③] 曾国藩认为，事业、学问取决于“天命”。他在《复刘蓉》的信中称：“国藩之愚，以为事功之成否，人力居其三，天命居其七。苟为无命，虽大圣毕生皇皇，而无济于事。文章之成否，学问居其三，天质居其七，秉质之清浊厚薄，亦命也。前世好文之士不可亿计，成者百一，传者千一，彼各有命焉。”[④]

当然，曾国藩一方面接受传统文化中的“尽性知命”思想，另一方面又主张自强不息。他说：“该营裨将边成阮可资臂助，金、张等六人又皆敢战之士，是尚不为乏材。‘庶人之家’数语，深得反己自强之道。自古圣贤立德，豪杰立功，成不成，初不敢预必，只是日就月将，尽其在我。孔子所谓‘谁敢侮’，孟子所谓‘强为善’，皆此义也。”[⑤]

二　曾国藩的“格物穷理”观

“格物”一词源于《大学》中的“致知在格物”，“格物而后致知”。宋代程颐对“格物”做了解释，“格，至也，如祖考来格之格”，任何事物都有一理，须穷尽其理。程子认为，穷理的途径就是读书讨论和应接事物两者。他认为，“欲致知，须要格物。物不必谓事物然后谓之物也，自

① 《曾国藩全集·家书》（一），岳麓书社 1985 年版，第 679 页。
② 《庄子集》，新世界出版社 2014 年版，第 201 页。
③ 《曾国藩全集·诗文》，岳麓书社 1986 年版，第 326—327 页。
④ 《曾国藩全集·书信》（十），岳麓书社 1994 年版，第 7036 页。
⑤ 《曾国藩全集·批牍》，岳麓书社 1994 年版，第 316 页。

一身之中至万物之理，但理会得多，相次自然豁然有觉处”。“穷理亦多端，或读书讲明义理；或论古今人物，别其是非；或应接事物，而处其当，皆穷理也。”① 程子认为，格物穷理，穷其理而已，穷其理然后足以致之，不穷则不能致，格物是悟道之始，格物已经接近道。

朱熹对程颐的格物观十分推崇，在《大学章句》中对“格物穷理”做出了解释。他指出：“致，推极也；知，犹识也。推极吾之知识，欲其所知无不尽也。格，至也；物，犹事也。穷至事物之理，欲其极处无不到也。……物格者，物理之极处无不到也。知至者，吾心之所以无不尽也。知既尽，则意可得而实矣，意既实，则心可得而正矣。”②

曾国藩以《朱子全书》为宗，继承并发展了程颐、朱熹的“格物穷理”心物观，其有关“性”“命”“理”“气”与程朱一脉相承。道光二十二年十月二十六日，曾国藩在给诸弟的信中称，格物是致知之事，诚意是力行之事，物者即所谓本末之物，身、心、意、知、家、国、天下皆物，天地万物皆物，日用常行之事皆物。他指出，格者即物而穷其理，譬如，事亲定省是物，探究其所以当定省之理是格物，与兄弟随行是物，探究其所以随行之理即格物，吾心是物，探究其省察涵养以存心之理是格物，吾身是物，探究敬身之理是格物，每日所看之书是物，切己体察、穷究其理是格物。③

曾国藩继承了孟子的“性本善”论，认为“格物穷理”的目的就是“复性”，主张通过“格物致知”达到“复性”。他在《答刘蓉》的信中称：“自其初而言之，太和氤氲流行而不息，人也，物也，圣人也，常人也，始所得者均耳。人得其全，物得其偏，圣人者，既得其全，而其气质又最清且厚，而其习又无毫发累，于是曲践乎所谓仁义者，夫是之谓尽性也。推而放之凡民而准，推而放之庶物而准，夫是之谓尽人性、尽物性也。常人者，虽得其全而气质拘之，习染蔽之，好不当则贼仁，恶不当则贼义，贼者日盛，本性日微，盖学问之事自此兴也。学者何？复性而已矣；所以学者何？格物诚意而已矣。格物则剖仁义之差等而缕晰之，诚意则举好恶之当于仁义者而力卒之，兹其所以难也。”④

---

① 转引自郑红峰《中国哲学史》，北京燕山出版社 2011 年版，第 202 页。

② 朱熹：《大学章句》，上海古籍出版社 2002 年版，第 17 页。

③ 《曾国藩全集·家书》（一），岳麓书社 1985 年版，第 39—40 页。

④ 《曾国藩全集·书信》（一），岳麓书社 1990 年版，第 20—21 页。

曾国藩把“格物穷理”与“理一分殊”联系起来，认为“性命之理”是同一的，但同时又是有区别的。他说：“吾之身与万物之生，其理本同一源，乃若其分，则纷然而殊矣。亲亲而民殊，仁民而物殊，乡邻与同室殊，亲有差，贤有等，或相倍蓰，或相什佰，或相千万，如此其不齐也。不知其分而妄施焉，过乎仁，其流为墨；过乎义，其流为杨。生于心，害于政，其极皆可以乱天下，不至率兽食人不止。故凡格物之事所为委曲繁重者，剖判其不齐之分焉尔。”①

知行问题不仅是哲学理论问题，而且是关系到国家兴衰、社会治乱的现实问题，因而知行关系历来是各派哲学家十分关注与讨论的问题。宋代程颐、朱熹等理学家，提出“知先行后”论。

对于“知”与“行”的关系，曾国藩继承了程朱理学中的知行理论。一方面，曾国藩认为，“知”与“行”、“格物”与“诚意”是不可分割、相互依存的，“二者并进，下学在此，上达亦在此”。另一方面，曾国藩又认为，“知”先“行”后，“所知而后力行之，知一句便行一句”。② 这无疑是一种典型的唯心主义认识论。在“致知”与“力行”之间，他强调“力行”，认为“行”是“知”的根本目的。曾国藩在坚持理学维系传统纲常伦理的同时，也在一定程度上抛弃了程朱理学中空疏、迂腐的成分，表现出鲜明的务实精神。

总之，曾国藩认为，“格物”的目的是“穷理”，也就是穷“存心之理”，穷“性命之理”，以此维护“仁义礼智”“忠孝敬慈”这一套完整的传统纲常礼教。曾国藩的“格物穷理”仅是一种在中国传统社会中修身、进德的手段，其目的只是达到“内圣”的境界，还并不完全是一种认识世界和改造世界的方法。

三　曾国藩的“立诚敬恕”观

曾国藩继承了思孟学派和周敦颐、程颢等理学家有关“诚”的思想，认为“圣学王道”的核心是“诚”，个人涵养功夫当以“诚”为本，并将其提到哲学的高度来认识。

曾国藩认为，“至诚”者“至虚”。道光二十二年十一月十五日，曾

---

① 《曾国藩全集·书信》（一），岳麓书社1990年版，第21页。

② 《曾国藩全集·家书》（一），岳麓书社1985年版，第40页。

国藩在日记中称："在车中看《中孚卦》，思人必中虚，不著一物而后能真实无妄，盖实者不欺之谓也。人之所以欺人者，必心中别著一物，心中别有私见，不敢告人，而后造伪言以欺人。若心中不著私物，又何必欺人哉？其所以自欺者，亦以心中别著私物也。所知在好德，而所私在好色，不能去好色之私，则不能不欺其好德之知矣。是故诚者，不欺者也。不欺者，心无私著也。无私著者，至虚者也。是故天下之至虚，天下之至诚者也。"①

曾国藩认为，"诚"是万物之始，是立人、立国的根本。道光二十三年，曾国藩在《复贺长龄》的书信中称，诚者是万物之始终，不诚无物，天地之所以生生不息，国家之所以立，贤人德业之所以可大、可久，皆出于"诚"。② 曾国藩对当年学术上、官场上的"不诚"行为进行了批判。他说："今之学者，言考据则持为骋辩之柄，讲经济则据为猎名之津，言之者不怍，信之者贵耳，转相欺谩，不以为耻。至于仕途积习，益尚虚文，奸弊所在，蹈之而不怪，知之而不言，彼此涂饰，聊以自保，泄泄成风，阿同骇异。"③

曾国藩认为，"立诚"的作用极大。曾国藩认为，办事必有艰难波折，总以诚心求之、虚心处之，只要在"诚心"二字上加以磨炼，任何事物无窒不通。他在书信中称，办任何事情必然会遇到许多艰难波折，如盐务缉私尚未动手，而建昌已有殴毙委员之案，将来棘手之处肯定不少，有效的解决之道是以诚心求之、虚心处之，心诚则意志专一而底气充足，千磨百折而不改其初衷，终有顺理成章之日。

曾国藩认为，"诚"不仅是"内圣"的途径，也是"外王"的阶梯。他指出，古代凡是有成就者必有基业，如高祖之关中、光武之河内、魏之兖州、唐之晋阳，皆先据此为基，然后进可以战、退可以守，君子之学道也必须有基业，大抵以规模宏大、言辞诚信为本。④ 曾国藩吸收了《中庸》中至诚可以赞天地之化育的思想，提出了"至诚可以质天地"⑤ 的思想，认为"诚"是化育万物之源。

---

① 《曾国藩全集·日记》（一），岳麓书社 1987 年版，第 129—130 页。

② 《曾国藩全集·书信》（一），岳麓书社 1990 年版，第 3 页。

③ 同上书，第 4 页。

④ 《曾国藩全集·诗文》，岳麓书社 1986 年版，第 362 页。

⑤ 《曾国藩全集·家书》（一），岳麓书社 1985 年版，第 65 页。

曾国藩注重加强“血诚”修养。道光二十二年，他在京师自拟12条，内有4条都是属于“诚”字功夫。其中包括第一条是“敬”，整齐严肃，无时不惧，无事时心在腔子里，有事时专一不离；第二条是“静坐”，每日静坐四刻，体验来复之仁心；第六条谨言，刻刻留心第一功夫；第七条养气，气藏丹田，无不可对人言之事。所谓“敬”“静坐”“谨言”“养气”，都是“诚”的表现，都是“诚”的运用，曾国藩对于“诚”的修养功夫。

曾国藩把“诚”作为提高自我涵养功夫的理学思想来看待，在“诚、不欺、无私著、虚、无来顺应”这个理论体系中，曾国藩既继承了程朱理学的思想，又将道家的“虚静”与佛家的“入定”纳入儒学的范畴，为儒学增添了新的内容。为此，道光二十四年三月，他在《主静箴》中指出：“万籁俱息，但闻钟声。后有毒蛇，前有猛虎，神定不慑，谁敢予侮？岂伊避人，日对三军。”① 他强调个人的涵养功夫在“静”字上下功夫，而达到“静”的重要途径就是“耐”。当然，曾国藩理学思想中的“静坐”，与道家的“虚静”与佛家的“入定”，两者的含义是不同的。曾国藩认为，“静”的目的是蓄养力量，“静极生阳”，而不是由“虚”而“无”。

曾国藩的“诚”应用到具体实践中，其对于清廷之“忠诚”，在其奏稿中流露于字里行间，到处都是。曾国藩在攻克南京之后，掌握长江流域军政全权，倘若其存心攫取皇帝之位，乃召集一个军事将领会议，很有可能实现目标。然而，曾国藩立即解散湘军，体现出对朝廷的忠诚。

中国传统儒家思想中，把“敬”视为修身的关键所在。孔子道，修己以敬，敬事而信，“言忠信、行笃敬”。《周易》道，敬以直内，义以方外。朱熹道，“人之心性，敬则常存，不敬则不存”，“敬则万理俱在”，“敬则天理常明，自然人欲惩窒消治”②。程子道，敬者义之主宰，在内而言谓之敬，义者敬之裁制，在外而言谓之义。

曾国藩吸收了传统儒家文化中“敬”的思想，把“敬”视为修身养性、处世为人的门径。咸丰十年一月十四日，曾国藩在日记中称：“念此

---

① 《曾国藩全集·诗文》，岳麓书社1986年版，第147页。

② 《朱子语类》（一），中华书局1994年版，第210页。

身无论处何境遇，而‘敬、恕、勤’等字无片刻可弛。苟能守此数字，则无入不自得，又何必斤斤计较得君与不得君、气谊孤与不孤哉！”①

曾国藩以“敬”字教育子弟。咸丰四年六月十八日，曾国藩在给诸弟的信中写道，诸弟在家教子侄，总须有“勤敬”二字，无论是治世还是乱世，凡是一家之中能勤、能敬，没有不兴旺发达的道理，凡是不勤、不敬之家，没有不败的道理。他说：“余深悔往日未能实行此二字也，千万叮嘱。澄弟向来本勤，但不敬耳。阅历之后，应知此二字之不可须臾离也。”② 咸丰四年七月二十一日，他在给诸弟的信中再次写道，家中兄弟子侄总宜以“勤敬”二字为法，一家之中能勤、能敬，即使处于乱世也有兴旺发达的气象，一身能勤、能敬，即使愚人也有贤智者的气质。他说：“吾生平于此二字少工夫，今谆谆以训吾昆弟子侄，务宜刻刻遵守。”③

咸丰八年五月六日，曾国藩在给曾国荃的信中称，“圣门教人不外敬恕二字，天德王道，彻始彻终，性功事功，俱可包括。余生平于敬字无工夫，是以五十而无所成。……弟于恕字颇有工夫，天质胜于阿兄一筹。至于敬字，则亦未尝用力，宜从此日致其功，于《论语》之九思，《玉藻》之九容，勉强行之。临之以庄，则下自加敬。”④ 咸丰八年十月三日，曾国藩在给曾国潢的信中，要求弟弟常常以“敬恕”二字教育子侄辈，敬则无骄傲、怠惰之气，恕则不会损人利己，存心渐趋于厚道。

曾国藩告诫下属以“敬”字为立身处世的基本准则。咸丰八年九月二十日，曾国藩在给鲍超的信中称：“足下数年以来，水陆数百战，开府作镇，国家酬奖之典，亦可谓至优极渥。指日荣晋提军，勋位并隆，务宜敬以持躬，恕以待人。敬则小心翼翼，事无巨细皆不敢忽；恕则凡事留余地以处人，功不独居，过不推诿。常常记此二字，则长履大任，福祚无量矣。”⑤ 同治十年二月十五日，曾国藩在《批汉阳许镇禀抵署察看各汛情形》中称，至于与人交际之道，则以“敬”字为主，待人接物，常存敬畏之心，行之既久，天下自有公论，定会不至于本末倒置。

道光二十四年三月，曾国藩在《居敬箴》中提出了“居敬”的主张。

---

① 《曾国藩全集·日记》（一），岳麓书社 1987 年版，第 458—459 页。

② 《曾国藩全集·家书》（一），岳麓书社 1985 年版，第 264 页。

③ 同上书，第 267 页。

④ 同上书，第 392 页。

⑤ 《曾国藩全集·书信》（一），岳麓书社 1990 年版，第 686 页。

他说："天地定位，二五胚胎。鼎焉作配，实曰三才。俨恪斋明，以凝女命。女之不庄，伐生戕性。谁人可慢？何事可弛？弛事者无成，慢人者反尔。纵彼不反，亦长吾骄。人则下女，天罚昭昭。"[1] 在这里，曾国藩的"居敬"与"立诚"一样，同样是达到"立诚"的一种手段。

中国儒家文化中历来有着"忠恕"观念的传统，对曾国藩"忠恕"思想的形成产生了一定的影响。孔子自称其道一以贯之，曾子指出，夫子之道，忠恕而已。孟子道，大禹有大焉，善与人同，舍己从人，乐取于人以为善，取诸人以为善，是与人为善者，君子莫大乎与人为善。朱熹道，尽己之谓忠，推己之谓恕，"善与人同，公天下之善而不为私也，己未善，则无所系吝而舍以从人；人有善，则不待勉强而取之于己"，"取彼之善而为之于我，则彼益劝于为善矣，是我助其为善也。能使天下之人皆劝于为善，君子之善，孰大于此"，"圣贤乐善之诚，初无彼此之间。故其在人者有以裕于己，在己者有以及于人"。[2] 程子道，忠恕一以贯之，忠者天道，恕者人道，忠者无妄，恕者所以行于忠，"以忠为体、以恕为用"为大本大道。

曾国藩继承了传统文化中的"敬恕"的思想，将其视为做人的基本准则。咸丰八年七月二十一日，他在给曾纪泽的信中称，至于做人之道，圣贤千言万语，大抵不外"敬恕"二字，孔子言"敬恕"最为亲切。曾国藩指出，君子无论众寡、无论大小，都不敢怠慢，可谓泰而不骄；君子正其衣冠，俨然人望而畏，可谓威而不猛，都是培养"敬"字功夫的最好下手者。曾国藩指出，孔子欲立立人，欲达达人；孟子行有不得，反求诸己，以仁存心，以礼存心，有终身之忧，无一朝之患，都是培养"恕"字功夫最好下手者。[3]

如何行"恕"？曾国藩认为，要设身处地为他人着想，不可盛气凌人。曾国藩指出，自己是有声势之家，一言可以荣人，一言可以辱人，荣人，则得名、得利、得光耀，但别人认为帮人不难而尚未感恩，辱人则受刑、受罚、受苦恼，别人必认为倚势欺人太甚而痛恨刺骨。曾国藩告诫诸弟，须从"恕"字上下苦功夫，随时都要设身处地为他人着想。所谓

---

① 《曾国藩全集·家书》（一），岳麓书社 1985 年版，第 81 页。

② （宋）朱熹：《四书集注》，陈成国标点，岳麓书社 2004 年版，第 269 页。

③ 《曾国藩全集·家书》（一），岳麓书社 1985 年版，第 407 页。

“立”，就是要自己站得稳，也要他人站得稳；所谓“达”，就是要自己处处行得通，也要他人行得通。他说：“今日我处顺境，预想他日也有处逆境之时；今日我以盛气凌人，预想他日人亦以盛气凌我之身，或凌我之子孙。常以恕字自惕，常留余地处人，则荆棘少矣。”①

曾国藩继承了传统文化中的性善论，为曾国藩“恕”的思想形成提供了理论基础。曾国藩从孟子的性善论出发，提出了他的人性理论。他说：“人性本善，自为气禀所拘，物欲所蔽，则本性日失，故须学焉而后复之，失又甚者，须勉强而后复之。”② 在《孟子要略》中，曾国藩从本体论与功夫论的角度论述了该问题。他说：“人性皆善，本体也。存心养性，以复其初，工夫也。孟子之言，大抵就本体指点，而示人以致功之方。如‘滕文公’章‘道性善’者，本体也；‘药瞑眩’者，工夫也。‘公都子’章‘非由外铄’者，本体也；‘求则得之’者，工夫也。‘异于禽兽’章‘几希’者，本体也；‘存之’者，工夫也。‘人皆有不忍’章‘四端’者，本体也；‘扩充’者，工夫也。自此以上十六章皆可类推，自此以下各章则归重工夫一边。”③

曾国藩从天命观的角度来论人性。他在《顺性命之理论》一文中称：“性不虚悬，丽乎吾身而有宰；命非外铄，原乎太极以成名。是故皇降之衷，有物斯以有则；圣贤之学，惟危惕以惟微。”④ 读了张载的《正蒙》后，曾国藩在《知命》中称，尽其所可知者，由自己掌握，属于“性”的范畴，听其不可知者，由天注定，属于“命”的范畴；农夫从事农业生产，勤劳者获得丰富，懒惰者歉收，属于“性”的范畴，为稼汤世，终归焦烂，属于“命”的范畴；爱人、治人、礼人，属于“性”的范畴，爱之而不亲，治之而不治，礼之而不答，属于“命”的范畴。他说：“当尽性之时，功力已至十分，而效验或有应有不应，圣人于此淡然泊然。若知之若不知之，若着力若不着力，此中消息最难体验。若于性分当尽之事，百倍其功以赴之，而俟命之学，则以淡如泊如为宗，庶几其近道乎！”⑤

① 《曾国藩全集·诗文》，岳麓书社 1986 年版，第 435 页。

② 同上书，第 378 页。

③ 同上书，第 579 页。

④ 同上书，第 133 页。

⑤ 《曾国藩全集·日记》（二），岳麓书社 1988 年版，第 814 页。

总之，曾国藩认为，“诚”可以化育天地万物，求“诚”须“不欺”，“不欺”必能居敬、慎独，居敬、慎独者心无私著，无私著者必至虚，虚必静，静生阳，阴阳来复，见谓天行。当然，曾国藩“立诚居敬”的目的，还在于通过它来实现“仁”“义”，以此来维护体现中国传统宗法制度的“礼”。他把“诚”称为“圣人之本”和“五常之本”，其最终目的是挽救衰微的传统社会制度。

第二节　曾国藩“兼容并蓄”的“百家”思想

曾国藩虽说是“一宗宋儒”，但并不像传统的理学家那样门户森严。对儒学中的不同派别及其他学派采取“兼容并蓄”的态度，可以说是曾国藩文化思想的一大特色。

一　曾国藩的“汉宋兼容”观

在历史上，宋学和汉学曾经是对立的，宋学斥责汉学为“支离破碎”，汉学斥责宋学为“空疏无物”。到了清代中叶，汉学与宋学发展成为经学中的两大学派。虽然汉学、宋学长期对立的，但在治学实践中对汉学、宋学兼收并重者不乏其人。咸丰元年，太平天国起义爆发，用近似基督教的“拜上帝教”号召民众，把孔子视为妖魔，在很大程度上刺激了不同学派的士大夫阶层结成文化思想界的联合阵线，以对抗太平天国的思想理论。一大批士大夫深切认识到，汉学与宋学之间的党同伐异是不明智的。于是，不同学派之间的经师开始取长补短。正是在这种时代背景之下，“汉宋兼容”的思潮迅速兴起，成为学术界的特色景观。

曾国藩早年治学以义理为本，对汉学采取轻视、排斥的态度，面对汉宋之争，无疑是站在宋学一方。道光二十三年，他在给贺长龄的信中称：“今之学者，言考据则持为骋辩之柄，讲经济则据为猎名之津，言之者不怍，信之者贵耳。转相欺谩，不以为耻。”① 他在《朱慎甫遗书序》中称：“嘉道之际，学者承乾隆季年之流风，袭为一种破碎之学。辨物析名，梳文栉字，刺经典一二字，解说或至数千万言。繁称杂引，游衍而不得所归。张己伐物，专抵古人之隙。或取孔孟书中心性仁义之文，一切变更故

① 《曾国藩全集·书信》（一），岳麓书社 1990 年版，第 4 页。

训，而别创一义。群流和附，坚不可易。有宋诸儒周、程、张、朱之书，为世大垢。间有涉于其说者，则举世相与笑讥唾辱；以为彼博闻之不能，亦逃之性理空虚之域，以自盖其鄙陋不肖而已矣。”① 曾国藩批判乾嘉及道光朝汉学家流于芜杂，拘于门户。当时主张励精图治的一批士大夫普遍认为，改革吏治宜从“风俗人心”上痛下功夫。在提倡传统伦常礼教方面，宋学是比汉学更为有力的武器。从这一方面考虑，曾国藩自然会钟情宋学。

咸丰、同治年间，曾国藩对汉学的认识有了深刻的变化，对朴学家的学术成就多能真切体认，并肯定其在中国学术史上占有重要的地位。

咸丰九年四月二十一日，他在给曾纪泽的信中称，学问之途，自汉朝至唐朝，风气略同，自宋朝至明朝，风气略同，清朝又自成一种风气，其中尤为显著者有顾亭林、阎百诗、戴东原、江慎修、钱辛楣、段懋堂、王怀祖等人，如果有志读书，不必别标汉学之名目，但不可不考究数君子治学之门径。②

曾国藩认为，《尚书》研究以孙星衍所作的注释较为优胜，王鸣盛、江声之说“不甚足取”，《左传》研究以顾炎武、惠栋、王引之“三家俱精”，《尔雅》研究推邵晋涵《尔雅正义》、郝懿行的《尔雅义疏》为“不朽之作”，《说文》研究以段玉裁之《注》“特开生面”，古音韵研究以顾炎武《音学五书》为“不刊之典”。

而作为“一宗宋儒”的曾国藩，自然不会以汉儒为独尊。但是，他又认为，同时为维护中国传统社会统治阶级秩序的汉、宋两大经学学派，不能再“同室操戈”“相互轻薄”。他认为，“笃信程朱、不废陆王”不失为治学的好方法。于是，他在“以宋学为体”的前提下，主张汉学家长处，亦不一概抹杀，而是二者兼顾。尤其到了道光末年，在太平天国运动的震慑下，为了协力平定太平军，曾国藩倡导“克己和众”，扫除门户之见，会通汉宋之学，以此来维护中国传统社会的统治秩序，支撑风雨飘摇中的晚清王朝。当然，话说回来，就曾国藩个人的学术走向而言，没有太平天国起义的爆发，他也可能在宗奉宋学的同时兼容汉学。

曾国藩对宋儒也有所针砭。咸丰八年十月二十五日，曾国藩在给曾纪

---

① 《曾国藩全集·诗文》，岳麓书社 1986 年版，第 222—223 页。

② 《曾国藩全集·家书》（一），岳麓书社 1985 年版，第 477 页。

泽的信中，谈到朱熹《集传》，一方面赞扬其“一扫旧障，专在涵泳神味，虚而与之委蛇”，另一方面也认为其解《诗》之失，认为朱熹以为《郑风》皆淫奔之诗“未必是”。曾国藩认为，桐城学派也有不足之处。他指出，方苞治经勇于自信，而国朝大儒多不甚佩服，《四库全书》中多有微词，《皇清经解》中并未收其一册一句。

虽然曾国藩改变了对汉学的鄙视态度，对宋学的性理之学依然相当重视。曾国藩认为，作为儒学内部的汉学、宋学两大学术派别，实际上同大于异，可以兼容，可以互补，以通汉、宋二家之结。咸丰十年八月二十一日，他在《复夏弢甫》中称：“乾嘉以来，士大夫为训诂之学者，薄宋儒为空疏。为性理之学者，又薄汉儒为支离。鄙意由博乃能返约，格物乃能正心。”[①] 曾国藩主张汉宋调和，实现汉学与宋学之间的兼容，互相取长补短。

汉学是经学与小学的结合，小学是汉学的基本功。曾国藩重视小学，重视训诂，认为“读古书以训诂为本”[②]。同治元年六月十日，曾国藩在给曾纪泽的信中称，“汉人词章”，没有不精于小学训诂者，譬如司马相如、杨雄、班固于小学皆专著一书，包括司马迁、韩愈在内，以此五家之文，精于小学训诂，不妄下一字。他指导曾纪泽，对于《说文》《文选》，应一面细读，一面抄记，一面作文，以仿效之，凡奇僻之字，雅故之训，不手抄则不能记，不模仿则不惯用。

曾国藩对当年义理者不重视小学，考据者不重视义理之学，以及自己在小学功夫上的不足，感到非常遗憾，并要求曾纪泽在小学方面下功夫。他说：“自宋以后能文章者不通小学，国朝诸儒通小学者又不能文章，余早岁窥此门径，因人事太繁，又久戎行，不克卒业，至今用为疚憾。尔之天分，长于看书，短于作文。此道太短，则于古书之用意行气，必不能得看谛当。目下宜从短处下工夫，专肆力于《文选》，手抄及模仿二者皆不可少。”[③]

对于小学，曾国藩提出了自己独特的见解。同治四年十二月九日，他在《复朱孔扬》中道，凡古今文字，任何字都是虚实两用，凡形声之字，

① 《曾国藩全集·书信》(一)，岳麓书社 1991 年版，第 1576 页。

② 《曾国藩全集·诗文》，岳麓书社 1986 年版，第 432 页。

③ 《曾国藩全集·家书》(二)，岳麓书社 1985 年版，第 832 页。

大多数以左体为母，以右体之得声音者为子，而母子从无省画者，凡转注之字，大多数以会意之字为母，也以得声音为子，而母字从无不省画者，省画者则母字之形不全，无法知道子之所自来何处。他认为，“惟好学深思，精心研究，则形虽不全，而意可相受。”“其曰建类一首者，母字之形模尚具也。其曰同意相受者，母字之画省而意存也。抑又有进者，转注之字其部首固多会意者矣，亦有不尽然者。”①

兼容汉宋是曾国藩文化思想的一大特点。在《清史稿》中对曾国藩汉宋兼容思想进行了评价，认为曾国藩“天性好文，治之终身不厌，有家法而不囿于一师，其论学兼综汉、宋，以谓先王治世之道，经纬万端，一贯之以礼。惜秦蕙田《五礼通考》缺食货，乃辑补盐课、海运、钱法、河堤为六卷。又慨古礼残缺无军礼，军礼要自有专篇，如戚敬元所纪者。论者谓国藩所订营制、营规，其于军礼庶几近之。晚年颇以清静化民，俸入悉以养士”。② 钱穆《中国近三百年学术史》对曾国藩汉宋兼容的思想进行了评价，认为其于汉宋二家构讼之端，皆不能左袒以附一哄，于诸儒“重道贬文”之说，尤不敢雷同而苟随；虽然自称义理之学的入门由姚鼐启之，然平日持论并不局限于桐城矩矱；虽极推崇唐鉴等理学大师，然又能兼采当时汉学家、古文家之长处，以补理学枯槁、狭隘之病，其气象阔大、包蕴宏丰，更不是唐鉴等理学家所能达到的。总之，曾国藩兼容汉学与宋学，由汉学以通“经”，由宋学以通“理”，对儒学精神富有深度的理解。

如何才能实现“汉宋兼容”呢？曾国藩从修身、治学等方面提出了具体的思想主张。

其一，在修身方面，曾国藩主张心性修养与讲论礼制的统一。就如何修身而言，历来有“尊德性”与“道问学”的争论。曾国藩认为修身之学，不外乎习礼。他认为，君子之所以尽其心、养其性者，“不可得而见”，其修身、齐家、治国、平天下，一秉于礼，从人格修养上来说，舍弃礼就无所谓道德，从外王经世上来说，舍弃礼就无所谓政事。③ 曾国藩提出了习礼的方法。他在《复夏弢甫》中称：“必从事于《礼经》，考核

① 《曾国藩全集·书信》（七），岳麓书社1994年版，第5446—5447页。

② 《清史稿》（十三），吉林人民出版社1998年版，第9178页。

③ 《曾国藩全集·诗文》，岳麓书社1986年版，第358页。

于三千三百之详，博稽于一名一物之细，然后本末兼该，源流毕贯，虽极军旅战争，食货凌杂，皆礼家所应讨论之事。故尝谓江氏《礼书纲目》，秦氏《五礼通考》，可以通汉宋二家之结，而息顿渐诸说之争。”①

其二，在治术方面，曾国藩主张政学与实学并重。在宋代历史上，曾经有过王霸、义利之辨。朱熹主张重义轻利、“贵王贱霸”，认为三代之王者以仁心行王道而得天下，故为万世景仰，汉唐功业虽盛，皆以王道之名行霸道之实，君臣所求只在利欲上。宋学讲“治国平天下”之术，侧重于政学，于实学较少留意。清代宋学家大体沿袭这一风格。所以魏源批评宋学，上不足以治理国政，外不足以保家卫国，下不足以解决民生。相对而言，汉学家重视事功，他们论“经济”之道，不仅重视政治学研究，而且重视科学技术的研究，对天文、历法、地理等有关国计民生者，都进行了专精研究。他们的研究虽然以考史为主，而且其成就不能与西方科学技术相抗衡，毕竟开了重视实学的先河。作为理学大师，曾国藩对两者兼容，高度赞扬汉学家在实学方面取得的成就，认为梅定九、王寅旭、戴东原、江慎修等人对天文历数“讲求精熟、度越前古”。

其三，在文学方面，曾国藩主张以精确之训诂，作古茂之文章。清代宋学在文学领域以桐城派为代表，其论文以义理、考据、词章相结合为法门，以唐宋八家之文为楷模。曾国藩一度对桐城派文学主张全盘接受。自从对汉学态度的转变之后有所变化，自称“别有宗尚”。咸丰八年十月，他在给曾纪泽的信中称，文章适合古今者莫如作赋，汉魏六朝赋之名篇巨制都载于《文选》之中。

曾国藩接受了汪中、阮元、李兆洛等人的文学观念，认为汪中为文，其内容能“状难写之情，含不尽之意”，其形式能“钩贯经史、融铸汉唐，宏丽渊雅，卓然自成一家”，阮元大唱文笔之论，以《文选》为文学之范式，李兆洛编写《骈体文钞》，立意与姚姬传的《古文辞类纂》相对抗。曾国藩教子习文，退八家学习汉魏六朝辞赋，虽不足以说明曾国藩与桐城派脱钩，但显示出其向汉学家文论靠拢的趋向。

同治十年三月四日，曾国藩在给曾纪泽的信中，提出了在文学上“兼宗汉宋”的思想主张。他认为，曾纪泽在小学、训诂领域颇识古人源流，而文章又窥见汉魏六朝之门径，是非常可喜的事情。他说：“余尝怪

---

①《曾国藩全集·书信》（二），岳麓书社1991年版，第1576页。

国朝大儒如戴东原、钱辛楣、段懋堂、王怀祖诸老，其小学训诂实能超越近古，直逼汉唐，而文章不能追寻古人深处，达于本而阂于末，如其一而昧其二，颇所不解。私窃有志，欲以戴、钱、段、王之训诂，发为班、张、左、郭之文章。久事戎行，斯愿莫遂，……尔既得此津筏，以后更当专心壹志，以精确之训诂，作古茂之文章。由班、张、左、郭上而扬、马而《庄》《骚》而《六经》，靡不息息相通，下而潘、陆而任、沈而江、鲍、徐、庾，则词愈杂，气愈薄，而训诂之道衰矣。至韩昌黎出，乃由班、张、扬、马而上跻《六经》，其训诂亦甚精当。……近世学韩文者，皆不知其与扬、马、班、张一鼻孔出气。尔能参透此中消息，则几矣。”①

曾国藩兼容汉宋之学，既有单纯从学术角度出发的纯学术因素，又有为了现实服务需要的政治因素。

二　曾国藩的“取道佛法”观

在曾国藩文化思想体系中，把道家的“虚静”与佛家的“入定”引入其学术体系之中，并主张对儒学以外的诸子百家，择其长而用之。曾国藩自称“学问多途，皆涉其涯”，薛福成称其“无学不窥、默观精要”。

老子提出，“致虚极，守静笃”，“静”就是“复命”，认为“躁胜寒，静胜热，知清静以为天下正”，“牝常以静胜牡，以静为其下”。② 庄子将虚静视为“明天通圣”的最高境界。他称，“明于天，通于圣，六通四辟于帝王之德者，其自为也，昧然无不静者矣”，“虚静恬淡寂漠无为者，天地之平而道德之至”，乃“万物之本”。庄子主张知天乐者，“其生也天行，其死也物化。静而与阴同德，动而与阳同波”，“以虚静推于天地，通于万物，此之谓天乐。天乐者，圣人之心，以畜天下也”，达到无天怨、无人非、无物累的理想境界。③

曾国藩的道家思想始终有所表露，认为于名利之外，须存退让之心。有时候，曾国藩试图绕开儒家经典，到道家寻找真经。在京师作诗文时，就流露出迥异于儒家的道家思想。33 岁时，曾国藩将书房命名为“求缺斋”，所立课程列《庄子》为熟读书，并说这是平生于儒家经典之外最爱

---

① 《曾国藩全集·家书》（二），岳麓书社 1985 年版，第 947—948 页。

② 冯达甫：《老子译注》，上海古籍出版社 1991 年版，第 106—140 页。

③ 欧阳景贤：《庄子释译》（上），湖北人民出版社 1986 年版，第 294—295 页。

读的四本书之一。49岁那年，他在《圣哲画像记》中列举了33位前代圣哲，庄周列在其中。

曾国藩吸收了老庄的“虚静”思想，把“静”字功夫看得非常重要。咸丰十一年八月十六日，曾国藩在日记中写道，内心世界要能如老庄之虚静，持之以不自是之心，偏者纠正之，缺者补充之，则可达到虚静的境界。第二天，曾国藩又在日记中称，“教以胸襟宜淡远，游心虚静之域，独立万物之表”①。

曾国藩好读《庄子》，使其形成一种豁达的情怀。咸丰十年六月二十七日，曾国藩在日记中称，豁达足以提升人的胸襟。他认为，盛世创业垂统之英雄，以襟怀豁达为第一义；末世扶危救难之英雄，以心力劳苦为第一义。

曾国藩在主张“静”的同时，还强调心境平淡，与老庄的虚无思想是一致的。他主张，对于世俗的功名利禄，须看得平淡些。他说：“思胸襟广大，宜从‘平、淡’二字用功。凡人我之际，须看得平，功名之际，须看得淡，庶几胸怀日阔。”②

当然，作为一位笃信程朱的理学家，曾国藩继承了宋明理学的开山祖周敦颐的“主静”思想。周敦颐认为，“无欲故静”，“无欲则静虚动直”。当然，他也认为儒家的“主静”，与道家、佛家的“静”是有区别的。曾国藩的“主静”的目的，是发现心中“寂然不动之体”，并使“仁心不息”。道光二十二年十一月十四日，他在日记中写道：“然则静极生阳，盖一点生物之仁心也。息息静极，仁心不息，其参天两地之至诚乎？颜子三月不违，亦可谓洗心退藏，极静中之真乐者矣。我辈求静，欲异乎禅氏入定，冥然冈（罔）觉之旨，其必验之此心，有所谓一阳初动，万物资始者，庶可谓之静极，可谓之未发之中，寂然不动之体也。不然，深闭固拒，心如死灰，自以为静，而生理或几乎息矣，况乎其并不能静也。”③

曾国藩继承并发展了周敦颐的“主静”思想，认为“慎独”是立诚、主静的重要表现形式。曾国藩在《君子慎独论》中称：“尝谓独也者，君

---

① 《曾国藩全集·日记》（一），岳麓书社1987年版，第653页。

② 同上书，第355—356页。

③ 同上书，第129页。

子与小人共焉者也。小人以其独而生一念之妄，积妄生肆，而欺人之事成。君子懔其为独而生一念之诚，积诚为慎，而自慊之功密。其间离合几微之端，可得而论矣。……惟夫君子者，惧一善之而不力，则冥冥者有堕行；一不善之不去，则涓涓者无已时。屋漏而懔如帝天，方寸而坚如金石。独知之地，慎之又慎。此圣经之要领，而后贤所切究者也。自世儒以格致为外求，而专力于知善知恶，则慎独之旨晦。自世儒以独体为内照，而反昧乎即事即理，则慎独之旨愈晦。要之，明宜先乎诚，非格致则慎亦失当。"[①] 道光二十二年十月十五日，曾国藩在日记中写道，"《论语》曰：'望之俨然'。要使房闼之际、仆婢之前、燕昵之友常以此等气象对之方好，独居则火灭修容。切记，切记！此第一要药。能如此，方有转机，否则堕落下流，不必问其他矣。"[②] 曾国藩认为，慎独则心安，慎独是遏制私欲的重要方法，是人生第一自强之道。

道家文化中有持盈保泰的思想。老子认为："持而盈之，不如其已；揣而锐之，不可长保。金玉满堂，莫之能守；富贵而骄，自遗其咎。功遂身退，天之道栽！"[③] 曾国藩吸收道家持盈保泰的思想，主张知雄守雌、推功退让的思想。

道光二十五年五月五日，曾国藩在与弟弟的信中，谈论老庄"持盈保泰"自然之道。他说，自己日夜恐惧修省，实无德足以当之如此高位，虽然诸弟远隔数千里外，但必须时时寄书指出自己之过失，务使累世积德不由于自己一人的不足而堕落，"庶几持盈保泰，得免速致颠危"。[④]

同治元年五月十五日，曾国藩告诫子弟说，自己一家目下处于鼎盛之际，自己身居将相之位，曾国荃统军两万多人，近世历史上没有几家如此荣耀，曾国荃半年时间内七次蒙受君恩，近世历史上没有几人受到如此重视，日中则昃，月盈则亏，自己一家正处于盈时，当时时处处小心谨慎。他说："管子云：斗斛满则人概之，人满则天概之。余谓天之概无形，仍假手于人以概之。霍氏盈满，魏相概之，宣帝概之；诸葛恪盈满，孙峻概之，吴主概之。待他人之来概而后悔之，则已晚矣。吾家方丰盈之际，不

① 《曾国藩全集·诗文》，岳麓书社 1986 年版，第 181 页。
② 《曾国藩全集·日记》（一），岳麓书社 1987 年版，第 119 页。
③ 冯达甫：《老子译注》，上海古籍出版社 1991 年版，第 19 页。
④ 《曾国藩全集·家书》（一），岳麓书社 1985 年版，第 112 页。

待天之来概，人之来概，吾与诸弟当设法先自概之。”①

曾国藩认为，位高事事要谨慎。同治五年八月二十四日，曾国藩在信中告诫弟弟，虽然自家兄弟位高、功高、名望高，可谓古今中外之第一家，但楼高易倒、树高易折，自己与兄弟常处于危机之中。如何才能摆脱这种危机呢？他认为，只要讲求宽平、谦逊之道，就可以高而不危。他说：“弟谋为此举，则人指为恃武功，恃圣眷，恃门第，而巍巍招风之象见矣，请缓图之。”②

在攻克天京已成定局的情况之下，曾国藩奏请要求清政府调令李鸿章的淮军攻克南京，以便达到持盈保泰的作用。他反复对曾国荃说道，攻克南京是朝廷的功勋，千古大名全由天意主宰，不在于人力，老庄思想中的“不敢为天下先”，就是不敢位居第一等大名的意思。曾国藩认为，曾国荃屡立奇功，肃清江苏境内的太平军，在这个时候削减名望，而不致于身败名裂，便是家门之福。他希望曾国荃要有“畏天知命”“持盈保泰”的意识，不要怨天尤人。自太平天国败局已定、曾国藩即将大功告成之际，这种思想愈益强烈。天京攻陷后，曾国藩立即遣散湘军，并作功成身退的打算，以免除清政府的猜忌。

在治国治军过程中，曾国藩除了吸收儒家政治思想之外，也吸纳了道家无为而治的理想。曾国藩认为，虚无、清静、无为、自化是“圣人所不言者”，当“以不言者为体”，主张效法道家顺天无为的执政理念。同治七年十二月五日，曾国藩在日记中写道：“思古圣王制作之事，无论大小精粗，大抵皆本于平争、因势、善习、从俗、便民、救敝。非此六者，则不轻于制作也。吾曩者志事以老庄为体，禹墨为用，以不与、不遑、不称三者为法，若再深求六者之旨而不轻于有所兴作，则咎戾鲜矣。”③

墨家重视“力行”“勤俭”，注重实践的精神，对曾国藩产生了一定的影响。曾国藩认为，天下大事，没有哪一件不是从艰难险阻的环境中开创出来的。他说：“大禹之周乘四载，过门不入，墨子摩顶放踵，以利天下，皆极俭以奉身，而极勤以救民。故荀子号称大禹、墨翟之行，以其习勤劳也。”④ 曾国藩实践内圣外王之道，牢记墨家的勤俭思想。曾国藩说：

---

① 《曾国藩全集·家书》（二），岳麓书社 1985 年版，第 833 页。

② 同上书，第 1281 页。

③ 《曾国藩日记·日记》（一），岳麓书社 1987 年版，第 1579 页。

④ 《曾国藩全集·家书》（二），岳麓书社 1985 年版，第 1395 页。

"吾尝谓为大臣者，宜法古帝王者三事：舜禹之不与也，大也；文王之不遑也，勤也；汉文之不称也，谦也。师此三者而出于至诚，其免于戾矣乎。"①

曾国藩以"勤俭""躬读"为本的思想，有着吃苦耐劳、勤俭节约的精神。他仿效禹墨，以勤俭奉身，为挽救清王朝殚精竭虑。黎庶昌在《曾文正公年谱》中称赞勤劳，说曾国藩每日黎明时就巡视营墙，按期阅视操练，虽军务繁忙，但仍坚持读书，军中的所有公牍、私函都亲自批阅、查阅，晚年有幕僚拟稿也亲自核对修改。梁启超在《曾文正公嘉言钞序》中称赞曾国藩道，不仅是近代而且是有史以来屈指可数的伟大人物，不仅是中国而且是全世界屈指可数的伟大人物。梁启超指出，曾国藩并不是超群绝伦之天才，在当时的杰出人物中可谓最钝拙之人，且终身处于拂逆之中，然而其立德、立功、立言三并不朽，其成就震古烁今，归功于其立志自拔于流俗，具有知难而进、百折不挠的精神。②

曾国藩继承了墨家笃于实践的科学精神，率先创办近代军事工业，奏请幼童出国留学，将墨家注重武器与军事工程的主张发挥到极致。曾国藩吸收墨家思想，在最大限度上促使其发挥主观能动性。

法家强调"法""术""势"，曾国藩吸收法家思想，治军以严刑峻法著称。曾国藩在《劝诫州县四条》中称：《管子》《荀子》诸书，都以严刑为是、以赦宥为非；子产治理郑国，诸葛亮治理蜀国，王猛治理秦国，都采用严刑之法，以致其长治久安。他说："为州县者，苟尽心于民事，是非不得不剖辨，……即求迅结，不得不刑恶人，以伸善人之气；非虐也，除莠所以爱苗也，惩恶所以安良也。若一案到署，不讯不结，不分是非，不用刑法，名为宽和，实糊涂耳，懒惰耳，纵奸恶以害善良耳。"③

咸丰三年二月，曾国藩在给徐玉山的信中称，二三十年来，应办不办之案、应杀不杀之人，充塞于郡县山谷之间，命案盗匪之横行，土匪之屡发，乃更加嚣张，痞棍四出，劫抢风起，各霸一方，鱼肉欺凌普通百姓。曾国藩认为，对于这些不法之徒，应加以大力惩处，凡是残害乡里者，重

① 《曾国藩全集·诗文》，岳麓书社 1986 年版，第 394 页。

② 《梁启超文集》，燕山出版社 1997 年版，第 421 页。

③ 《曾国藩全集·诗文》，岳麓书社 1986 年版，第 436 页。

则处以斩枭，轻则立毙杖下，务求使普通百姓过上安宁的生活，即使自己有损于阴骘慈祥之说，而背上严酷之骂名，也在所不辞。[①]

同治元年五月二十四日，曾国藩在给刘松岩的信中，要求其严以治军。他写道，虽然阁下以召杜良材办理营务，拊循体恤，易得士心，但是兵勇狃于积习，整顿亦颇不易。他指出，治民当如曹参之治齐，治军当如商鞅之治秦，语虽过当，而补偏救弊，煞费苦心，江南大营及江苏、浙江各防，向来训练不够十分严格，人有恶劳就逸的惰性，颓放之后便难振作，因此，“今当力更始，庶几旌旗变色，壁垒一新”。[②]

关于曾国藩博取众长的文化思想，学术界对此有着不同的评价。清末民初学者夏震武批评曾国藩博采众家之长，不是纯粹的理学家，势必危及理学核心价值。夏震武认为，曾国藩于训诂、经济、辞章皆可不朽，唯独于理学则徒有其名，没有能够像唐鉴、倭仁等人终身讲求义理之学，是不可取的。李育民认为，中国传统文化博大精深，经史子集浩如烟海，曾国藩求学问业，以一种既并包兼容而又审慎取舍的态度吸纳着这一丰富的宝贵遗产，其“无学不窥，默究精要”，以经史为根柢，以宋学为宗，儒家的各家各派，以及老庄、墨子之学等，亦无不涉猎，并以经世致用的精神关注着新学，曾国藩构筑了颇具特色的传统文化思想体系，从而使他成为晚清时期文化思想领域最为重要的代表人物。[③]

纵观曾国藩的一生，为了维护中国传统社会秩序的需要，从多方面吸取思想养料，以加强统治之术。为了协调统治阶级集团内部的矛盾，共同平定太平天国运动，曾国藩还兼采“老庄、禹墨”思想。同治六年元月二日，曾国藩在《致沅弟》的信中道：自己以往自负本领甚大，以为可屈可伸、可行可藏，每见别人之不足，但自从丁巳、戊午大悔大悟之后，乃领悟了一“悔”字诀，知道自己没有多大本领，凡事都见得别人有几分是处，与以往迥然不同，以能立能达为体，以不怨不尤为用。[④] 可见，在曾国藩的传统文化思想中，在坚持以程朱理学为核心、以儒学为主体的前提下，博采老庄思想和禹墨之风，形成了一个独具特色的文化思想体系。

---

① 《曾国藩全集·书信》（一），岳麓书社 1990 年版，第 128 页。

② 《曾国藩全集·书信》，岳麓书社 1992 年版，第 2805—2806 页。

③ 李育民：《曾国藩传统文化思想研究》，湖南师范大学出版社 2006 年版，第 1 页。

④ 《曾国藩全集·家书》（二），岳麓书社 1985 年版，第 1317 页。

第三节　曾国藩“务实求朴”的经世致用思想

在嘉庆、道光年间，理学经世派的倡导者，首推陶澍、贺长龄和魏源等人。他们的思想对曾国藩理学经世思想的形成产生了较大的影响。曾国藩将学术一分为四，并把“义理”摆在独尊一统的位置，这就大大提高了经世致用的学术地位。概括起来说，曾国藩的经世致用思想主要内容包括“经济在义理中”“以礼经世”“以史经世”等几个方面。

一　曾国藩“经济在义理中”的思想

为了突出经世致用思想在理学中的地位，曾国藩继承并发展了姚鼐的“义理、考据、辞章”三门之学，将“经济”与这三者并列，发展为四门之学，强调“经济之学”的重要性。

曾国藩在《劝学篇示直隶士子》中称，为学之术有四，即义理、考据、辞章、经济，“苟通义理之学，而经济该乎其中矣。程朱诸子遗书具在，曷尝舍末而言本、遗新民而专事明德？观其雅言，推阐反复而不厌者，大抵不外立志以植基，居敬以养德，穷理以致知，克己以力行，成物以致用。义理与经济初无两术之可分，特其施功之序，详于体而略于用耳”。[①] 曾国藩强调“经济之学”存在于义理之中，并在义理之中发挥积极的作用。

曾国藩认为，官制、财用、盐政、漕运、钱法、冠礼、丧礼、祭礼、兵制、刑律、地舆、河渠都是宜考究的“天下之十四宗大事”。曾国藩从理学家的立场出发，将经世实学融于义理之内，认为“义理”与“经济”是体与用、内与外、德与功的关系。道光二十三年，曾国藩在给贺长龄的信中说道，谈论治术莫如综核名实，谈论学术莫如取笃实践。这充分体现了他讲求实际、注重实践的经世价值取向。

明末清初提倡“经世致用”之学，实际上是儒家的另一翼。它与“高谈性理”的理学不同，偏重对现实问题的探讨，是儒家“外王”之道的延续。曾国藩将义理之学与济世之志结合，于是将两者调和起来。道光

---

① 《曾国藩全集·诗文》，岳麓书社 1986 年版，第 443 页。

二十三年元月十七日，曾国藩在给弟弟的信中写道："近年得一二良友，知有所谓经学者、经济者，有所谓躬行实践者，始知范、韩可学而至也，马迁、韩愈亦可学而至也，程、朱亦可学而至也。"[①] 曾国藩认为，士之可贵在知古，尤其贵在通今，既要讲求义理之学，也要注重实践，能够因时变通。

二　曾国藩的"以礼经世"思想

一般说来，"礼"的概念有狭义和广义之分。狭义的"礼"，主要指约定俗成的仪式活动方式；而广义的"礼"，则是一个无所不包的概念，是物质文化和精神文化的总称。而儒学中的"礼"，是指一种社会制度及规范秩序，从儒学"礼"的思想来看，其核心是"仁"，且内涵非常丰富。孔子认为，克己复礼为仁，仁者爱人，社会要走向"仁"道，就必须造就一大批克己复礼的正人君子，去与那些不行"仁道"的行为进行斗争。此后的孟子、荀子和程朱的宋明理学及王夫之都十分重视"礼"的重要性。

曾国藩在吸取前人"礼"的思想的基础上，把抽象的"礼"具体化为具有实践意义的"礼"。曾国藩在《孙芝房侍讲刍论序》中称，古之学者，无所谓经世之术，学礼而已。他说："《周礼》一经，自体国经野，以至酒浆廛市，巫卜缮稿，夭鸟蛊虫，各有专官，察及纤悉。吾读杜元凯《春秋释例》，叹邱明之发凡，仲尼之权衡万变，大率乘周之旧典。故曰'周礼尽在鲁矣！'自司马氏作史，猥以《礼书》与《封禅》《平淮》并列。班、范而下，相沿不察。唐杜佑纂《通典》，言礼者居其泰半，始得先王经世之遗意。有宋张子、朱子，益崇阐之。圣清膺命，巨儒辈出。顾亭林氏著书，以扶植礼教为己任。江慎修氏纂《礼书纲目》，洪纤毕举。而秦树澧氏遂修《五礼通考》，自天文、地理、军政、官制，都萃其中。旁综九流，细破无内。国藩私独宗之，惜其食货稍缺，尝欲集盐漕、赋税国用之经，别为一编，傅于秦书之次，非徒广己于不可畔岸之域。先圣制礼之体之无所不赅，固如是也。"[②]

在曾国藩看来，"礼"上承理学的"义理"，下则通过具体的规则规

---

① 《曾国藩全集·家书》（一），岳麓书社1985年版，第56页。

② 《曾国藩全集·诗文》，岳麓书社1986年版，第256页。

范天下万事万物，修身、齐家、治国、平天下，无所不包，“礼”就是“经济之术”，就是“治世之术”，是修齐治平的根本。曾国藩在《王船山遗书序》中称，孔子好语求仁，而雅言执礼，孟子也是仁礼并称，先圣先王之所以平物我之情，而息天下之争，内之莫大于仁，外之莫大于礼。①

曾国藩认为，制礼的目的是达仁、昭义。曾国藩在《书仪礼释官后》中指出，先圣先王之制礼，因人之爱而为之文饰以达其仁，因人之敬而立等威以昭其义，虽千变万化而不越此两端。②

曾国藩将“礼治”运用于政治和军事之中。他在《圣哲画像记》中称：“先王之道，所谓修己治人、经纬万汇者，何归乎？亦曰礼而已矣。”③ 用“礼”来规范人们的思想行为，尤其是他将“礼”的思想灌输到湘军的训练中，从而使湘军这支没有国家军饷的地方军队，具有相当强的战斗力。

曾国藩强调“舍礼无所谓道德”“舍礼无所谓政事”。他视礼为治学的归结，达到维护传统统治秩序之目的。曾国藩在《江宁府学记》中写道：“三代之士，无或敢遁于奇邪者，人无不出于学，学无不衷于礼也。老子之初，固亦精于礼经。孔子告曾子、子夏，述老聃言礼之说至矣。其后恶末世之苛细，逐华而背本，……今兵革已息，学校新立，更相与讲明此义，上以佐圣朝匡直之教，下以辟异端而迪吉士。盖廪廪乎企向圣贤之域，岂仅人文彬蔚，鸣盛东南已哉！”④

曾国藩的朋友孙鼎臣反对汉学，认为此种风气不利于士大夫的个人修养，曾国藩对其观点提出了批评。他认为，会通汉宋之学就是“以礼经世”。曾国藩在《孙芝房侍讲刍议序》中强调考据之学对于“礼”的重要性，认为“礼”不借助考据之学不明，学非心得不成。他说：“君子之言也，平则致和，激则召争；辞气之轻重，积久则移易世风，党仇讼争而不知所止。曩者良知之说，诚非无蔽；必谓其酿晚明之祸，则少过矣。近者汉学之说，诚非无蔽；必谓其致粤贼之乱，则少过矣。《刍论》所考诸大政，盖与顾氏、江氏、秦氏之指为近。彼数君子者，固汉学家所奉以为归

① 《曾国藩全集·诗文》，岳麓书社1986年版，第277—278页。

② 同上书，第302页。

③ 同上书，第250页。

④ 同上书，第338页。

者也。而芝房首篇，讥之已甚，其果有剖及毫厘千里者耶？抑将愤夫一二巨人长德，曲学阿世，激极而一鸣耶？”①

曾国藩文化思想最大的特点在于经世致用，将中国传统文化中各门各派的长处吸收过来，用于实践之中，解决当时面临的各种社会矛盾和重大政治问题。他运用岳家军、戚家军的治军经验改革绿营军制创建湘军，运用古代军事理论制定湘军的战略战术。

李鸿章以礼学经世来概括曾国藩的学术思想。他指出：“公为学，研究义理，精通训诂，为文效法韩、欧，而辅益之以汉赋之气体。其学问宗旨以礼为归，尝曰：古无所谓经世之学也，学礼而已。于古今圣哲自文周、孔、孟，下逮国朝顾炎武、秦蕙田、姚鼐、王念孙诸儒，取三十有二人，图其像而师事之。自文章政事外，大氐（抵）皆礼家言。尝谓，圣人者，自天地万物推极之至，一室米盐，无不条而理之。”② 郭嵩焘在《曾文正公墓志》中概括了曾国藩的礼学经世思想，认为曾国藩穷极程朱理学之蕴，博考名物，熟悉精通各种礼典，以为圣人经世宰物、处理万事万物，就在于礼而已。③

曾国藩运用“顺天从命”的思想来看待自己的一切成败祸福，用“清静无为”的思想来看待个人权力的消涨及利害得失。曾国藩在中国近代史上显赫一时，影响远播，并不仅仅由于他是一位理学大师，更在于他学以致用。后人把他称为中国文化的集大成者，更主要在于此。

三　曾国藩“经史并蓄”的经世思想

在先秦时期，并无“经”之名，“经名未立，而先有史”，后来经史分离。宋代形成了“崇经贬史”的学术倾向，认为“经精而史粗”，“经正而史杂”，读史令人心粗，读史为玩物丧志之事。清代乾嘉考据学的兴起，打破了经史界限，“六经皆史”，否定经学为体、史学为用的观念。章学诚提出了“经史并蓄”的思想，认为六经皆史，六经皆先王之政典。他说：“君子苟有志于学，则必求当代典章，以切于人伦日用。必求官司掌故，而通于经术精微，则学为实事，而文非空言，所谓有体必有用也。

---

① 《曾国藩全集·诗文》，岳麓书社 1995 年版。第 256—257 页。

② 《李鸿章全集》（第 4 册），时代文艺出版社 1998 年版，第 7381 页。

③ 《郭嵩焘诗文集》，岳麓书社 1984 年版，第 385 页。

不知当代而言好古，不通掌故而言经术，则鞶帨之文，射覆之学，虽极精能，其无当于实用也审矣。”①

曾国藩继承了章学诚经史并重的学术思想，提出了以“经史为根柢”的为学之道，主张“以经史经世”。经的方面，曾国藩熟读《周易》《周官》《仪礼》《礼记》《左传》《国语》《穀梁传》《尔雅》《诂训杂记》等。史的方面，曾国藩熟读《史记》《汉书》《后汉书》《三国志》《通鉴》《文献通考》等。曾国藩认为，学问只有经史，经以穷理，史以考事，舍此二者，更别无学，义理、考据、辞章都从事经史，各有门径，而欲读经史，当研究义理，则心一而不分。② 咸丰八年五月三十日，曾国藩在给弟弟的信中道，学问之道，以读经史为根本，如两《通》、两《衍义》皆萃《六经》诸史之精，若能熟读经史之书，也就基本掌握了内圣外王之要领。③ 曾国藩在《复李续宜》中教导其多买经史之类的书籍。他指出，古今书籍浩如烟海，而最有价值之书不过数十种，经则《十三经》而已，史则《二十四史》及《通鉴》而已，除此以外，大多书籍沿袭前人之说、编集众家之精以为书，价值不大。他说：“本根之书，犹山之干龙也，编集者犹枝龙护砂也。军事匆匆，不暇细开书目。阁下如购书，望多买经史，少买后人编集之书。”④

曾国藩主张研习儒家经典，经常对子弟提出“经世并蓄”的要求。咸丰八年八月二十日，曾国藩给曾纪泽的信中称，初次参加考试，考中或没有考中关系不大，但是在出榜之后应着重读《诗经注疏》，以后穷经、读史，二者不可偏废。他说：“国朝大儒，如顾、阎、江、戴、段、王数先生之书，亦不可不熟读而深思之。光阴难得，一刻千金。”⑤ 曾国藩主张加强对经典的刻印。同治十年五月二十六日，曾国藩在给何绍基的信中写道，《十三经注疏》为学问之根本，以大字体重刻，“信足嘉惠儒林。承鼎力玉成此举，又为之商定格式底样，俾局中有所遵循，实后来学者之幸”。⑥

曾国藩主张全面掌握历史，对历史书籍酷爱。在曾国藩给郭嵩焘的信

① 章学诚：《文史通义》，上海书店出版社1988年版，第67—68页。

② 《曾国藩全集·家书》（一），岳麓书社1985年版，第55页。

③ 同上书，第393页。

④ 《曾国藩全集·书信》（二），岳麓书社1991年版，第1376页。

⑤ 《曾国藩全集·家书》（一），岳麓书社1985年版，第419页。

⑥ 《曾国藩全集·书信》（十），岳麓书社1994年版，第7457页。

中，可以看出他购买《二十四史》的急切心情。他说："屡求殿板初印《二十四史》，洎不可得，能为我觅致否？桂未谷《说文》刊成已数年，《续三通》亦购求未获，均乞留意。日困簿书之中，本不能一钻故纸，然跛者不忘走趋也。"[①] 曾国藩尤其对《史记》《汉书》《后汉书》《三国志》等历史书籍十分执迷，认为"自诸经外，此数书尤为不刊之典"[②]。

当然，曾国藩在重视史的同时，始终把经放在首位，认为古文应以经为宗。他在《经史百家杂抄题语》中说："近世一二知文之士，纂录古文，不复上及六经，以云尊经也。然溯古文所以立名之始，乃由屏弃六朝骈俪之文而返之于三代两汉，今舍经而降以相求，是犹言孝者敬其父祖而忘其高曾，言忠者曰我家臣耳，焉敢知国，将可乎哉？余抄纂此编，每类必以六经冠其端，涓涓之水，以海为归，无所于让也。"[③] 曾国藩在《复邵顺国》中称，英年读书，温经为上，读史次之，时文又次之。他指出，六经非潜心玩味，很难领其旨趣，《诗经》使人之情韵日深，《左传》使人之笔力日健，《礼记》《内则》《少仪》等使人之威仪动作皆有范围，《乐记》《学记》《祭义》使人之心思识趣渐有把握，时文为应试之阶，高低具不合用，若成名后进而求之《史》《汉》百家古文古诗，自未可存自画之见。[④]

曾国藩重视儒家经典的学习，其目的就是实现"以经史经世"的理想。曾国藩认为，熟读《资治通鉴》等经典著作，是立身处世的根本。他在《加罗忠祐片》中指出，先哲经世之书，以司马光的《资治通鉴》尤为突出，"其论古皆折衷至当"，开拓心胸，如因三家分晋而论名分，因曹魏移祚而论风俗，因蜀汉而论正闰，皆能穷物之理。[⑤] 曾国藩认为，读经史对于治国治军有着十分重要的意义。他指出："叙兵事莫善于《史记》，史公叙兵莫详于《淮阴传》，而其不足据如此。孟子曰：'尽信书则不如无书。'君子之作事，既征诸古籍，诹诸人言，而又必慎思而明辨之，庶不至冒昧从事耳。"[⑥]

---

① 《曾国藩全集·书信》（五），岳麓书社 1992 年版，第 3407 页。
② 《曾国藩全集·书信》（十），岳麓书社 1994 年版，第 6912—6913 页。
③ 《曾国藩全集·诗文》，岳麓书社 1986 年版，第 264 页。
④ 《曾国藩全集·书信》（八），岳麓书社 1994 年版，第 5745 页。
⑤ 《曾国藩全集·书信》（一），岳麓书社 1990 年版，第 689 页。
⑥ 《曾国藩全集·诗文》，岳麓书社 1986 年版，第 393 页。

第四节　曾国藩"中体西用"洋务教育思想

曾国藩的教育思想有两大特色：其一，曾国藩教育文化思想以维护中国传统文化为主，因此必须向读书人灌输"三纲五常"，以便巩固传统统治秩序；其二，曾国藩教育文化思想毕竟不同于那些顽固守旧的士大夫们的教育思想，认为读书人同样应该学习西方的近代文化，尤其是自然科学知识。曾国藩教育文化思想的指导理念是"中体西用"，即通过中西结合，把学生培养成为既通晓西方科学技术，又不违背中国传统社会纲常伦理的"两用人才"。

一　曾国藩的"中学为体"教育思想

曾国藩对西方政治制度则采取了排斥的态度，而把"中学"教育作为维护中国传统社会统治的前提。在其洋务教育思想中，他丝毫没有放松对学生的中国传统文化教育，认为中国学生不能受西方政治思想的影响，要把洋务教育限制在中国传统思想观念允许的范围之内。

同治元年九月，曾国藩在《致沅弟》的信中，希望子弟于经书八股之外，能够兼学诗赋杂艺，但叮嘱千万不能因为学习杂艺而抛弃经书八股，那可谓舍本求末。[①] 曾国藩特别强调中国传统文化对于人格修养的重要性。同治三年，曾国藩在《昭忠祠记》中写道："君子之道，莫大乎以忠诚为天下倡。世之乱也，上下纵于亡等之欲，奸伪相吞，变诈相角，自图其安而予人以至危，畏难避害，曾不肯捐丝粟之力以拯天下。得忠诚者，起而矫之，克己而爱人，去伪而崇拙；躬履艰难而不责人以同患。"[②]

为了使出国学习的幼童的思想不受西方政治思想的影响，曾国藩主张必须派出正副总监，对学生"严加管束"。除规定学习"中学"的内容外，出国学习的幼童还必须逢节按清朝礼节跪拜，用以表示对清王朝的忠诚。

总之，曾国藩始终没有忘记把"经史之学""忠诚""忠孝"作为造

---

① 《曾国藩全集·家书》（二），岳麓书社 1985 年版，第 881 页。

② 《曾国藩全集·诗文》，岳麓书社 1986 年版，第 304 页。

就人才的根本。

二　曾国藩的“西学为用”教育思想

在西方近代文化大规模输入中国之时，中国传统文化的集大成者曾国藩，并没有因循守旧，而是顺应时代潮流，因时变通，主张学习西方的科学技术，为我所用。曾国藩以理智的心态对待中西文化，尽管他坚决捍卫中国传统文化，维护“中学为体”的传统教育，但对西方近代文化有一种理智的心态，认为“中学”有变革的必要。他在《金陵楚军水师昭忠祠记》中称：“君子之存心也，不敢造次忘艰苦之境，尤不敢狃于所习，自谓无虞。礼俗政教，邦有常典。前贤犹因时适变，不相沿袭，况乎用兵之道随地形贼势而变焉者也，岂有可泥之法，不敝（弊）之制?”至于“器械财用，选卒校技，凡可得而变革者，正赖后贤相时制宜，因应无方，弥缝前世之失，俾日新而月盛。又乌取夫龥已守常，姝姝焉自悦其故迹，终古而不化哉?”①

曾国藩的“西学为用”洋务教育思想主要体现在以下几方面。

首先，设立翻译馆。为了兴办洋务事业，从同治六年开始，曾国藩在江南制造总局内设立翻译馆，由徐寿主持，聘请外国人为翻译，翻译外国书籍，了解西方文化和技术。在翻译馆内，有舆图、格致、器声、兵法、医书等诸书，他们先后译出了180多种科技书籍，为西方近代文化的迅速传播提供了有益的条件。

其次，设立机械学校。同治七年，曾国藩在上海视察江南制造总局时，接受容宏的建议，在江南制造总局内设立一个机械学校，为中国青年工人讲授机械制造原理，给他们以实习的机会。他认为，只要中国人真正掌握了科学技术，独立自主地进行经营管理，中国的工厂就能完全摆脱洋人的控制。在工厂内设立学校，这是中国教育史上的一大创举，是走教育与企业相结合、学以致用的具体表现，开启了中国职业技术教育的先河。同时，曾国藩还十分重视技术教育的实用性，认为这种教育不是为了培养官员，而是为了培养专业技术人才，因此，在教育内容、方法上都应与传统教育有所不同。曾国藩的这一教育思想在一定程度上对中国几千年来的科举制度无疑是一个有力的冲击。

---

① 《曾国藩全集·诗文》，岳麓书社1986年版，第328页。

再次，奏派幼童出国留学。曾国藩虽然认为中国的教育必须以维护中国传统文化为前提，但是清醒地认识到西方近代文化在许多方面优于中国传统文化，西方的教育环境、教育内容都是值得中国学习的，中国只有吸取西方文化之所长，才能摆脱贫穷落后的状态，走向“自强”“自立”的道路。因此，他与李鸿章合奏的《拟选聪颖子弟赴泰西各国肄业折》，建议“拟选聪颖幼童，送赴泰西各国书院，学习军政、船政、步算、制造诸书。约计十余年，业成而归，使西人擅长之技，中国皆能谙习，然后可以渐图自强”。[①] 曾国藩的这一主张开创了中国近代留学教育之先河。

总之，在曾国藩“中体西用”的洋务教育思想中，既有维护中国传统文化的一面，主张推行“德治”“礼治”来挽救时局；又有积极倡导西方近代文化的一面，为中国近代教育的改革和发展奠定了一定的基础。

第五节　曾国藩“自强求富”的近代科技思想

在西方近代文化的冲击下，士大夫阶层自发地掀起了学习的势头，催生了近代中国的“自强求富”思潮。早年曾国藩就熟读魏源的《海国图志》、徐继畬的《瀛寰志略》等介绍西方近代文化的书籍。后来，在经历了西方坚船利炮的猛烈攻击后，产生了“自强求富”的近代科技思想。

一　曾国藩“自强求富”科技思想的形成

曾国藩之所以能够接受西方近代文化思想，是与以儒家为主体的中国传统文化的特性分不开的。在中国传统文化的演变历程中，不仅能够吸收其他学派的长处而不断强化和完善自己，而且能够吸收外来文化，如佛教文化，以弥补自身的不足。以儒家为主体的中国传统文化，既有保守性、封闭性，也有进取性、开放性，因而在曾国藩文化思想中能够吸收西方近代文化中的某些优点。

鸦片战争前后，先进士大夫的科技蓝图及奕䜣等人的支持，为曾国藩科技思想的形成提供了借鉴和保证。第一次鸦片战争的惨败，激起了中国有识之士的爱国热情，他们认为，中国要抵御外侮，就必须学习西方先进

① 《曾国藩全集·奏稿》（十二），岳麓书社 1994 年版，第 7331 页。

的科学技术，于是，提出了一系列“科技救国”的蓝图。如林则徐编撰《四洲志》，介绍西方各国的情况，成为中国人真正了解西方的开端；魏源在《海国图志》中正式提出了“师夷长技以制夷”的主张；曾国藩的幕僚人物王韬、薛福成多次向他提出了学习西方科学技术的建议。这些都为曾国藩科技思想的形成提供了丰富的思想养料。此外，朝廷中的首脑人物奕䜣等人，对曾国藩给予了有力的支持，如洋务派在与顽固派进行斗争的过程中，奕䜣坚决站在洋务派一边，并对洋务派所做的具体事情给予了充分的肯定和支持，这就为曾国藩科技思想的形成提供了有力的保障。

曾国藩忠君报国的个人抱负，是促使其科技思想形成的重要条件。曾国藩步入仕途之后，立志要忠君报国。在鸦片战争惨败后，中国处于内忧外患的严峻形势下，曾国藩产生了一种强烈的使命感和责任感，认为必须尽快寻求救国救民的良方。在他看来，中国失败的根本原因是“器不如人”“技不如人”，因此，要想国富民强，就必须学习西方先进的科学技术。正是这种忠君报国的个人抱负，促使他的科技思想不断飞跃，对西方科技的态度经历了藐视、惊羡、师法、创新的发展过程。

曾国藩之所以能够接受西方近代文化思想，是与其经世致用的思想分不开的。曾国藩不仅是一个理学大师，而且是一个政治家，其学问是用以解决统治阶级所面临的社会问题。自鸦片战争以来，如何对待西方近代文化，一直是中国社会各阶级及政治集团所面临的重大问题，这也就不能不成为曾国藩所必须思考的问题。曾国藩着眼于整个统治阶级的最高利益，其目光和探求不局限于某一门派，在思想观念上能够突破夷夏之辨，学习西方近代文化。

二　曾国藩“自强求富”科技思想的主要内容

曾国藩“自强求富”科技思想的内容十分丰富，具体包括以下几方面。

其一，曾国藩提出科学技术是强国之本、富民之路。曾国藩在与洋人的交往中，耳闻目睹了西方“坚船利炮”的威力，从而使他下决心走科技强军、科技强国、科技制夷之路，主张学习西方的科学技术，以达到强军强国的目的。

曾国藩主张以“修政事、求贤才”为本，以“学作炸炮、学造轮船”为用。同治元年五月七日，曾国藩在日记中写道，欲求自强之道，总以修政事、求贤才为急务，以学会制造炸药、学会制造轮船等为下手功夫，但使西方国家之所长，中国都能拥有，顺境则报德有其具，逆境则报怨亦有其具。他说："若在我者，挟持无具，则曲固罪也，直亦罪也，怨之罪也，德之亦罪也。内地之民，人人媚夷，吾固无能制之；人人仇夷，吾亦不能用之也。"①

同治七年，曾国藩在检阅近代中国第一艘自制的新式军用轮船操练之后，非常兴奋地称，中国自强之道从此开始。同治十年七月，曾国藩与李鸿章联名上奏《拟选聪颖子弟赴泰西各国肄业折》指出："今中国欲仿效其意，而精通其法，当此风气既开，拟宜亟选聪颖子弟携往外国肄业，实力讲求，以仰副我皇上徐图自强之意。"② 总之，曾国藩认为，只有向西方学习，才能摆脱民族危机，走向富强独立的道路。

其二，曾国藩提出必须走"独立自主"的科技道路。曾国藩认为，在向西方学习的过程中，必须走独立自主的道路，才会不受制于洋人。在他所建立的安庆机械所中，不雇洋人，全用汉人，着手自行试造船炮，由中国的智巧之匠绘图设计，制造近代军事武器，并于同治元年自行试制成了第一台火轮船蒸汽机和第一艘木壳轮船——"黄鹄号"；同治七年在江南制造总局内自行设计并研制出了一艘大型的新式军用轮船——"恬吉号"。这些充分证明了中国人完全能够依靠自己的力量，走科技强国的道路。

其三，曾国藩提出，科技强国的关键是科技人才。曾国藩十分注重网罗和培养自然科学技术人才，著名科学家徐寿、李善兰、华蘅芳等，曾经都是曾国藩的幕僚人物。曾国藩培养的一批科技精英和科技后备队伍，为中国近代科学技术的发展奠定了坚实的基础。

三　曾国藩"自强求富"科技思想的意义

两次鸦片战争的失败，使一部分有识之士认识到，中国传统文化面对西方近代文化这一千古未有的对手，中国开明士大夫先后提出了"睁眼看世界""师夷长技以制夷""师夷智"等思想主张，力图在保存中国传统文化体系的前提之下，学习西方近代文化中的某些长处，并与之相对

---

① 《曾国藩全集·日记》（二），岳麓书社 1988 年版，第 748 页。

② 《曾国藩全集·奏稿》（十二），岳麓书社 1994 年版，第 7331 页。

抗。他们认为，学习西方科学技术是近代中国“自强自立”的最佳选择，曾国藩就是这一思想认识的代表人物。以曾国藩为首掀起的“自强求富”的洋务运动，在很大程度上促进了近代中国科学技术的发展，在中国近代化道路上具有十分重要的意义。

首先，它培养了一大批科技精英，为近代自然科学的传播和发展奠定了基础。在曾国藩之前的中国教育体系中，完全忽视了自然科学知识的学习，而曾国藩“西学为用”洋务教育思想的提出，为中国教育近代化奠定了基础，开启了一代教育新风，使科技强国的思想不断深入人心。

其次，为中国近代工业的发展奠定了基础。曾国藩创办的安庆机械所和江南制造总局，是中国近代工业的开端，他所开创的军工企业，带动了民用工业的发展，使古老的中国开始迈向近代化的进程。

再次，揭开了近代中国思想变革的序幕。随着“自强求富”科技思想的流行，人们无疑要求冲突中国传统思想的束缚，虽然曾国藩“自强求富”的科技思想还只是处于“器”“技”的物质层面，但在客观上为以后的戊戌变法、辛亥革命和新文化运动，在“道”的制度和思想层面上的变革做了必要的准备。

当然，话说回来，曾国藩“自强求富”的近代科技思想，并没有突破中国传统文化的核心地位，而是为了更好地巩固中国传统文化的统治地位，以理学为核心、儒学为主体的中国传统文化体系并没有改变。

第三章

曾国藩文化思想的基本特征

曾国藩文化思想在其演变历程中对古今中外文化采取“兼容并蓄”的原则。从而使其具有几个鲜明的特征。概括地说：曾国藩文化思想以程朱理学中的“义理”思想为体，同时吸取“经世致用”思想为用；以内圣之学为体，以外王之学为用；以宋学思想为体，同时吸取汉学思想为用；以儒学思想为体，同时吸取诸子百家思想为用；以中国传统文化为体，同时吸取西方近代文化为用。通过以上几个方面的思想兼容，曾国藩文化思想形成了一个以理学为核心，以儒学为主体，同时杂糅一切对其有利的诸子百家思想及西方近代文化，构成了一个庞大而复杂的思想理论体系。

第一节 “义理为体、经世为用”

曾国藩在学术上最为尊崇且钻研最深的是程朱理学，因而被世人称为“一宗宋儒”。曾国藩一生以“义理”之学为标榜，认为在现世所有的学问中，以“义理”之学为最大。其对程朱理学极为笃信和推崇，并继承和发展了程朱理学思想。

曾国藩提出了“性命并重”观，从伦常思想的前提出发，将“性”与“命”两个命题并列。曾国藩在《顺性命之理论》一文中指出：“盖自乾坤奠定以来，立天之道曰阴曰阳，静专动直之妙，皆性命所弥纶。立地之道曰柔曰刚，静翕动辟之机，悉性命所默运。是故其在人也，氤氲化醇，必无以解乎造物之吹嘘。”① 曾国藩把“性”与“命”看作立“天、

① 《曾国藩全集·诗文》，岳麓书社1986年版，第133页。

地、人”三才的大本大源，及一切阴阳、刚柔、动静、开阖等的主宰。

曾国藩继承并发展了朱熹的“格物穷理”的心物观。道光二十二年十月二十六日，曾国藩在给弟弟的信中指出：“格者，即物而穷其理也。如事亲定省，物也；究其所以当定省之理，即格物也。事兄随行，物也；究其所以当随行之理，即格物也。吾心，物也；究其存心之理，又博究其省察涵养以存心之理，即格物也。吾身，物也；究其敬身之理，又博究其立齐坐尸以敬身之理，即格物也；每日所看之书，句句皆物也；切己体察、穷究其理即格物也。”① 曾国藩认为，“格物”的目的是“穷理”，就是穷“存心之理”“性命之理”，以此维护“仁义礼智”“忠孝敬慈”这一套完整的伦理纲常。曾国藩把“格物穷理”与孟子的“性本善”思想结合起来，认为“格物穷理”的目的就是“复性”，是一种修身进德的手段，其目的是达到“内圣”的境界。

曾国藩提出了“立诚居敬”观。曾国藩认为，“圣学王道”的核心是“诚”，个人涵养功夫当以“诚”为本，并将其提到哲学的高度来认识。他说：“若心中不著私物，又何必欺人哉？其所以自欺者，亦以心中别著私物也。……是故诚者，不欺者也。不欺者，心无私著也。无私著者，至虚者也。是故天下之至虚，天下之至诚者也。当读书则读书，心无著于见客也；当见客则见客，心无著于读书也。一有著则私也。灵明无著，物来顺应，未来不迎，当时不杂，既过不恋，是之谓虚而已矣，是之谓诚而已矣。”② 曾国藩把“诚”作为提高自我涵养功夫的理学思想来看待。曾国藩在《居敬箴》一文中提出了“居敬”的主张，他说：“天地定位，二五胚胎。鼎焉作配，实曰三才。俨恪斋明，以凝女命。女之不庄，伐生戕性。谁人可慢？何事可弛？弛事者无成，慢人者反尔。纵彼不反，亦长吾骄。人则下女，天罚昭昭。”③ 在这里，曾国藩的“居敬”观与“立诚”观一样，是提高个人涵养的一种手段。曾国藩认为，“诚”可以化育天地万物，求“诚”须“不欺”，“不欺”必能居敬、慎独，居敬、慎独者心无私著，无私著者必中虚，虚必静，静生阳，阴阳来复，见谓天行。

曾国藩认为，“忠诚”是立身之本。在《湘乡昭忠祠记》中写道：

---

① 《曾国藩全集·家书》（一），岳麓书社 1985 年版，第 39—40 页。

② 《曾国藩全集·日记》（一），岳麓书社 1987 年版，第 129—130 页。

③ 《曾国藩全集·家书》（一），岳麓书社 1985 年版，第 81 页。

"君子之道，莫大乎以忠诚为天下倡。世之乱也，上下纵于亡等之欲，奸伪相吞，变诈相角，自图其安而与人以至危，畏难避害，曾不肯以捐丝粟之力以拯天下。得忠诚者，起而矫之，克己而爱人，去伪而崇拙；躬履诸艰而不责人以同患；浩然捐生，如远游之还乡吾无所顾悸。由是众人效其所为，亦皆以苟活为羞，以避事为耻。呜呼！吾乡数君子所以鼓舞群伦，历九州而戡大乱，非拙且诚者之效与？"①

在晚清中国社会出现"数千年未有之大变局"的时代背景下，曾国藩认为空疏和高谈性理的"义理"之学，必须以讲求实用的"经世致用"思想为用，才能更好地发挥作用。因而，他将姚鼐的"义理、考据、辞章"三门之学，发展为"义理、考据、辞章、经济"四门之学。他指出："为学之术有四：曰义理，曰考据，曰辞章，曰经济。义理者，在孔门为德行之科，今世目为宋学者也。考据者，在孔门为文学之科，今世目为汉学者也。辞章者，在孔门为言语之科，从古艺文及今世制义诗赋皆是也。经济者，在孔门为政事之科，前代典礼、政书，及当代掌故皆是也。"②曾国藩将学术一分为四，把"义理"摆在独尊一统位置的同时，也大大提高了经世致用的学术地位。他从理学家的立场出发，将经世实学融于义理之内，认为"义理"与"经济"是体与用、内与外、德与功的关系。他指出，苟通"义理"之学，而"经济"就在其中，"义理"与"经济"原本没有两种学术之可分，"特其施功之序，详于体而略于用耳"。③曾国藩强调"经济"存在于义理之中，并在义理中发挥积极的作用。他还认为官制、财用、盐政、槽务、钱法、冠礼、丧礼、祭礼、兵制、刑律、地舆、河渠都是宜考究的"天下之十四宗大事"。

曾国藩提倡"以礼经世"。儒学传统中的"礼"，是指一种社会制度及规范秩序，从儒学"礼"的思想来看，其核心是"仁"，且内涵十分丰富。如：孔子认为"克己复礼为仁"，"仁者爱人"，"仁者人也"，社会要走向"仁"道，就必须造就一大批"克己复礼"的"正人君子"，去对不行"仁道"的行为进行斗争，此后的孟子、荀子和程朱的宋明理学及王夫之，都十分重视"礼"的重要性。

---

① 《曾国藩全集·诗文》，岳麓书社 1986 年版，第 304 页。

② 同上书，第 442 页。

③ 同上书，第 443 页。

曾国藩在吸收前人“礼”的思想的基础上，把抽象的“礼”具体化为具有实践意义的“礼”。他说：“盖古之学者，无所谓经世之术也，学礼焉而已。”① 在曾国藩看来，“礼”上承理学的“义理”，下则通过具体的规则规范天下万事万物，修身、齐家、治国、平天下，无所不包，“礼”就是“经济之术”，就是“治世之术”。

曾国藩将“礼治”运用于政治和军事之中。他说：“先王之道，所谓修己治人、经纬万汇者，何归乎？亦曰礼而已矣。”② 曾国藩用“礼”来规范人们的思想行为，尤其是将“礼”的思想灌输到湘军的训练中，从而使湘军这支没有国家军饷的地方军队，具有相当强的战斗力。

总之，曾国藩在坚持以“义理为体”的前提下，他大力提倡“经世致用”之学。他说：“盖自西汉以至于今，识字之儒约有三途：曰义理之学，曰考据之学，曰词章之学。各执一途，相互诋毁。兄之私意，以为义理之学最大。义理明则躬行有要而经济有本。词章之学，亦所以发挥义理者也。考据之学，吾无取焉矣。”③ 在曾国藩看来，“经世致用”必须以“义理”为本，而“义理”又离不开“经世致用”思想。在这里，曾国藩不仅坚持了程朱理学的基本要义，而且为其增添了经世致用的思想，使“义理”之学更加焕发出新的活力。

第二节 “内圣修身为体、外王经世为用”

“内圣外王”最早出自《庄子·天下篇》，“天下大乱，贤圣不明，道德不一，天下多得一察焉以自好。譬如耳目鼻口，皆有所明，不能相通。犹百家众技也，皆有所长，时有所用。虽然，不该不遍，一曲之士也。叛天地之美，析万物之理，察古人之全，寡能备于天地之美，称神明之容。是故内圣外王之道，暗而不明，郁而不发，天下之人各为其所欲焉以自为方”。④

“内圣”是个人的人格修养，“外王”是个体价值的自我实现。《大学》指出，大学之道，在明明德，在亲民，在止于至善，古之欲明明德

---

① 《曾国藩全集·诗文》，岳麓书社 1986 年版，第 256 页。

② 同上书，第 250 页。

③ 《曾国藩全集·家书》（一），岳麓书社 1985 年版，第 55 页。

④ 《庄子》（下），珠海出版社 2002 年版，第 200 页。

于天下者先治其国，欲治其国者先齐其家，欲齐其家者先修其身，欲修其身者先正其心，欲正其心者先诚其意，欲诚其意者先致其知，自天子以至于庶人，都应以修身为本。①

“内圣修身”之学与“外王经世”之学本应一致，现实却并不然，德、位分裂。孟子曾经对墨子说，昔者圣人之列，“上圣”立为天子，其次立为卿大夫，孔子博于诗书、察于礼乐、详于万物，若把孔子当作圣王，那就是以孔子为天子了。墨子回答说：“夫知者，必尊天，事鬼，爱人，节用；合焉，为知矣。今子曰孔子博于诗书，察于礼乐，详于万物，而曰可以为天子，是数人之齿而以为富。”② 说明“内圣修身”之学与“外王经世”之学并没有实现很好的结合。

“内圣修身”之学与“外王经世”之学两者之间脱节，带来诸多的弊端。曾国藩受儒家思想的熏陶，主张以“内圣修身”之学为“外王经世”之学的指导，以“外王经世”之学作为“内圣修身”之学的目标，最终实现两者之间的兼容并蓄与调和。

曾国藩对儒家学说的吸收以“仁”“礼”为基本学说，一方面讲求“内圣修身”之说，发展为“格物致知”的理学，另一方面讲求“外王经世”之说，发展为“经世致用”思想，最终达到“内圣外王”的境界。曾国藩极力推崇顾炎武的“明道救世”之学。同治五年八月二十七日，曾国藩在《复郭阶》的信中称，读书在于通经术、谙世务，经术通，则义理入而内心有主，世务谙，则见闻广博而应事不穷。他说：“胡安定在湖学，分经义、治事二斋，当时取为太学之法。阁下年才弱冠，日进无疆，无以家业中落为虑，必深知寒士之困苦，饱历世路之艰难，而后筋骸乃固，性情乃和，智术乃生，所以保身在此，悦亲者在此，所以承先启后者亦在此。”③

《清史稿》中高度评价曾国藩将“内圣修身”之学与“外王经世”之学有机结合道：“国藩事功本于学问，善以礼运。公诚之心，尤足格众。其治军行政，务求蹈实。凡规画天下事，久无不验，世皆称之，至谓汉之诸葛亮、唐之裴度、明之王守仁，殆无以过，何其盛欤！国藩又尝取

① 《礼记》，安徽文艺出版社 2008 年版，第 4 页。

② 《墨子・非乐》，人民音乐出版社 1962 年版，第 20—21 页。

③ 《曾国藩全集・书信》（八），岳麓书社 1994 年版，第 5910 页。

古今圣哲三十三人，画像赞记，以为师资，其平生志学大端，具见于此。至功成名立，汲汲以荐举人才为己任，……以人事君，皆不能不负所知。呜呼！中兴以来，一人而已。”①

曾国藩对当年学术、官场的颓靡之气十分不满，主张以“圣人修身”的准则，来改良学术、官场风气，刷新社会。曾国藩认为，圣贤不应随波逐流。他在《送刘君淑云南归序》中，对当时的学术、官场风气提出了批评。曾国藩指出，圣人不同于芸芸众生之处在于，耳、目、口、鼻、心、知都能充分发挥其职能而已。然而，很多为学之人，耳无真受，众耳之所倾听的就倾听，目无真悦，众目之所关注的就关注。他说：“奸视而回听，言不道而动不端。无过而非焉者，曹好所在，而不之趋焉，则不相宾，异矣。……起一强有力之手口，群数十百人蚁而附之。朝记而暮诵，课迹而责音，竭已之耳目心思，以承奉人之意气。曾不数纪，风会一变，荡然澌灭。又将有他说者出，为群意气之所会，则又焦神悴力而趋之。钧是五官百骸也，不践圣人之形，而逐众人之好，疲一世以奔命于庸夫之毁誉，竟死而不悔，可谓大愚不灵者也。”② 曾国藩自贬其本身也涉及前面两种流弊，一直奔命于“众好”之场，感觉到相当惭愧。当然，梁启超则认为，曾国藩并不随波逐流，有超凡脱俗的气质，一身得力之处，在于立志自拔于流俗。

曾国藩认为，圣人应有不同于常人好名求利的秉性，要有更高的人生追求。他在《养晦堂记》中写道：“凡民有血气之性，则翘然而思有以上人。恶卑而就高，恶贫而觊富，恶寂寂而思赫赫之名。此世人之恒情。而凡民之中有君子人者，率常终身幽默，黯然退藏。彼岂与人异性？诚见乎其大，而知众人所争者之不足深较也。”同时，曾国藩高度评价好友刘蓉道：“湛默而严恭，好道而寡欲。自其壮年，则已泊然而外富贵矣。……余为备陈所以，盖坚孟容之志，后之君子，亦观省焉。”③

曾国藩告诫子弟，凡是能成大器之人，都能养成勤俭、朴实的生活习惯，以“内圣修身”实现“外王经世”。咸丰八年十一月十二日，他在家书告诫子弟称，自家子侄辈皆趋于过逸欲奢华的生活，享福太早不利于个

---

① 《二十五史全书·清史稿》，内蒙古人民出版社 1998 年版，第 901 页。

② 《曾国藩全集·诗文》，岳麓书社 1986 年版，第 194—195 页。

③ 同上书，第 221—222 页。

人的成长。他要求，以后家中所有男丁在家勤洒扫，出门不准坐轿，所有女性要学会洗衣做饭。他说：“少劳而老逸犹可，少甘而老苦则难矣。至于家中用度，断不可不分。凡吃药、染布及在省在县托买货物，若不分开，则彼此以多为贵，以奢为尚，漫无节制。此败家之象也。千万求澄弟分别用度，力求节省，吾断不于分开后私寄银钱，凡寄一钱，皆由澄弟手经过耳。”[①] 同治元年五月二十七日，曾国藩在给曾纪鸿的信中称道，凡世家子弟，衣食起居无一不与寒士相同，才能够成为有用之才，若沾染富贵习气，不可能成大器。他希望子侄常守简朴朴素的生活作风，在学业上发奋图强。

曾国藩将中国传统文化中“内圣修身”的原则，融入治理湘军的“外王经世”之中。他治理湘军，强调道德作用，将“忠义血性”等纲常伦理作为建军模式。同时，曾国藩主张将“内圣修身”中的谨慎、稳重等气质，应用到治军方针之中，倡导稳健用兵。咸丰十一年二月二十二日，曾国藩在给诸弟的信中写道，陈玉成以极快的速度回救安庆，唯有“静”字可以取胜。他认为，凡是军行太速，锐气太盛，其中必有漏洞之处，唯有以“静”字可以取胜。在这次与太平军的战役中，他要求湘军不许出队、不许喊呐，枪炮不能命中者不许乱放一声，稳住一二日，则大局已定。他说：“吾之不肯令鲍军预先北渡者：一则南岸处处危急，赖鲍军以少定人心；二则霆军长处甚多，而短处正坐少一静字。若狗贼初回集贤关，其情切于救城中之母妻眷属，拼命死战，鲍军当之，胜负尚未可知。若鲍公未至，狗贼有轻视弟等之心，而弟等谨静专一之气，虽危险数日，而后来得收多、鲍夹击之效，却有六七分把握。……只要两弟静守数日，则数省之安危胥赖之矣。”[②]

第三节 “宋学为体、汉学为用”

宋学和汉学属于儒学中的两大派系，二者长期对立。乾嘉时期，由于考据学的崛起并臻于强盛，相互之间的指责走向极端，宋学斥汉学为“支离破碎”，汉学斥宋学为“空疏无物”。

---

① 《曾国藩全集·家书》（一），岳麓书社1985年版，第443—444页。

② 同上书，第650页。

当然，在这种长期的对立中，也有一些学者对汉、宋之学采取兼采的理性态度，道光、咸丰以后，越来越多的学者认识到二者之间可以兼容互补，不存在不可调和的矛盾，于是出现了汉学、宋学合流的学术发展趋势，汉学、宋学之间的调和逐渐成为学术界普遍接受的共识。太平天国运动的爆发，从外部促使两大学派进一步结盟，曾国藩就是倡导汉学、宋学兼容的代表人物。民国时期湘籍学者李肖聃认为，曾国藩“平生笃崇宋儒，不废汉学，不轻立说，专务躬行”[①]。

曾国藩对汉学、宋学的认识，有一个发展变化的过程。早年的曾国藩倾心宋学，对汉学采取轻视的态度，并多次对汉学家提出批评。曾国藩在《汉阳刘君家传》中称：“自乾隆中叶以来，世有所谓汉学云者。起自一二博闻之士，稽核名物，颇拾先贤之遗而补其阙。久之，风气日敝，学者渐以非毁宋儒为能，至取孔孟书中心性仁义之字，一切变更旧制，以与朱子相攻难。……盖用汉学家之能，综核于伦常日用之地，以求一得当于朱子。后之览者可以谓之笃志之君子耶？抑犹未耶？国藩为发其择术之意，既告其诸子，亦与异世承学者质证焉。”[②]

在曾国藩给诸弟的信中，表示其对考据之学也没有多大兴趣。他说：“盖自西汉以至于今，识字之儒约有三途：曰义理之学，曰考据之学，曰词章之学。各执一途，互相诋毁。兄之私意，以为义理之学最大。义理明则躬行有要而经济有本。词章之学，亦所以发挥义理者也。考据之学，吾无取焉矣。此三途者，皆从事经史，各有门径。吾以为欲谈经史，但当研究义理，则心一而不纷。”[③]

道光末年，曾国藩对汉宋之学的观念发生了变化，在坚持宋学立场的同时，主张“汉宋兼容”，积极消除程朱理学与陆王心学之间的门户之见。曾国藩认为，两大经学学派不能再“同室操戈”“相互轻薄”。同治元年十二月，曾国藩在《复夏教授》的信中称：“孔孟之学，至宋大明。然诸儒互有异同，不能屏绝门户之见。朱子五十九岁与陆子论无极不合，遂成冰炭，诋陆子为顿语，陆子亦诋朱子为支离。其实无极矛盾，在字句毫厘之间，可以勿辨。两先生全书具在，朱子主道问学，何尝不洞达本

① 《李肖聃集》，岳麓书社2008年版，第67页。

② 《曾国藩全集·诗文》，岳麓书社1986年版，第212—213页。

③ 《曾国藩全集·家书》（一），岳麓书社1985年版，第55页。

原？陆子主尊德性，何尝不实征践履？”①

曾国藩一方面借重宋学，推崇朱熹的“存天理，去人欲”的说教，另一方面积极调和“汉宋之争”，对当时的宋学、汉学招祸论都进行了批驳。曾国藩在《孙芝房侍讲刍论序》中道：“君子之言也，平则致和，激则召争；辞气之轻重，积久则移易世风，党仇讼争而不知所止。曩者良知之学，诚非无蔽；必谓其祸晚明之祸，则少过矣。近者汉学之学，诚非无蔽；必谓其致粤贼之乱，则少过矣。”②

由于对汉学的了解越来越深，曾国藩更加重视汉学的作用。他在《劝学篇示直隶士子》中称：“志既定矣，然后取程朱所谓居敬穷理、力行成物云者，精研而实体之。然后求先儒所谓考据者，使吾之所见，证诸古制而不谬；然后求所谓辞章者，使吾之所获，达诸笔札而不差，择一术以坚持，而他术固未敢竟废也。其或多士之中，质性所近，师友所渐，有偏于考据之学，有偏于辞章之学，亦不必遽易前辙，即二途皆可入圣人之道。其文经史百家，其业学问思辨，其事始于修身，终于济世，百川异派，何必同哉？同达于海而已矣。”③ 他在《书学案小识后》中道：“陆桴亭、顾亭林之徒，博大精微，体用兼赅。”④

曾国藩认为，“笃守程朱，不废陆王”是治学的好方法。他认为汉学家也有许多长处，不能一概抹杀，主张在坚持以宋学为主体的前提下，必须以汉学为补充，会通汉、宋之学。他认为，汉学的名目可以不标，但汉学之门径不可不知。曾国藩在给曾纪泽的信中说：“学问之途，自汉至唐，风气略同；自宋至明，风气略同；国朝又自成一种风气，其尤著者，不过顾、阎、戴、江、钱、秦、段、王数人，而风气所扇，群彦云兴。尔有志读书，不必别标汉学之名目，而不可不一窥数君子之门径。”⑤

被称为“一宗宋儒”的曾国藩，对汉学的态度发生了由排斥到吸收的转变。正是曾国藩提倡的“汉宋兼容”，才打破了学术上的门户之见。

虽然宋儒没有将礼、理对立起来，但认为“礼”即“理”，强调“以

① 《曾国藩全集·书信》（五），岳麓书社 1992 年版，第 3466 页。

② 《曾国藩全集·诗文》，岳麓书社 1986 年版，第 256—257 页。

③ 同上书，第 443 页。

④ 同上书，第 166 页。

⑤ 《曾国藩全集·家书》（一），岳麓书社 1985 年版，第 477 页。

理统礼"，"万物各得其理"[①]。汉儒崇奉礼学，凸显礼学、理学的对立。正如皮锡瑞所说："汉儒多言礼，宋儒多言理。"[②] 钱穆认为，戴震"深斥宋儒以言理者"，凌廷堪"乃易之以言礼"，焦循、阮元以下，皆承其说，"一若以理、礼之别，为汉、宋之鸿沟焉"[③]。但嘉道以后，礼学超越了汉宋对峙。

曾国藩主张以礼学调和汉学与宋学之间的争端。曾国藩认为，汉学家所追求的"实事求是"，与朱子所称的"即物穷理"两者是相通的。道光二十三年，他在《致刘孟蓉》中称，于汉宋二家构讼之端，都不能左袒，以附一哄。他指出，圣人之所贵之处在于，"其立行与万事万物相交错而曲当乎道"，其文字可以教导后世，后儒所赖以能学圣贤之处，亦借此文字以考古圣之行，以究其心之所在，古圣之精神语笑都包含在文字之中，差之毫厘，谬以千里。

曾国藩要求读书人要认真钻研各种典籍。他认为，文章中词气之缓急，韵味之厚薄，属文者一不慎，则规模立变，读书者不慎，则鲁莽无知。曾国藩认为，君子欲明先圣先王之道，不得不以精研文字为第一要务。他说："仆窃不自揆，谬欲兼取二者之长，见道既深且博，而为文复臻于无累，区区之心，不胜奢愿，譬若以蚊而负山，盲人而行万里也，……周濂溪氏称文以载道，而以'虚车'讥俗儒。夫'虚车'诚不可，无车又可以行远乎？孔、孟没而道至今存者，赖以有此行远之车也。吾辈今日苟有所见，而欲为行远之计，又不可不早具坚车乎哉？故凡仆之鄙愿，苟于道有所见，不特见之，必实体行之，不特身行之，必求以文字传之后世。"[④]

曾国藩带有较大的崇礼倾向，力求以礼学来调和汉宋学术争端。他在《圣哲画像记》中指出，先圣先王之道，所为修己治人、经纬万汇者，就是崇礼而已。他说："秦灭书籍，汉代诸儒之所掇拾，郑康成之所以卓绝者，皆以礼也。杜君卿《通典》，言礼者十居其六，其识已跨越八代矣！有宋张子、朱子之所讨论，马贵与、王伯厚之所纂辑，莫不以礼为兢兢。我朝学者，以顾亭林氏为宗。《国史儒林传》褒为冠首。吾读其书，言及

① 《周敦颐集》，岳麓书社 2002 年版，第 32 页。

② 《皮锡瑞集》，岳麓书社 2012 年版，第 1441 页。

③ 钱穆：《中国近三百年学术史》（下册），中华书局 1986 年版，第 494 页。

④ 《曾国藩全集·书信》（一），岳麓书社 1990 年版，第 6—8 页。

礼俗教化，则毅然有守先待后、舍我其谁之志，何其壮也！……江慎修、戴东原辈，尤以礼为先务。而秦尚书蕙田，遂纂《五礼通考》，举天下古今幽明万事，而一经之以礼，可谓体大而思精矣。吾图画国朝先正遗像，首顾先生，次秦文恭公，亦岂无微旨哉！"[①] 郭嵩焘在《曾文正公墓志》中称，曾国藩最初供职于翰林院，穷极程朱理学之意蕴，博考名物、熟精礼典，以为圣人经世宰物、纲维万事之处就在于崇礼而已。[②] 罗检秋认为，礼学是晚清学者沟通汉、宋的桥梁，不仅是汉学的主题，而且是一些宋学家的学术重心，曾国藩倡导以礼学沟通汉、宋，其影响非一般学者所及。[③]

第四节　"儒学为体、百家为用"

曾国藩从小就阅读了五经、《周礼》《仪礼》《史记》等儒家经典，这使其很早就接受了儒家文化的熏陶，对他一生的治学影响很大。道光二十二年十月二十六日，曾国藩在给弟弟的信中称，人不读书则已，倘若自命为读书人的话，则必认真钻研于《大学》，《大学》之纲领有三，在明德、新民、止至善，这些都是读书人的分内之事。[④]

后来，曾国藩就读于岳麓书院，师承于门户森严的理学大师欧阳厚均，因而对儒家思想产生了更加浓厚的兴趣，特别是儒家中"仁礼并重"的修齐观对他影响很大，并决心以远古先王与周公、孔子为榜样。曾国藩在《王船山遗书序》中说："昔仲尼好语求仁，而雅言执礼，孟氏亦仁礼并称，盖圣王所以平物我之情，而息天下之争，内之莫大于仁，外之莫大于礼。"[⑤]

纵观曾国藩的一生，从理学家到洋务派，从治学修身到治军治国，无不体现了儒家思想中一套完整的修身、齐家、治国、平天下的理论。

当然，曾国藩在传统文化的继承上从不拘泥于一家，主张以儒学为

---

① 《曾国藩全集·诗文》，岳麓书社 1986 年版，第 250 页。

② 《郭嵩焘诗文集》，岳麓书社 1984 年版，第 385 页。

③ 罗检秋：《学术调融与思想改良——曾国藩、郭嵩焘的礼学思想述论》，《天津社会科学》2007 年第 3 期。

④ 《曾国藩全集·家书》（一），岳麓书社 1985 年版，第 39 页。

⑤ 《曾国藩全集·诗文》，岳麓书社 1986 年版，第 277—278 页。

主，同时兼取各家之长。咸丰十一年八月十六日，曾国藩在日记中写道：“若游心能如老、庄之虚静，治身能如墨翟之勤俭，齐民能以管、商之严整，而又持之以不自是之心，偏者裁之，缺者补之，则诸子皆可师也，不可弃也。”① 曾国藩在《江忠烈公神道碑》中，高度赞扬江忠源，能够吸收各家思想，成就一番辉煌的事业。他说，江忠源“儒文侠武，道不并张，命世英哲，乃兼厥长，惟公之兴，颓俗实匡。明明如月，肝胆芬芳”。②

曾国藩主张将儒家与其他各家的思想结合起来，互相取长补短。曾国藩相当推崇法家的严刑峻法主张，认为这是中国历史上圣君贤相惩恶安良的好做法。咸丰三年三月八日，曾国藩在《复李瀚章》的信中，强调用法从严之意。他说：“生用法从严，非漫无条律，一师屠伯之为，要以精微之意，行吾威厉之事，期于死者无怨，生者知警，而后寸心乃安。”③ 曾国藩对一向为文人所鄙视的墨家后学也给予了高度的评价，吸收了该学派中“轻财好义”“忘己济物”等观点。

曾国藩认为，既要维护程朱理学的道统，又要从诸子百家思想中来寻找适应时势变化的治术。他在《劝学篇示直隶士子》中说：“其或多士之中，质性所近，师友所渐，有偏于考据之学，有偏于辞章之学，亦不必遽易前辙，即二途皆可入圣人之道。其文经史百家，其业学问思辨，其事始于修身，终于济世，百川异派，何必同哉？同达于海而已矣。”④ 在这里，曾国藩吸收了老庄的“静”“虚”与“无为而治”的思想，使入世的儒家貌似出世，却无为而无不为。

当然，曾国藩对儒家与诸子百家并不是完全平等看待的，在曾国藩的文化思想中，儒学思想始终占主导地位。曾国藩在日记中写道：“念周末诸子各有极至之诣，其所以不及仲尼者，此有所偏至，即彼有所独缺，亦犹夷、惠之不及孔子耳。”⑤ 同时，为了维护中国传统社会统治秩序的需要，他又必须在儒学之外，寻求新的统治术，如老庄思想、禹墨之风都统统被他所采用，作为儒学统治思想的补充。

---

① 《曾国藩全集·日记》（一），岳麓书社 1987 年版，第 652—653 页。
② 《曾国藩全集·诗文》，岳麓书社 1986 年版，第 286 页。
③ 《曾国藩全集·书信》（一），岳麓书社 1990 年版，第 138 页。
④ 《曾国藩全集·诗文》，岳麓书社 1986 年版，第 443 页。
⑤ 《曾国藩全集·日记》（一），岳麓书社 1987 年版，第 652 页。

第五节　“中国传统文化为体、西方近代文化为用”

在曾国藩文化思想中，始终坚持以中国传统文化为体，以西方近代文化为用，守成性与维新性兼容并蓄。

曾国藩文化思想最终归依于中国传统文化。曾国藩认为，古代文化精神中纲常礼教之类的核心信条，是中国传统文化的根本，是永恒的，不可变的，纲常名教中的等级制度是不能颠倒和动摇的。对于中国传统纲常名教，曾国藩极力采取维护的态度。曾国藩在《讨粤匪檄》中称，自唐虞三代以来，历世圣贤扶持名教、敦叙人伦，君臣父子，上下尊卑，秩序如冠履之不可颠倒，而太平天国窃外夷之绪、崇天主之教，上自天王下到兵卒皆以兄弟相称，称亲生父亲为兄弟，称亲生母亲为姊妹，违背中国传统纲常伦理。他说：“农不能自耕以纳赋，而谓田皆天王之田；商不能自贾以取息，而谓货皆天王之货；士不能诵孔子之经，而别有所谓耶稣之说、《新约》之书。举中国数千年礼义人伦、诗书典则，一旦扫地荡净。此岂独我大清之变，乃开辟以来名教之奇变，我孔子、孟子之所痛哭于九泉！凡读书识字者，又乌可袖手安坐，不思一为之所也！”①

曾国藩坚定地维护三纲五常。他认为，三纲之道，君为臣纲，父为子纲，夫为妻纲，是天所赖以尊、地所赖以立的根本。同治二年元月二十四日，曾国藩在给曾纪泽的信中称，自家为读书居官之家，应世代信守礼仪，凡自家出嫁之女子，在夫家应有忍耐、顺受的精神。他说：“《传》曰：君，天也；父，天也；夫，天也。《仪礼》记曰：君至尊也，父至尊也，夫至尊也。君虽不仁，臣不可以不忠；父虽不慈，子不可以不孝；夫虽不贤，妻不可以不顺。”②

曾国藩把中国传统文化作为教育的前提和根本，认为读书人必须坚守“三纲五常”。他经常教育他的子弟要认真讲求八股，以免将来吃亏，并且始终没有忘记把“忠孝”“经史之学”作为造就人才的根本。虽然曾国藩也提倡学习西方近代文化，但是试图限制在它不影响中国传统文化的范

① 《曾国藩全集·诗文》，岳麓书社1986年版，第232页。

② 《曾国藩全集·家书》（二），岳麓书社1985年版，第936—937页。

围之内，其文化思想带有浓厚的中国传统文化的色彩。同治元年九月二十九日，曾国藩在《致沅弟》的信中说："洋枪机括，弟营既善收拾，又勤于擦洗，余当令筱泉于粤厘项下购买。然我军仍当以抬鸟刀矛及劈山炮为根本，譬之子弟于经书八股之外，兼工诗赋杂艺则佳，若借杂艺以抛弃经书八股，则浮矣。"①

曾国藩坚守中国传统文化中的勤俭治家思想，认为治家方法不外乎勤俭。同治四年四月十四日，曾国藩在信中告诫自家子弟，应遵守中国传统社会的读书方式——半耕半读，不许有半点官气，不许坐轿，不许唤人取水、添茶等事，同时，收拾粪等事须一一为之，插田、莳禾等事要时时学之，"庶渐务本而不习于淫泆矣"。② 这种中国传统社会中乡绅人家半耕半读的旧规矩，为曾国藩所坚守。至于俭字，更是曾国藩持之以恒、终身不渝的。曾国藩曾经因在其不知情的情况之下，家中修整富厚堂屋宇用钱共七千串之多，对此感到相当惭愧。他认为，自己原本以建造房屋、购买良田为仕宦之恶习，不料到自家奢靡到何等地步。

面对西学东渐，曾国藩清醒地认识到，西方近代文化在许多方面优于中国传统文化，中国只有吸收西方近代文化之所长，才能摆脱贫穷落后的状态，走向"自强""自立"的道路。因此，曾国藩逐渐突破"夷夏之辨"的传统观念的束缚，提出了"师夷智"的主张，使中国传统士大夫对西方近代文化也有了新的认识。

曾国藩是中国传统文化的典型代表，他为什么能接受西方近代文化，其原因有以下几方面。

其一，中国传统文化固有的性质。通常所说的中国传统文化，是指五四新文化运动以前，中国数千年所创造的、以理学为核心儒学为主体的思想文化体系。中国传统文化既有保守封闭性，也有进取开放性。一般认为中国传统文化只有保守性、封闭性的观点是不全面、准确的。李泽厚认为，"儒学生命力不仅在于有高度自觉的道德理性，而且更在于它有能面向现实、改造环境的外在性格"。③ 中国传统文化中本身所具有的开放性，为曾国藩文化思想从中国传统文化向西方近代文化转变提供了深刻的文化

---

① 《曾国藩全集·家书》（二），岳麓书社1985年版，第881页。
② 《曾国藩全集·家书》（一），岳麓书社1985年版，第251页。
③ 李泽厚：《中国古代思想史论》，人民出版社1985年版，第279页。

土壤。

其二，曾国藩的自身因素。曾国藩本身主张以“内圣修身之学为体、外王经世之学为用”，认为治学的目的是解决社会所面临的各种问题，借以建功立业的学问不仅仅需要理学，更需要经世致用之学，这使曾国藩从中国传统文化走向“师夷长技”。曾国藩不仅仅是一位学者，更是一位政治家，其目光需求不为门派所限，故步自封，不思进取，而是在思想观念上突破夷夏之辨，学习西方近代科学技术，以强化自身。

其三，社会环境的变化。经历了两次鸦片战争，尤其是在与平定太平天国的军事斗争实践中，曾国藩逐渐认识到西方近代文化的先进性，看到了中国传统文化在器物层面的落后，因而主张向西方学习，由此导引出早期中国近代化运动。曾国藩认为，湘潭之战的胜利实赖洋炮之力，有洋炮继续接济，才能收越战越精之效。正是在平定太平军和与西方列强的交涉中，曾国藩自强求富的科技思想逐步形成，从而成为引领中国早期近代化进程的开先河者。正如王继平所指出，促使曾国藩文化思想在19世纪60年代指向西方近代文化，离不开当时的社会实际。①

其四，曾国藩幕僚的影响。曾国藩文化思想从中国传统文化向西方近代文化转变，还离不开幕僚的影响。在安庆湘军大营，当时各处军官聚集于曾国藩大营中者不下二百人，这些人大多怀有一定的政治抱负，在两江总督时，“幕府中亦有百人左右。幕府外更有候补之官员、怀才之士子，凡法律、算学、天文、机器等等专门家，无不毕集，几于举全国之精华，汇集于此”②。从容闳的这些记述中可以看出，幕僚对曾国藩的文化观从中国传统文化向西方近代文化转变产生了较大的影响。

曾国藩文化思想从中国传统文化向西方近代文化转变，具体表现在以下几方面。

首先，曾国藩继承了林则徐、魏源的思想，认识到学习西方的重要性。曾国藩认为，中国传统文化在器物层面上远远不如西方近代文化，因此，要想抵御外侮，就得发愤图强，敢于向西方学习，只有善于学习西方的先进技术，才不会受到洋人的牵制。

---

① 王继平：《论曾国藩的现代化意识及其意义——兼论近代以来中国现代化的路向》，《湘潭大学学报》（哲学社会科学版）2007年第2期。

② 容闳：《西学东渐记》，湖南人民出版社1981年版，第74页。

曾国藩是继林则徐、魏源之后再鸣“师夷长技”的第一人。他力主购买西洋的船炮，并称其为当时救时之第一要务。咸丰十一年七月十八日，曾国藩在《复陈购买外洋船炮折》中称：“至恭亲王奕䜣等奏请购买外洋船炮，则为今日救时之第一要务。凡恃己之所有夸人所无者，世之常情也；忽于所习见、震于所罕见者，亦世之常情也。轮船之速，洋炮之远，在英、法则夸其所独有，在中华则震于所罕见。若能陆续购买，据为己物，在中华，则见惯而不惊，在英、法，亦渐失其所恃。”①

其次，由于时代的变化，曾国藩的“师夷智”思想在“师夷长技”的基础上有所发展和突破，其中“智”的内涵要大于“技”。“技”一般是指洋人所拥有的“坚船利炮”，因此，向西方学习，也就是学习西方的技术而已；而“智”除了包含“坚船利炮”的物质层面外，还包括算学、术数及机械制造、绘图测算等近代西方文化科学知识。

曾国藩已经站在一个更高的高度去认识西方近代文化，他的“师夷智”主张比林、魏的“师夷长技”范围更宽、程度更深。此外，林、魏虽然提出了“师夷长技以制夷”的思想，但是他们的“华夏文化中心论”的意识还相当浓厚，他们甚至盲目地认为，西方文化起源于中国。这种“西学中源”论无疑给顽固守旧势力以可乘之机，从而导致他们的“师夷长技”思想遭到顽固势力的强烈反对而根本无法实现。

然而，在曾国藩那里，“华夏文化中心论”的意识相对来说要淡泊得多。曾国藩认为，在中西文化冲突的过程中，只要守住儒学中的“名教伦常”即可，而学习西学特别是西学中的科学技术和文化，正是为了更好地维护中国传统社会的纲常伦理。曾国藩试图在保持中国传统文化体系基本不变的前提下，有选择地部分引进西方近代文化，以中国传统文化为主，以西方近代文化为辅，用西方近代文化之长，来弥补中国传统文化之短。

总之，曾国藩开创了一条既可固守名教纲常，而又不反对学习西方近代文化的道路，从而最终动摇了传统士大夫心目中的“夷夏”观，为西方近代文化的传入奠定了思想基础。

曾国藩是中国传统文化的集大成者，是中国传统文化培养出来的一位杰出而典型的代表。曾国藩文化思想就不能不受到中国传统思想的制约，

① 《曾国藩全集·奏稿》（三），岳麓书社1987年版，第1603页。

使其成为中国传统文化的忠诚“卫道士”。萧一山认为，曾国藩文化思想并不仅仅是“为区区一朝一家而效忠，实为拥护中国数千年固有之名教”①。

然而到了近代，随着中国传统社会制度日益腐败，中国传统文化已经不能适应社会历史发展的需要，必须从新的文化思想体系中吸取养料。而面对西学东渐，曾国藩提出了“以中国传统文化为主体、西方近代文化为补充”的对策，试图在保持中国传统文化思想体系不变的前提下，学习西方近代文化，尤其是自然科学中的某些长处，为我所用，以便与之抗衡。

当然，曾国藩引进西方近代文化，不是为了抛弃中国传统文化，而是为了更好地巩固中国传统社会统治秩序。在他看来，以理学为核心、以儒学为主体的中国传统文化思想并没有什么不好，只是缺少西方以“坚船利炮”为特征的科学技术而已，因此，西方近代文化只能对中国传统文化起一个补充的作用。

如何对待中国传统文化，是多年来一直争论不休的问题。自近代中国社会转型以来，大致有三种态度：一是主张完整保存、全盘继承的文化保守主义，二是主张彻底否定的全盘西化主义，三是主张一分为二，批判继承，取其精华、弃其糟粕。在曾国藩文化思想体系中，主张“以中国传统文化为体、西方近代文化为用”，对中国传统文化采取守成与维新的双重态度。

曾国藩主张调和中国传统文化与西方近代文化之间的“体用”矛盾，“西方近代文化为用”必须以“中国传统文化为体”为基础，不能“因用废体”。同治元年九月十一日，曾国藩在给曾国荃的信中称，制胜之道，在于人心而不在技艺。他说：“鲍春霆并无洋枪洋药，然亦屡当大敌。前年十月、去年六月，亦曾与忠酋接仗，未闻以无洋人军火为憾。和、张在金陵时，洋人军器最多，而无救于十年三月之败。弟若专从此等处用心，则风气所趋，恐部下将士，人人有务外取巧之习，无反己守拙之道，或流于和、张之门径而不自觉，不可不深思，不可不猛省。真美人不甚争珠翠，真书家不甚争笔墨，然则将士真善战者，岂必力争洋枪洋药（炮）乎?”②

① 萧一山：《清代通史》（下册），中华书局1986年版，第134页。

② 《曾国藩全集·家书》（二），岳麓书社1985年版，第868—869页。

曾国藩引进西方近代文化的目的是更好地坚守中国传统文化，对与此无关的西方近代文化，一般持消极、怀疑甚至反对的态度。如曾国藩对在中国修筑铁路一直持反对意见，这与顽固守旧派的态度没有什么区别；又如曾国藩反对西医给其子女看病，而对风水之类津津乐道。道光二十五年十一月二十日，曾国藩在给父母的信中称，家中连年有多人患湿热病，可能是祖坟有不洁净之处，希望家人时时打扫，但不可轻易动土，以免惊动幽灵。①

曾国藩强调“人治主义”，试图把整个社会纳入传统“人治”轨道，巩固中国传统社会统治秩序。他认为，“方今四方多难，纲纪紊乱”，要维护中国传统社会统治秩序，必须崇尚“人治”，做到“以礼治人”。道光二十五年，他在《复刘蓉书》中说：“立人之道，曰仁与义，乾坤毁则无以见《易》；仁义不明，则亦无谓道者。”②

儒家学说内在的传统道德观念，包含强烈的文化守成性，曾国藩对孔孟之道奉若神明。面对西学东渐，虽然曾国藩也提倡学习西方文化，但是他更强调中国传统社会纲常伦理是亘古不变的真理。曾国藩对西方文化的兴趣只能停留在“技艺”“技巧”和“术算”方面，对于西方近代政治制度，则完全加以排斥，其文化思想带有浓厚的文化保守主义的色彩。曾国藩认为，引进的西方科学技术必须为中国传统社会的官僚制度之所用。这种试图用西方近代文化来维护中国传统社会制度的做法，无疑带有极大的守成性。

中国传统文化相对不变的内在特质，对曾国藩思想及文化心理守成性的影响，有着很大的影响。曾国藩以固守儒学礼教、维护中国传统社会为己任，曾国藩文化思想极力标榜中国传统伦理道德。③ 在曾国藩看来，以理学为核心、以儒学为主体的中国传统文化体系依然具有顽强的生命力，只是缺乏西方以船坚炮利为特征的科学技术而已，对于西方的民主共和制度，自由、平等、博爱的思想体系，是绝不会引进的。曾国藩引进西方近代文化的目的，并不是打破中国传统文化，而是巩固其统治地位。④

---

① 《曾国藩全集·家书》（一），岳麓书社 1985 年版，第 125 页。

② 《曾国藩全集·书信》（一），岳麓书社 1990 年版，第 20 页。

③ 李洪华：《曾国藩政治思想的文化特性》，《贵州文史丛刊》2009 年第 3 期。

④ 朱东安：《曾国藩与中国传统文化》，《近代史研究》1997 年第 1 期。

在西方列强借助船坚炮利将其势力扩张到中国之时，在曾国藩理学思想中增添了经世致用的新内容，于是形成了一种“中学为体、西学为用”的思想与学术结构。曾国藩的“中体西用”思想，奠定了近代政治和文化保守主义的理论基础。[①] 正如美国学者芮玛丽所指出的，曾国藩复兴理学，是近代中国政治和文化保守主义思潮的重要来源。[②]

曾国藩文化思想是一个独特的思想体系，这种思想体系是与其兼容并包性、维新性分不开的。曾国藩文化思想的形成时期，正处于中国社会转型的历史过程中，既有丰富的中国传统文化遗产可以继承，又有西方近代文化的输入可以借鉴。曾国藩自称“学问多途，皆涉其涯”，门生称其“无学不窥，默观精要”，显示出曾国藩文化思想的维新性。曾国藩在学术上提倡打破门派之间的限制，博取众长，主张学习西方先进的科学技术，为我所用，借他人之长，补自己之短。同时，曾国藩突破了“夷夏之辨”等传统思想观念的束缚，开始了由理学经世思想向洋务经世思想转变的历程，在一定程度上冲破了中国传统文化的樊篱，打开了向近代学习的窗口。

两次鸦片战争后，中国社会面临一场千古未有之大变局，政治家们必须“将一系列新的概念和制度移植到传统的国家观念和行政管理体制中去”[③]。曾国藩对此做出了回应。同治八年五月十五日，曾国藩在给李鸿章的信中，强调要加强“自强”之道，在条件成熟的东南沿海地区加速对西方近代科学技术的引进。他说：“东南新造之区，事事别开生面，百战将士尚不乏有用之才，饷项足以济之，制器造船各事皆已办有端绪，自强之策，应以东南为主。阁下虽不处海滨，尚可就近董率。购办器械，选择人才，本皆前所手创，仍宜引为己任，不必以越俎为嫌。”[④] 曾国藩“西学为用”思想的提出，为西方近代文化在中国这块古老而封闭的土地上谋得了一席之地，使学习西方文化在中国成为理所当然的事情，这在客观上开启了中国近代文化的一代新风，对以后的资产阶级革命运动产生了

---

① 蒋广学：《曾国藩：近代中国政治与文化保守主义思潮的奠基者》，《江苏社会科学》2005 年第 5 期。

② ［美］芮玛丽：《同治中兴：中国保守主义的最后抵抗》，房德邻等译，中国社会科学出版社 2002 年版，第 2 页。

③ 同上书，第 274 页。

④ 《曾国藩全集·书信》（九），岳麓书社 1994 年版，第 6766 页。

积极而深远的影响。

曾国藩文化思想形成于近代中国社会的转型时期，针对如何处理中国传统文化与西方近代文化之间的关系，曾国藩提出了以“中国传统文化为体、西方近代文化为用”的思想主张。曾国藩是中国传统文化的集大成者，他的使命就是要维护中国传统社会的伦理纲常，因而其文化思想中表现出极大的守成性；同时，曾国藩又是近代文化的主要代表，其文化思想在一定程度上又表现出维新性的特点。

曾国藩去世后，学术界对曾国藩文化思想中的守成性与维新性进行了评价。李鼎芳认为，曾国藩文化思想影响于后世至巨，为吸收西方近代文化，即借西方近代文化之长，以弥补中国传统文化之短。他说：“凡风气之开，外国文化之长足以输入而取用之，亦必具有远大之识见而权足以改革一方者为之倡然后可也。曾国藩之思想虽极质实保守，然见他人之长，则勇取而不惑，遂开清季提倡洋务之先声。”① 萧一山认为，曾国藩一方面要守旧，那就是恢复民族固有的“公”“诚”之精神，来拯救中国传统社会，另一方面要革新，那就是接受某些西方近代文化，以“制炮”“造船”来开创新的事业，革新与守旧同时进行，是理学经世的必然选择，也是曾国藩文化思想对中国近代史的最大贡献②。陈寅恪高度评价了曾国藩文化思想上的调和观念，他说：“真能于思想上自成系统，有所创获者，必须一方面吸收输入外来之学说，一方面不忘本来民族之地位。此二种相反而适相成之态度，乃道教之真精神，新儒家之旧途径，而二千年吾民族与他民族思想接触史之所昭示者也。寅恪平生为不古不今之学，思想囿于咸丰同治之世，议论近乎湘乡南皮之间。”③

曾国藩是中国传统文化造就出来的最后一代杰出人物的典型代表，不仅集中国传统文化之大成，而且带头引进西方近代科学技术，创办了中国第一批近代军事工业。从某种意义上，曾国藩是中国传统文化的化身，既是其精华所聚，使其获得事业上的某些成功，又是其糟粕所聚，使其顽固保守。④ 曾国藩是从中国传统文化精神起步的，从性质上来说属于中国传统文化的范畴，因而不可能抛弃中国传统文化精神中纲常礼教之类的核心

---

① 李鼎芳：《曾国藩及其幕府人物》，岳麓书社1985年版，第60页。

② 萧一山：《曾国藩传》，东方出版社2009年版，第142页。

③ 《陈寅恪集》，生活·读书·新知三联书店2001年版，第284—285页。

④ 朱东安：《曾国藩与中国传统文化》，《近代史研究》1997年第1期。

信条，就这一点而言，曾国藩文化思想尚未真正跨入近代文化精神的门槛。然而，在中国传统社会向近代社会转型的历史过程中，曾国藩文化思想通过接受西方近代文化的新知识、新观念而逐渐除旧立新，成为中国近代文化精神的生长点。从这个意义上，曾国藩文化思想开始了由中国传统文化精神向近代文化精神的转变。[①] 总之，曾国藩文化思想具有很大的“兼容并蓄”性。中国传统文化与西方近代文化并举、守成性与维新性并存，是曾国藩文化思想中的一个重大特色。

① 宋德华：《曾国藩与中国近代文化精神》，《湘潭大学学报》（哲学社会科学版）1997 年第 1 期。

第四章

曾国藩文化思想与洋务运动

19世纪60年代，在内外交困的严峻危局和世界资本主义潮流的冲击下，“追求‘富强’的行动逐渐压倒了偏重德政的传统”①。为了挽救民族危亡，使中国富强起来，中国传统社会统治集团中的改革派及一些开明知识分子开始把眼光投向了外国的“坚船利炮”。以曾国藩为首的洋务派，继承和发扬了林则徐、魏源的“师夷长技以制夷”的思想，提出了“自强”“求富”的口号，主张变法图强，学习西方，发动了一场“富国强兵”的洋务运动。而曾国藩文化思想在这场运动中发挥了重要的作用。

第一节　洋务运动与中国近代化的开端

第一次鸦片战争之后，中国的近代化思潮实际上已经开始萌芽，但由于遭到顽固守旧势力的阻碍而未能得到充分的发展。19世纪60年代兴起的洋务运动，为中国近代化起步提供了思想、政治、经济等方面的条件，从而启动了中国近代化的历史车轮。

一　鸦片战争之后中国近代化思潮开始萌芽

鸦片战争的惨败和《南京条约》的签订，打破了中国传统士大夫心目中“天朝上国”的迷梦，一些地主阶级的开明人士开始进行反省。当时，以林则徐、魏源等人为代表的晚清经世思想家，面对西方列强的入侵和“坚船利炮”，开始寻求强国御敌之路。

晚清经世思想家认为，洗刷国耻的关键是“师夷长技以制夷”，即学

---

①［美］费正清：《剑桥中国晚清史》，中国社会科学出版社1993年版，第532页。

习西方先进的科学技术。

道光二十年九月二十四日，林则徐在《密陈禁烟不能歇手并请戴罪赴浙随营效力片》中，力主加强与西方国家之间的经济文化往来，学习西方的先进技术，抵抗外部势力的入侵。他说："臣之愚昧，务思上崇国体，下慑夷情，实不敢稍存游移之见也。即以船炮而言，本为防海必需之物，虽一时难以猝办，而为长久计，亦不得不先行筹维。且广东利在通商，自道光元年至今，粤海关已征银三千余万两，收其利者必须预防其害，若前此以关税十分之一制炮造船，则制夷已可裕知，何至尚形棘手。……以通夷之银量为防夷之用，从此制炮必求极利，造船必求极坚。"①

魏源写成《海国图志》，正式提出了"师夷长技以制夷"的思想。魏源认为，为了使国家富强，能够抵抗西方势力的入侵，必须学习西方的坚船利炮。魏源在《圣武记》中指出，可以不借西方国家之战舰，但绝不可以不学习西方国家之长技，以西方国家之长技来抵御西方国家的侵略，此自古以来"以夷攻夷"的上策。他指出，西方国家不惜一切代价，但求船炮之精良，而中国制造的军事武器，工匠与监造人员偷工减料，将渣滓、废铁等用来制造武器，导致武器质量低劣，根本无法抵御外部势力的入侵。

魏源认为，要抵抗外部势力的入侵，必须掌握外国的基本情况，再也不能像以往一样，闭关自守，夜郎自大。他说："夫制驭外夷者，必先洞夷情。今粤东番舶，购求中国书籍转译夷字，故能尽识中华之情势。若内地亦设馆于粤东，专译夷书夷史，则殊俗敌情，虚实强弱，恩怨攻取，瞭悉曲折，于以中其所忌，投其所慕，于驾驭岂小补哉！"②

林则徐、魏源等晚清经世思想家，提出了"师夷长技以制夷"思想，这实际上是中国近代化思想萌芽的开始。它对洋务运动的发动，起到了思想启蒙的作用，为中国近代化的开端奠定了一定的思想基础。

二 洋务运动为中国近代化开端提供了条件

洋务运动为中国近代化的开端，在思想上、经济上、政治上提供了

---

① 《林则徐全集》（三），海峡文艺出版社 2002 年版，第 1602—1603 页。

② 《魏源全集》（三），岳麓书社 2004 年版，第 517 页。

条件。

近代中国，在社会发展水平与西方国家出现了很大的差距。西方国家相继确立了资本主义制度，进入了工业文明时代，而中国却处于自给自足的农业社会。两次鸦片战争的失败，统治集团的士大夫仍然不能正确认识国际形势，仍然沉迷于“天朝上国”的迷梦之中，夜郎自大。道光皇帝仍然在“上谕”中不断使用对英军“开恩”“示恩”等词句。士大夫把西方先进科学技术斥为“奇技淫巧”，将中国以外的国家贬称为“夷”等。在中国传统文化中，信奉“天不变，道亦不变”的观念，认为变更自古以来的声名文物、典章制度是大逆不道。在中国传统文化中，存在着重伦理、轻科技的思想。

洋务派对西方近代文化有一个较新的认识，认为天下是“穷则变，变则通”，主张因时变通。洋务运动加速了传统文化观念向近代文化观念的转变，从保守的“夜郎自大”心态到“师夷智”观念的转变。

在洋务运动兴起之时，顽固派则把外国的“制器”视为“奇技淫巧”，认为没有学习的价值，主张只能“以夏变夷”，不能“以夷变夏”。面对顽固派的上述种种言论，洋务派与之进行了针锋相对的斗争，认为中国在军事装备、机器生产、科学技术等方面都比西方落后，因此，学习西方先进的东西是非常必要的。通过这场大争论，洋务派终于在封闭的中国传统观念上打开了一道缺口，使古老封闭的文化价值观念发生了动摇，从而为西方近代文化科学技术的引进作了思想上的准备。

同时，在如何处理中学和西学的关系问题上，洋务派提出了“中学为体、西学为用”的口号，强调中学和西学的关系是“体”与“用”、“道”与“器”、“本”与“末”、“主”与“辅”的关系。他们主张在坚持以中国传统文化为主体的前提下，将引进西方的科学技术作为补充，两者不可偏废。洋务派最终打破了“华夏文化中心论”的思想束缚，从根本上动摇了“礼义至上”的传统价值观念，为中国近代化的启动奠定了思想基础。

在洋务运动中，洋务派创办了一大批近代军事工业和民用工业，使中国的劳动生产率得到了普遍提高，经济得到了一定的发展，这就在一定程度上抵制了外国资本主义的经济侵略，为中国近代化准备了经济条件。

其一，创办了一批军事工业和民用工业，为中国近代化奠定了物质基础。咸丰十一年，曾国藩创办了安庆机械所，这是中国近代化起步的一个重要标志。此后，洋务派在各地创办了大约20个近代军事工业，数百家近代民用工业，其中有名的军事工业有：同治四年曾国藩、李鸿章在上海创办的江南制造总局；在南京创办的金陵制造局；同治五年崇厚在天津设立的天津机器局。民用工业有：左宗棠、沈葆桢创办的福州船政局；同治十一年李鸿章创办的轮船招商局；后来，李鸿章又创办了开平煤矿，在天津设立了电报总局。此外，在洋务运动期间，还修筑了477公里的铁路。这些对中国近代经济的发展起到了一定的推动作用，为中国近代化提供了一定的物质基础。

其二，劳动生产率得到普遍提高，对外国资本主义的经济入侵起到了一定的抵制作用。在洋务运动期间，洋务派开办的军事企业大量引进外国的机器设备和生产技术，劳动生产率得到了显著的提高。同时，洋务派兴办的民用工业，既抵制了外国资本主义的商品输入，又抵制了外商对中国的资本扩张。他们创办的民用工矿企业，打破了外国商品在中国市场上一统天下的局面，为中国民族经济的发展创造了条件，从而使中国近代化在经济上迈出了关键性的一步。

其三，"重商富民"思想的兴起，为中国经济近代化提供了有利的条件。历代统治者都实行"重本抑末"政策，把农业作为国家经济之"本"，工商业视为之"末"。在洋务运动的过程中，洋务派在学习西方军事技术的同时，把引进的重点放在经济建设上，提出了"重商富民"的经济思想。洋务派认为，中国只有视富强为一体，走"寓强于富""先富后强"的道路，方有振兴国势之可图。他们对"贫为弱因""富乃强本"有着较为清醒的认识。1876年，李鸿章在《复丁稚璜宫保》中称："中国积弱由于患贫。西洋方千里、数百里之国，岁入财赋动以数万万计，无非取资于煤铁五金之矿，铁路、电报、信局、丁口等税。酌度时势，若不早图变计，择其至要者逐渐仿行，以贫交富，以弱敌强，未有不终受其敝者。"①

洋务派主张变"重农抑商"为"工商立国"。他们认为，中国在战争中的失败，在于重义轻利、重义理轻技艺的观念。在中国传统价值观上，尚礼义不尚权谋，认为国家的发展在人心不在技艺，因此，欲求制胜之道，必求之忠信之人，欲谋自强之道，必谋之礼义之士。洋务派认为，如

① 《李鸿章全集·信函》（三），安徽教育出版社2008年版，第490页。

果仅仅以忠信为甲胄、礼义为干橹，是不可能实现国富民强、有效抵御外部势力的侵略的。洋务派认为，救国的办法是，既要修明礼义，以忠义之气为根本，又要实力讲求战守，凡是制枪炮炸弹、铸钱、治水等有关国计民生的事业，都要引起高度重视。正是在这种近代观念支配之下，洋务派兴办了新式企业、学校，制轮船、修铁路，引进西方现代科学技术，为中国经济近代化提供了条件。

"重商富民"思想的提出，标志着中国向西方学习的思想有了实质性的飞跃。同时，"重商富民"思想的提出，对中国几千年的"重农抑商"政策是一个有力的打击，从根本上动摇了中国几千年来"以农立国"的小农经济的价值观念，闪耀着资本主义的思想火花，为中国经济近代化提供了有利的条件。

洋务运动期间，政治结构及社会阶级结构也发生了相应的变化，从而为中国政治近代化提供了条件。

其一，政治结构的变化。咸丰十一年，洋务派所设立的总理衙门，是资本主义商品经济对政治结构影响的表现，同时也是政治变革的具体标志。随着洋务运动的深入，总理衙门的职权范围也在不断扩大，它不仅办理与洋人交涉和通商的事务，而且逐渐演变为一个门类齐全的近代中央国家机关的雏形。总之，总理衙门设立之后，因其执掌的范围逐渐扩大，"总理衙门已不仅是外交机关，而且变成新政之总汇，因而原管各衙门的执掌起了不少变化，有的已无实权，有的形同虚设"。① 以上这些变化，为中国政治及外交迈向近代化提供了机构保证。

其二，社会阶级结构的变化。19 世纪四五十年代，在中国通商口岸的外商企业中，产生了中国第一批工业无产阶级；随着洋务运动的兴起，中国无产阶级数量明显增加。同时，由于一些地主、官僚和富商创办了一批近代工矿企业，民族资产阶级也开始产生。中国资产阶级和无产阶级属于新生的阶级力量，他们有一种变革社会的政治要求和愿望，这就为中国政治近代化奠定了物质基础。

总之，洋务运动虽然没有完全达到"自强""求富"的目的，但洋务派所倡导的变革社会的思想观念，以及所创办的一批近代军事工业和民用工业，使社会政治、阶级结构发生了新的变化，这无疑为启动中国近代化

---

① 张德泽：《清代国家机关考略》，中国人民大学出版社 1981 年版，第 278 页。

的历史车轮，使中国近代化向纵深发展提供了有利的条件。

总之，中国的近代化，是在中国社会已经沦为半殖民地半封建社会的历史条件下，由洋务派倡导的洋务运动开始起步的。虽然洋务运动没有使中国真正富强起来，但其无疑在中国近代化的道路上迈出了可喜的一步，标志着中国近代化的开端。

三　早期中国近代化的特点

中国近代化的开端不同于欧美各国，它不是中国社会自然演进的结果，而是在民族压迫和外敌入侵、中西文化冲突的历史条件下，中国被迫卷入世界资本主义体系的产物。因此，早期中国近代化与欧美各国近代化相比，明显具有被动性、畸形性、功利性等方面的特点。

明朝中后期，随着资本主义生产方式的萌芽，近代化因素在中国传统社会内部开始孕育。但是由于传统的“重农抑商”政策、高度的中央集权体制和长期的闭关锁国政策等原因，中国几千年的自给自足的自然经济始终占统治地位，从而使中国近代化的发展速度极为缓慢，这就决定了中国近代化的历史车轮，不可能在传统社会的母体内自行启动。

19 世纪中叶，西方资本主义为了进一步扩大海外市场，于是用“坚船利炮”打开了中国的大门。在民族危亡的关头，一些开明的士大夫逐渐认识到，要抵御外来的侵略，就必须引进西方的近代文化。1840 年郑复光所著的《火轮船图说》、1841 年丁拱辰所著的《演炮图说辑要》、1842 年魏源所著的《海国图志》，都主张制造船炮，学习西方的科学技术。19 世纪 60 年代以后，出现了一个建立兵器工厂、实施西法练兵的热潮，中国近代化开始正式起步。

然而，中国近代化的开端不是中国社会历史发展自然演进的结果，而是在中国社会自身很大程度上还没有具备迈向近代化的历史条件下。在民族压迫和外敌入侵的巨大压力下，中国人被迫吸收西方近代文化来提前启动中国近代化的。所以说，中国近代化不是自主启动的，而是在外来因素的推动下启动的。

19 世纪 60 年代，中国近代化启动之时，自给自足的小农经济还占据着统治地位。从整个中国近代化开始的历史过程来看，早期中国近代化的发展程序往往是颠倒的，即先有蒸汽机、声光化电之学，后才有资本主义生产关系的逐渐产生，先有机械制造、化工等应用科学的引进，后才有数学、物理、化学等基础科学的学习。总之，在中国近代化的早期阶段，出现了实用性、尖端性的学科在前、基础性的学科在后这样一种畸形的现象。

显而易见，早期中国的近代化不是内部社会近代因素的积累扩大而逐渐演进的自然历史过程，而是在自然经济占统治地位，新兴阶级尚未走向历史舞台，传统观念还根深蒂固，人们的观念还根本不具备近代化意识的条件下启动的。因此，这种近代化缺乏政治、经济、思想基础，暂时也不能得到广大群众的支持。可以说，中国的早期近代化不是经济基础作用于上层建筑的结果，也不可能采取自下而上的革命方式，而只能是上层建筑反作用于经济基础，通过自上而下的方式，由少数具有一定近代化倾向、掌握一定权力的政治精英，借用西方近代文明来启动中国近代化。中国早期近代化不但整个过程的组织、领导和实施都依靠少数政治精英来执行，而且诸如近代工业的创办、西方近代文化的介绍、先进武器的引进、新式学校的创办等都需要他们来承担。

由于这些掌握一定权力的政治精英所发动和领导的自上而下的洋务运动，是在中国政治、经济、思想等方面的因素尚不完备的条件下启动的，其群众基础很不牢固，这就决定了早期中国近代化在许多方面带有明显的滞后性。

19世纪60年代，中国传统社会统治集团中的开明人士所发动的洋务运动，一开始就是为了“图存”。正如曾国藩所说：“承示复总理衙门函稿，精到刚大，良为经世不朽之作。其与若类思相要约一节，尤足折远人之心而作忠正之气。以忠刚慑泰西之魄，而以精思窃制器之术，国耻足兴，于公是望。”①

正是在这种功利主义和实用主义思想的指导下，一些开明的士大夫才发起和推动了中国的近代化运动，魏源的“师夷长技以制夷”和曾国藩的“师夷智以制夷”，就是这种功利主义的典型反映。因此，洋务派所倡导的“自强”“求富”，在很大程度上是为了争取民族独立和维护中国传统社会的统治秩序，带有十分明显的功利性。

---

① 《曾国藩全集·书信》（五），岳麓书社1992年版，第3457页。

第二节　曾国藩文化思想在洋务运动中的地位和作用

洋务运动标志着中国近代化的开端，而曾国藩文化思想在洋务运动中有着十分重要的地位和作用。

一　洋务运动的兴起

19 世纪 40 年代以后，以英国为首的西方资本主义列强，对中国实行野蛮的军事和经济侵略，强行把中国卷入世界资本主义体系。19 世纪 60 年代，以曾国藩、李鸿章为代表的洋务派集团，面对几千年未有之大变局，认识到中国传统社会伦理纲常已经不能适应世界形势发展的需要，中国必须改弦更张，学习西方的近代科学技术和军事工业，以达到“自强”“求富”的目的。

其一，以军事工业为突破口。两次鸦片战争的失败，使一批地主阶级改革派认识到，中国的军事武器已经远远落后于西方的“坚船利炮”，因此，要想达到“自强”的目的，就必须以军事工业为突破口。曾国藩多次强调，“自强”应从军备的近代化入手。他认为，虽然已经与外国签订了一些“款议”，但战争随时可能发生，因此在军备上绝不能放松，只有向西方学习，造炮制船，才可以“期永远之利”。

咸丰十一年七月十八日，曾国藩在《复陈购买外洋船炮折》中称：“东南贼氛蔓延，果能购买外国船炮剿贼，必能得力。惟各路军饷不足，必须预筹银款以资购办。奕䜣等现拟于上海、广东各关税内先行筹款购买，俟将来洋药印票税收有成数，再行归款。并给赫德札文，令其购买。运到时交广东、江苏各督抚，雇内地人学习驾驶。……一俟船炮运到，即奏明办理。内患既除，则外国不敢轻视中国，实于大局有益。”①

曾国藩进一步认为，全部购买外国的武器是不行的，这样往往会丧失主权，受制于人。只有尽快地学会“制器之技”，才能掌握主动权。他说：“购成之后，访募覃思之士，智巧之匠，始而演习，继而试造，不过

① 《曾国藩全集·奏稿》（三），岳麓书社 1987 年版，第 1602 页。

一二年，火轮船必为中外官民通行之物，可以剿发逆，可以勤远略。”①咸丰十一年，曾国藩创办安庆机械所，培养了一批科技人才，为西方科学技术的引进和近代工业的建立提供了条件。此后，金陵机器局、江南制造总局、福州船政局、天津机器局等大型军事工业的相继创办，构成了布局合理的近代军事工业体系。

标榜“自立”“自强”，是洋务运动迅速兴起的一个重要思想因素。除曾国藩之外，奕䜣、李鸿章、左宗棠等人，也倡导自立、自强。

同治三年六月，奕䜣等人上奏朝廷，认为治国之道在于自强，而审时度势，则自强以练兵为第一要务，练兵则以制造先进武器为开端。奕䜣指出，自鸦片战争爆发以来，已有数十年之久的历史，尤其在咸丰年间，内患外侮一时并发，此并不完全是军人不善于治兵，还在于有制胜之兵而无制胜之器，故很难取得胜利。奕䜣指出，英、法等西方国家恃其船坚、炮利横行海外，我国应尽快学习西方国家的各种机制火器，以期尽窥其中奥妙，有事可以御侮，无事可以示威。他说：“兵法所云‘先为不可胜，以待敌之可胜’者，此也。……洋人之向背，莫不以中国之强弱为衡，固非独一日本为然。我能自强，可以彼此相安，潜慑其狡焉思逞之计；否则，我无可恃，恐难保无轻我之心，设或一朝反复，诚非仓猝所能筹画万全。今既知其取胜之资，即当穷其取胜之术，岂可偷安苟且，坐失机宜？”②

同治三年四月，李鸿章上书恭亲王道，天下之事“穷则变、变则通”，中国士大夫沉浸于章句、小楷之积习，武夫悍卒又多粗蠢不加细心，以致造成用非所学、学非所用的局面，无事时鄙视西方国家的坚船炮利为奇技淫巧，以为不必学，有事时则惊叹西方国家之利器为神奇鬼怪，以为不能学。李鸿章指出，数百年来，西方国家视火器为身心性命之学，参阴阳而配变化，已经能够指挥如意，中国要图自强，则必须学习西方国家之利器。他说：“欲学外国利器，则莫如觅制器之器，师其法而不必尽用其人。欲觅制器之器，与制器之人，则或专设一科，士终身悬以为富贵功名之鹄，则业可成，艺可精，而才亦可集。”③ 李鸿章认为，中国自强

---

① 《曾国藩全集·奏稿》（三），岳麓书社1987年版，第1603页。

② 《筹办夷务始末》（同治朝）卷二五，中华书局2008年版，第1—2页。

③ 同上书，第4—10页。

之道，在于学习西方国家之所能，掌握西方国家之所恃。同治四年，左宗棠在《上总理各国事务衙门》中称："至中国自强之策，除修明政事、精炼精兵外，必应仿造轮船，以夺彼族之所恃。此项人断不可不罗致，此项钱断不可不打算，亦当及时竭力筹维。"①

洋务运动创办的近代军事工业，虽然其目的是维护清王朝的统治，然而在一定程度上启动了中国近代化的历史进程，具有十分重要的进步色彩。洋务派创办的近代军事工业，延缓了中国半殖民地化的进程，在抵抗外国的侵略中发挥了一定的作用。洋务派创办的近代军事工业，大量引进西方的科学技术和机器设备，对西方文化知识的传播和我国科技人才的培养起到了一定的积极作用。洋务派创办的近代军事工业，为民用企业和近代电信、交通运输业的发生和发展提供了有利条件。

其二，以民用工业为基础。随着洋务运动的深入发展，洋务派逐渐认识到，军事工业的发展必须依靠雄厚的国民经济，主张在发展军用工业的同时，发展民用工业。他们认为，西方国家真正强大的根本原因，不仅在于拥有先进的军事武器，更在于有雄厚的经济力量为后盾。因此，他们主张在学习西方国家的坚船利炮的同时，把一些近代化的经济设施移植过来，以增强清王朝的力量，化弱为强，变穷为富。

洋务派不但提出了"寓强于富"的口号，而且创办了一批以"求富"为目的的近代民用企业。从同治十一年开始，轮船招商局、台湾基隆煤矿、直隶开平煤矿、中国电报总局、上海机器织布局等大型近代民用企业相继创办。同时，据不完全统计，在洋务运动期间，还创办了近代工矿企业和交通运输业 388 家，分布在机器修造、棉毛纺织、轮运、铁路、电报、煤铁矿、钢铁冶炼、保险等近 20 个行业中。虽然这批近代民用企业还具有很大的落后性，但它是与西方资本——帝国主义经济侵略相对立的产物，因而它与西方资本主义国家的矛盾表现得十分突出。这也说明了洋务派具有鲜明的民族性，是中国近代民族资本主义工业的一个重要组成部分，在抵御外国的经济侵略中发挥了重要作用。

其三，以科技教育为手段。在洋务运动实践过程中，洋务派特别注重学习近代自然科学知识，在中国近代历史上形成了自然科学知识传播的第一次高潮。以曾国藩为首的洋务派清醒地认识到，要"自强""求富"就

① 《左宗棠全集·书信》(一)，岳麓书社 2009 年版，第 553 页。

必须重视科学技术，培养科技人才。他们认为，制器与育才必须并举，而传统的教育体制已经无法满足形势发展的需要，这就必须大力兴办近代科技教育事业。

洋务派主张学习西方的算学、光学、化学、机械等各科知识。为此，他们聘请了国内一批精通算学、机械、天文、法律的专家，创办了机械学校，设立翻译馆，并派幼童出国留学。这些措施不但加速了西方科学技术在中国的传播，而且为我国培养了一大批专门的科学技术人才和新型的行政外交官员，从而为中国的近代化提供了有利的条件。

二　曾国藩文化思想在洋务运动中的地位和作用

洋务运动揭开了中国近代化的序幕。曾国藩是这场运动的发起人、倡导者和最早实践者。曾国藩主张购买和制造船炮，学习西方的科学技术，在这场运动中具有十分重要的历史地位和作用。曾国藩不但要为大清王朝尽忠，而且要为中国传统文化“卫道”。近代以来，清王朝所面临的威胁不仅限于农民起义，更在于外部势力的入侵。曾国藩“理学经世”，由儒生统兵平定太平天国，也就能由理学家而成为洋务派大官僚，以应付“内忧”“外患”的“千古未有之奇变”，达到维持清王朝统治的目的。曾国藩文化思想对洋务运动的发生、发展有着重要的促进作用，具体表现在以下几个方面。

其一，突破了“夷夏之辨”的传统束缚，提出了“师夷智”的“自强”“求富”主张。

中国传统文化中“能治其国家，谁敢侮之”的古训对曾国藩的影响很深，认为“柔软之道在是，自强之道亦在是”，曾国藩讲求理学，注重修己治人，“以立立人，以达达人”的自立、自强之道。这种自立、自强的人生哲学，对曾国藩创办洋务企业有着重要的影响。同时，曾国藩在平定太平天国的过程中，亲身体验到西方近代先进技术的威力，从而刺激了他对外国科学技术的追求。曾国藩的主张迎合了清王朝的迫切需要，引起了清朝最高统治者的重视，从而为洋务运动的出台奠定了基础。

在近代中国明显落后于西方的情况下，“夷夏之辨”成为学习西方文化的严重障碍。林则徐、魏源虽提出了“师夷长技以制夷”的口号，但由于“华夏中心论”的思想意识还根深蒂固，尚未跳出“夷夏之辨”的樊篱。因此，他们“师”的只是“夷”在军备上的“长技”而已。

曾国藩是20年后再鸣“师夷长技”的第一人。他力主购买西洋的船炮，并称其为“今日救时之第一要务”。他说：“购买外洋船炮，则为今日救时之第一要务。凡恃己之所有夸人所无者，世之常情也；忽于所习见、震于所罕见者，亦世之常情也。轮船之速，洋炮之远，在英、法夸其所独有，在中华则震于所罕见。若能陆续购买，据为己物，在中华，则见惯而不惊，在英、法，亦渐失其所恃。”① 此外，他还提出了“师夷智”的主张，其中“智”的内涵远要高于“技”，它不仅包括“坚船利炮”，还包括科学技术及政治文化思想，这些无疑为洋务运动的兴起奠定了思想基础。

曾国藩力主“经世之学”，为洋务运动的开创提供了思想基础。咸丰元年八月二十一日，曾国藩将对经济之学的理解写于日记之中。他称，研究经济之学的方法，都应以本朝为主而上溯前代沿革本末，衷之以仁义而归之于简易，前代不足之处可以自我更之，前代所未涉及之处可以自我创之。在这种“更之”“创之”思想的指导下，为适应统治的需要，求生存的需要，主张采用西法，开早期洋务运动“造炮制船”之先声。曾国藩经世思想在洋务运动的开创中发挥了桥梁作用。曾国藩理学经世的务实精神，使其摆脱了一般正统理学家的“夷夏大防”之心理障碍，主张“师夷智以造炮制船”，成为洋务运动的先导。

在西学东渐的时代潮流面前，到底是以道德“礼义”立国，还是以科技“权谋”立国，以倭仁为代表的顽固派与以曾国藩为代表的洋务派的观点出现了分歧。

以倭仁为代表的“顽固派”坚持儒家伦理治国。倭仁在《挽救时事疏》中忧心忡忡地称：“今虽勉从和议，而华夏之大防已溃，中朝之元气愈亏，其将何以立国耶？”② 倭仁对西方近代文化相当鄙视。同治六年二月十五日，倭仁在上奏中称，立国之道尚礼仪不尚权谋，认为推动社会发展的动力在人心不在技艺，为了寻求技艺，而自愿以外国人为师，外国人诡谲未必传其精巧，即使教者诚心传授，学者真心学习，学成之后也不过是一个术数之士而已，自古以来没有依靠术数之士挽救国家与民族危亡的。从现实的角度来说，倭仁站在泛道德主义立场上，用儒家泛道德主义

---

① 《曾国藩全集·奏稿》（三），岳麓书社1987年版，第1603页。

② 《倭文端公遗书补》，复旦大学图书馆藏刻本，第4页。

看待社会变革，其论调有违中国近代化的历史主题。倭仁践行理学只是在“卫道”，而未能及时根据“道变”进行调整。曾国藩批评倭仁道，在整个朝廷中有特立之操守者首推倭仁，但才博识短，意思是说倭仁不能紧跟时代发展的步伐。

以曾国藩为代表的洋务派的主导思想是“师夷长技以制夷”“师夷智”，即整个社会大规模引进西方近代科学技术和文化，以弥补中国传统文化体系中的不足之处。由理学经世而倡导“师夷智以造炮制船”的洋务运动，是曾国藩高于其他理学师友之处。很多正统理学家排斥一切外来文化，反对“用夷变夏”，变成了顽固守旧派。曾国藩也笃信理学，但他将理学思想与经世致用思想有机结合，这使他摆脱了“夷夏之防”的心理障碍，从而使其由理学家变为洋务派。他在《劝诫委员四条》中称："学于古，则多看书籍；学于今，则多觅榜样。闻于当局，则知其甘苦；问于旁观，则知其效验。"①

其二，创办了一批近代军事工业，并带动了民用工业的发展。咸丰十一年，曾国藩创办安庆机械所，这是中国第一个近代军事工厂。同治元年，曾国藩在日记中自豪地称："窃喜洋人之智巧，我中国人亦能为之，彼不能傲我以其所不知矣。"② 机械所的正式成立，成为中国近代化开端的重要标志。此后，曾国藩又与李鸿章合办江南制造总局，造出了“恬吉号”兵轮，从而在一定程度上增强了近代中国的国防实力。此外，在江南制造总局的支持下，中国出现了一批近代民用工矿企业，如山东机器局、四川机器局、大冶煤铁矿、徐州煤矿、开平煤矿、漠河金矿等，这就为中国近代化奠定了一定的经济基础。

其三，促进了科学技术及教育的发展。在曾国藩的建议下，江南制造总局内设立了翻译馆。曾国藩先后聘请了英国的伟烈亚力，美国的傅兰雅、玛高温等人，专门翻译西方国家制造之书，先后译成了《气机发轫》《气机问答》《运规约指》《泰西采煤图说》等西方科技著作。同治七年九月二日，曾国藩在《奏陈新造轮船及上海机器局筹办情形折》中指出，翻译一事，系制造之根本，应另立学馆以习翻译。他认为，西方国家制器出于算学，其中奥妙皆有图说可寻，但是中西文字扞格不通，在学习西方

---

① 《曾国藩全集·诗文》，岳麓书社 1986 年版，第 439 页。

② 《曾国藩全集·日记》（一），岳麓书社 1987 年版，第 766 页。

先进武器装备中，很难明白用器与制器之所以然。他说："拟俟学馆建成，即选聪颖子弟随同学习，妥立课程，先从图书入手，切实研究，庶几以理融贯，不必假手洋人。亦可引伸，另勒成书。此又择地迁厂及添建翻译馆之情形也。"① 曾国藩聘用了一些著名的数学家、工程师，其中包括华蘅芳、徐寿和徐建寅等人，翻译了大量的西方科技书籍，加速了科学技术的传播，为中国近代科学技术的发展做出了杰出的贡献。

同时，曾国藩创办了机械学校，开办了职业训练班和徒工夜校班，向工人传授科学技术知识，培养了一大批技术骨干，开启了我国近代职业技术教育的先河。此外，曾国藩不顾顽固派的嘲讽，毅然奏派幼童出国，"以便这些青年领悟西洋技艺中的义理"②，揭开了中国近代留学教育的第一页。以上这些为中国的近代化提供了强大的智力支持和有力保证。

其四，奠定了洋务外交的思想基础。曾国藩主张"以诚为本"，提倡"忠信仁义"的行事原则，这种思想被运用到洋务外交上，作为在洋务运动中处理中外关系的思想准则，奠定了洋务外交的思想基础。同治元年三月二十四日，曾国藩在给李鸿章的信中称："夷务本难措置，然根本不外孔子忠、信、笃、敬四字。笃者，厚也。敬者，慎也。信，只不说假话耳，然却极难，吾辈当从此一字下手。今日说定之话，明日勿因小利害而变。"③ 这种以"忠信"为外交的第一原则，有其双重意义。一方面表现出，作为理学家的曾国藩，崇奉"推诚待人"；另一方面表现出，作为政治家的曾国藩，不得不正视现实，把西方国家作为平等的对手来看待，具有近代外交意识。

总之，曾国藩是洋务运动的积极倡导者、发动者和实际推动者，被世人称为"中国近代化之父"。曾国藩发起、创导和实际推动的洋务运动，在中国近代历史上有着重要的作用和地位，使中国的社会历史发展进程与世界近代化运动合流，中国由此走上一个新的历史发展阶段。④ 薛福成在《代李伯相拟陈督臣忠勋事实疏》中指出，自中国与西方各国通商以来，中外形势已经发生了翻天覆地的变化，曾国藩深知时事之艰难，审之又

① 《曾国藩全集·奏稿》（十），岳麓书社 1993 年版，第 6093 页。

② ［美］费正清：《剑桥中国晚清史》，中国社会科学出版社 1993 年版，第 576 页。

③ 《曾国藩全集·书信》（四），岳麓书社 1992 年版，第 2648 页。

④ 徐泰来：《论曾国藩的历史作用和地位》，《湖南师范大学社会科学学报》1995 年第 5 期。

审，但求坚守外交条约，示以诚信，使西方国家不能随意找出借口来侵犯我国主权。薛福成认为，曾国藩积极学习西方国家的坚船利炮，徐图自强之道。他说："曾国藩自谓不习洋务，前岁天津之事，论者于责望之余，加以诋议。曾国藩亦深自引咎，不稍置辩。然其所持大纲，自不可易，居恒以隐患方长为虑。谓自强之道，贵于铢积寸累，一步不可蹈空，一语不可矜张。其讲求之要有三：曰制器，曰学技，曰练兵。故于沪局之造轮船，方言馆之翻译洋学，未尝不反复致意。"① 民国时期的学者王德亮所指出："清自鸦片战争以后，外患普通，国势危急。而其时风气闭塞，顽固守旧充满国中，以不谈洋务为高。即有倡议改革者，亦为群议所阻，畏难不前。曾国藩于平定洪杨以后，独能不狃于苟安，不拘于成法，举办若干新兴事业，以求中国之进步，中国之富强，向着现代化之途迈进。厥后由其所训练之幕府僚属李鸿章、左宗棠等继之，更力行不怠，颇获相当成绩。为新法奠基础，开风气，造时势。"② 从这些后人的评论中，我们可以清楚地认识到，曾国藩文化思想在洋务运动中发挥了独特的作用。

曾国藩信奉程朱理学，被世人公认为中国传统理学的最后一位代表；同时，他主张"经世致用""汉宋兼容""博取众长""吐纳百家"，成为中国传统文化的集大成者。第一次鸦片战争爆发后，面对西方列强的入侵和西学东渐，曾国藩逐渐认识到西方近代文化在器物层面上已远远超过了中国传统文化，因此，他在坚持以中国传统文化为本位的同时，在一定程度上开始摆脱"华夏中心"论的思想束缚，不自觉地在思想文化上迈出了"中学为体、西学为用"的步履，并努力付诸实践，发动了开启中国近代化步伐的洋务运动。从这个意义上说，曾国藩既是中国传统文化的化身，又是中国近代思想文化的主要代表，其文化思想对推动中国近代化的进程无疑具有不可磨灭的历史功绩。

---

① 《薛福成选集》，上海人民出版社 1987 年版，第 51 页。

② 王德亮：《与王芸生先生论曾国藩》，《中央周刊》1948 年第 40 期。

第五章

曾国藩文化思想与中国近代化的关系

曾国藩等人发动的洋务运动，开启了中国近代化的历史先河，他被世人誉为“中国近代化之父”。曾国藩对中国近代化的发动，不仅有发轫、首创之功，而且还使中国在近代化道路上迈出了重要的一步。本章试图就曾国藩的文化思想与中国政治、经济、军事及教育近代化之间的关系进行阐述。

第一节　曾国藩文化思想与中国政治近代化

曾国藩是晚清的“中兴名臣”，他统治着清王朝的东南半壁河山，不但在政治上提出了一系列改革的主张，而且成为晚清近代外交的实际开拓者，对推动中国政治近代化进程发挥了十分重要的作用。

一　曾国藩的“公心胜私欲”为官思想

晚清时期，人们大肆公开宣扬儒家学说的背后，是鲜为人知的裙带关系网和腐化堕落，这种腐化堕落渗透到清王朝制度的各个角落。[①] 在这种背景下，曾国藩试图做到以“公心胜私欲”，挽回日趋腐化的社会风气。虽然曾国藩属于中国传统社会统治集团的大官僚之列，然而，他提出“尽忠直言”“勤政廉明”“德才兼备”“以身作则”“虚怀纳谏”“为政爱民”等诸多以“公心胜私欲”的“为官”思想，带有一定程度的近代

① ［美］兰比尔·沃拉：《中国：前现代化的阵痛》，寥七一等译，辽宁人民出版社1989年版，第22页。

化倾向。

曾国藩倡导“尽忠直言”的“为官”思想。曾国藩认为，“为官”者，为民父母也，必须尽忠直言，真正能够为民请命。他在任京官期间，曾尖锐地指出清朝官制的种种弊端。

道光三十年二月八日，咸丰谕令九卿科道官员，有言事之责者，对用人、用政等事，均据实直陈，封章密奏。曾国藩对此异常兴奋，试图以此来实现报国之志。三月二日，曾国藩遂上《应诏陈言疏》，指出官场之腐败，吏治之委顿，建议从用人、行政着手，整顿日益衰败的世风。他说：“窃维用人、行政，二者自古皆相提并论。独至我朝，则凡百庶政，皆已著有成宪，既备既详，未可轻议。今日所当讲求者，惟在用人一端耳。方今人才不乏，欲作育而激扬之，端赖我皇上之妙用。大抵有转移之道，有培养之方，有考察之法，三者不可废，请为我皇上陈之。”①

曾国藩提出了一套较为全面的用人、行政主张，并要求皇帝以身作则，广开言路。他说：“乃十余年间，九卿无一人陈时政之得失，司道无一折言地方之利病，相率缄默，一时之风气，有不解其所以然者；科道间有奏疏，而从无一言及主德之隆替，无一折弹大臣之过失，岂君皆为尧、舜之君，臣皆稷、契之臣乎？一时之风气，亦有不解其所以然者。”②

道光三十年四月四日，曾国藩在《条陈日讲事宜疏》中提出了 14 条设想，设计了一套完整的“日讲官”制度，强调“日讲官”的社会作用是通过讲解与论难，“于赞助圣学之中，阴寓陶成之意”。③

咸丰元年四月二十六日，曾国藩在《敬呈圣德三端预防流弊疏》中，忧心忡忡地指出皇帝“徒尚文饰”的作风，而没有引导臣下“考古今之成败，讨国朝之掌故”“崇实而黜浮”，指出咸丰皇帝自矜才智，拒谏饰非的心态，“黜陟大权，朕自持之”“则直言日觉其可憎，佞谀日觉其可亲，流弊将靡所底止”。④ 咸丰皇帝大发雷霆，立即召见军机大臣会议，准备给曾国藩治罪，但迫于当年危急的国内外形势，又不得不“优诏褒答”。罗泽南在信中称赞曾国藩道：“有所畏而敢言者，人臣贪位之私也。

① 《曾国藩全集·奏稿》（一），岳麓书社 1987 年版，第 6 页。

② 同上书，第 9 页。

③ 同上书，第 11—17 页。

④ 同上书，第 24—27 页。

不务其本而徒言其末者，后世苟且之说也。"① 民国时期的学者徐一士评价曾国藩指出，这一奏疏之伉直，在当时的社会历史环境之下，是一般朝廷士大夫所不敢言的，反映了曾国藩以天下为公、忧国忧民，将个人性命置之度外的决心。

曾国藩大胆直谏的目的，在于挽救日趋衰落的世风。咸丰元年五月十四日，曾国藩在家书中表达了其内心看法。他认为，自身官至二品，受恩深重，不为不尊，堂上诰封三代，儿子封为六品，不为不荣，若于此时不尽忠直言，则很难找到时机回报圣恩。他说："皇上圣德之美出于天亶自然，满廷臣工，遂不敢以片言逆耳，将来恐一念骄矜，遂至恶直而好谀，则此日臣工不得辞其咎。是以趁此元年新政，即将此骄矜之机关说破，使圣心日就兢业而绝自是之萌。此余区区之本意也。现在人才不振，皆谨小而忽于大，人人皆习脂韦唯阿之风。欲以此疏稍挽风气，冀在廷皆趋于骨鲠，而遇事不敢退缩。此余区区之余意也。折子初上之时，余意恐犯不测之威，业将得失福祸置之度外矣。不意圣慈含容，曲赐矜全。自是以后，余益当尽忠报国，不得复顾身家之私矣。"②

曾国藩目睹中国传统士大夫苟且偷安，于是大胆上奏，指出官场的流弊，这本身就是一种"尽忠直言"为官思想的体现。曾国藩指出："君子之道，莫大乎以忠诚为天下倡。世之乱也，上下纵于亡等之欲，奸伪相吞，变诈相角，自图其安而予人以至危，畏难避害，曾不肯捐丝粟之力以拯天下。得忠诚者，起而矫之，克己而爱人，去伪而崇拙；躬履诸艰而不责人以同患；浩然捐生，如远游之还乡而无所顾悸。"③ 曾国藩在任京官时期，不阿谀奉承，不顾个人得失，大胆犯颜批评皇帝，这在一般士大夫中是非常罕见的。曾国藩不顾个人安危，大胆提出政治改革的主张，这对于改变中国传统官场上阿谀奉承、独断专行的政治风气，有着十分重要的积极作用。

曾国藩倡导"勤政廉明"的"为官"思想。《尚书》曰："功崇惟志，业广惟勤。"建功立业的关键在于勤，"勤政"是最基本的官德要求。真德秀的《政经》中称，民生在勤，勤则不匮，为民者不可以不勤；业

① 转引自《曾国藩全集·书信》（一），岳麓书社1990年版，第79页。

② 《曾国藩全集·家书》（一），岳麓书社1985年版，第212页。

③ 《曾国藩全集·诗文》，岳麓书社1986年版，第304页。

精于勤，荒于嬉，为士者不可以不勤，况为命吏，所受者朝廷爵位，所享受者下民之脂膏，一或不勤则德业隳驰，岂不上辜朝寄、下负民望。

曾国藩认为，勤教严绳、与人为善是为官者的社会责任。他指出，圣人之道莫大于与人为善，以言诲人就是以善教人，以德熏人就是以善养人，都是与人为善之事。他说："然徒与人则我之善有限，故又贵取诸人以为善。人有善，则取以益我；我有善，则与以益人。连环相生，故善端无穷；彼此挹注，故善端不竭。君相之道，莫大乎此；师儒之道，亦莫大乎此。仲尼之学无常师，即取人为善也；……念忝窃高位，剧寇方张，大难莫平，惟有就吾之所见多教数人。"①

曾国藩认为，对于为官者来说，"勤俭"是非常重要的。同治九年六月四日，曾国藩在赴天津之前，教育曾纪泽、曾纪鸿要学会"勤俭"，由俭入奢易于下水，由奢反俭难于登天。他指出，有史以来，国家与家庭的兴旺，都是克勤克俭所致，反之，则会走向衰败。曾国藩反省自身在此方面需要进一步努力。他说："余生平亦颇以勤字自励，而实不能勤。故读书无手抄之册，居官无可存之牍。生平好以俭字教人，而自问实不能俭。今署中内外服役之人，厨房日用之数，亦云奢矣。其故由于前在军营，规模宏阔，相沿未改，近因多病，医药之资漫无限制。"②

曾国藩认为，"勤俭"是为官者最基本的道德修养。同治九年十一月二日，曾国藩在给曾纪泽、曾纪鸿的信中，以古代圣贤的"勤俭"精神来教育子弟。曾国藩指出："凡人之情，莫不好逸而恶劳，无论贵贱智愚老少，皆贪于逸而惮于劳，古今之所同也。……古之圣君贤相，若汤之昧旦丕显，文王日昃不遑，周公夜以继日坐以待旦，益无时不以勤劳自励。"③ 曾国藩认为，为自身计，勤则必然刻苦练习技艺，磨练筋骨，困知勉行，操心危虑，而后可以增智慧而长才识；为国家民族计，大禹、墨子以节俭奉身，以勤劳为民，是勤俭的典范。为什么要"勤俭"呢？曾国藩认为，古人修身、治人之道，不外乎勤、谦，勤可以儆惰，谦可以儆傲。

曾国藩告诫僚属要勤俭。咸丰十一年七月，曾国藩在与李芋仙的交谈

---

① 《曾国藩全集·日记》（一），岳麓书社 1987 年版，第 851—852 页。

② 《曾国藩全集·家书》（二），岳麓书社 1985 年版，第 1370 页。

③ 同上书，第 1394—1395 页。

中，劝其要勤俭，“不可开口叹贫叹卑，不可开口能诗能文，居官以勤补拙，以俭养廉”。① 同治八年九月十四日，曾国藩在给王鸿训的信中，称赞其勤俭，“承示为政大略，催科、听断、缉捕三者，皆能莅之以勤，决之以敏”。②

曾国藩“勤政”为官观念的形成，除继承了中国传统文化中的“勤俭”思想之外，与本身出生农家有一定的关联。同治九年十一月，他在《谕纪泽纪鸿》中道，一个人一天所穿之衣、所进之食，与一天所行、所用之力相称，可以称得上自食其力者，则旁人韪之、鬼神许之。他说：“农夫织妇终岁勤动，以成数石之粟数尺之布，而富贵之家终岁逸乐，不营一业，而食必珍羞（馐），衣必锦绣，酣豢高眠，一呼百诺，此天下最不平之事，鬼神所不许也，其能久乎？”③

曾国藩决心治国救世，对那种玩弄权术、不理政事、一心搜刮民脂民膏的官场恶习非常厌恶，主张为政要廉明。道光二十九年三月二十一日，曾国藩在给诸弟的信中称，自身立志决不肯以做官发财，决不肯留银钱与后人。他称，自30岁以来，即以做官发财为可耻，以搜刮金银财宝遗子孙后代为可羞可恨之事，故私心立誓总不靠做官发财以遗后人，神明鉴临，绝不食言。他称，将来若做外官，收入较丰，除廉俸之外，发誓不从其他地方取一分钱，廉俸若日多，则周济亲戚、族党者日广，断不畜积银钱为儿子衣食所需。④ 咸丰六年九月二十九日，曾国藩在《谕纪鸿》中称，自身为官二十余年，不敢沾染任何官宦气习，饮食起居尚守寒素家风，可以过极俭生活，也可以过稍微丰盛的生活，但绝不过过于丰盛的甚至是奢侈的生活。同治五年三月五日，曾国藩在《谕纪泽》的信中称，南京总督府内木器稍微好一点的不必带去，在湘乡、湘潭置些木器，但求结实，不求华贵。曾国藩认为，反对将为官视为牟利的途径，把“廉”视为一种根本性的官德，认为为官应以不要钱为本。由此可见，曾国藩一生以为官清廉为荣。

为官之人，比一般人掌握了更多的社会资源。咸丰六年十一月二十九日，曾国藩在给弟弟的信中说：“盖凡带勇之人，皆不免稍肥私囊。余不

---

① 《曾国藩全集·日记》（一），岳麓书社1987年版，第643页。
② 《曾国藩全集·书信》（十），岳麓书社1994年版，第6916页。
③ 《曾国藩全集·家书》（二），岳麓书社1985年版，第1395页。
④ 《曾国藩全集·家书》（一），岳麓书社1985年版，第183页。

能禁人之苟取，但求我身不苟取。以此风示僚属，即以此仰答圣主。今年江西艰困异常，省中官员有穷窘不能自存者，即督抚各衙门亦不能寄银赡家，余何敢妄取丝毫?”① 他告诫营官，要崇尚节俭以便养成廉洁之风，要崇尚廉俭以服众望，晓谕州县“崇廉俭以奉公”，在一定程度上起到了遏制奢靡之风的作用。

曾国藩提出对家属要严加管教的思想，认为家教不严必然会导致腐败。咸丰六年九月二十九日，曾国藩在《谕纪鸿》中称，凡仕宦之家，由节俭入奢侈容易，由奢侈回到节俭艰难，希望曾纪鸿能勤俭自持，切不可贪爱奢华生活，不可养成懒惰的生活习惯。咸丰六年十一月五日，他在给曾纪泽的信中说道，官宦子弟最容易出问题的地方是奢侈、骄傲，京师子弟之坏无不是由于骄傲、奢侈，希望自家子弟养成戒骄戒奢的作风。同治三年八月二十四日，曾国藩在《致澄弟》信中称，读了《汉书·霍光传》之后，深深懂得官宦之家衰败的原因，希望自家子弟，人人以勤俭二字自勉，才能使整个家族经久不衰。曾国藩“勤政廉明”的为官思想，对于促进“为官”观念的近代化，即“公仆”意识的产生具有一定的启迪作用。

曾国藩反对家人置田买地。咸丰五年十二月一日，他在《致澄弟温弟沅弟季弟》中，对曾国藩的父亲与叔父置田买地行为极为不满。他指出，自身出仕20年，官至二品，封妻荫子，且督师于外，名望很大，没有任何理由买地购田。他说：“今父亲与叔父尚未分析，两世兄弟怡怡一堂，国藩无自置私田之理。况田与蒋家垅相近，尤为鄙陋。此风一开，将来澄弟必置私产于暮下，温弟必置私产于大步桥，植弟、季弟必各置私产于中沙、紫甸等处，……昔祖父在时，每讥人家好积私财者为将败之征。”② 咸丰十年十月十六日，曾国藩在《谕纪泽纪鸿》中称，银钱、田产最容易长骄气、逸气，自家断不可积钱，断不可买田。③

曾国藩倡导“公而忘私”的“为官”思想。道光二十三年正月十八日，曾国藩在日记中写道：“凡办公事，须视如己事。将来为国为民，亦宜处处视如一家一身之图，方能亲切。予今日愧无此见，致用费稍浮，又

① 《曾国藩全集·家书》（一），岳麓书社1985年版，第336页。
② 同上书，第313页。
③ 同上书，第598页。

办事有要誉的意思。此两者，皆他日大病根，当时时猛省。”① 同治二年五月，曾国藩在日记中写道：“古人云：其为人也多暇日者，其出入也不远矣。余身当大任，而月余以来竟日暇逸不事事，公私废阁，实深渐惧。”② 容闳高度评价曾国藩为官廉洁、清贫，认为曾国藩当时掌握七八个省的政权，但身后萧条，家人之清贫如故。容闳指出：“凡设官任职、国课军需，悉听调度，幾若全国听命于一人。顾虽如是，而从不滥用其无限之威权。财权在握，绝不闻其侵吞涓滴以自肥，或肥其亲族。”③

曾国藩认为，为官要“明”，要有办事能力。咸丰八年十二月十五日，曾国藩在给吴翔冈的信中称，凡是办大事之人，要以“明”字为第一要义。他说：“‘明’有二：曰高明，曰精明。同一境而登山者独见其远，乘城者独觉其旷，此‘高明’之说也。同一物而臆度者不如权衡之审，目巧者不知尺度之确，此‘精明’之说也。凡高明者欲降心抑志以遽趋于平实，颇不易易。若能事事求精，轻重长短一丝不差，则渐实矣。能实，则渐平矣。”④ 同治二年七月二十一日，曾国藩在给弟弟的信中说：“凡办大事，以识为主，以才为辅；凡成大事，人谋居半，天意居半。”⑤

咸丰九年七月二十七日，曾国藩在《批管带礼前礼后营游击镇魁禀募勇成军冀蒙调遣由》中指出，带兵之道，“廉”“明”“勤”三者缺一不可，廉则银钱不苟，自有服兵勇之心，明则是非不淆、赏罚公道，勤则营务整顿，在下之人自不敢懒惰废弛，此三者中，“明”字不可强求，“廉”字、“勤”字则可通过努力勉强做得到。⑥ 咸丰十年正月十七日，曾国藩在《批管带护军喻参将吉三禀奉委照料太湖各营帮同办理营务请示遵行由》指出：“该将官阶日大，责任日重，须常记‘勤恕廉明’四字，勤以治事，恕以待人，廉以服众，明以应务。”⑦ 曾国藩认为，可以通过磨练来培养为官之“明”。他认为，为官之人，对任何事情必精细考究，多看、多做、多问、多想，然后渐做成个“明”字；求“明”之诀，又不外乎从“勤”字下功夫。

---

① 《曾国藩全集·日记》(一)，岳麓书社 1987 年版，第 152 页。
② 《曾国藩全集·日记》(二)，岳麓书社 1987 年版，第 897 页。
③ 容闳：《西学东渐记》，岳麓书社 1985 年版，第 107 页。
④ 《曾国藩全集·书信》(一)，岳麓书社 1990 年版，第 761 页。
⑤ 《曾国藩全集·家书》(二)，岳麓书社 1985 年版，第 1016 页。
⑥ 《曾国藩全集·批牍》，岳麓书社 1994 年版，第 144 页。
⑦ 同上书，第 151—152 页。

曾国藩倡导“德才兼备”的“为官”思想，主张秉公戒私，唯才德是用。曾国藩认为，中国自秦汉以来，政治领袖与精神领袖相分离，有些人注重道德修养，却忽略事业的发展，有些人注重事业发展，却往往忽略精神修养，从而导致社会发展不平衡。因此，他主张政治领袖与精神领袖合一，认为政治领袖要有识“礼”、行“礼”的意识，达到修身、齐家、治国、平天下的理想境界。他认为，为官者要具备三种作风和四种思想，即以身作则的表率作风，身先士卒的领导作风，功归人、过归己的谦让作风；与人为善、取人为善的仁爱观，不忮不求的名利观，不畏权势、洁身自好的节操观，言行一致的品行观。

曾国藩为官以后，就以治国救世为己任，既讲求“内圣修养”，又讲求“外王经世”。道光二十二年十月二十六日，曾国藩在给诸弟的信中称：“盖人不读书则已，亦既自名为读书人，则必从事于《大学》。《大学》之纲有三：明德、新民、止至善，皆我分内事也。若读书不能体贴到身上去，谓此三项与我身了不相涉，则读书何用？虽使能文能诗，博雅自诩，亦只算得识字之牧猪奴耳！岂得谓之明理有用之人也乎？朝廷以制艺取士，亦谓其能代圣贤立言，必能明圣贤之理，行圣贤之行，可以居官莅民、整躬率物也。若以明德、新民为分外事，则虽能文能诗，而于修己治人之道实茫然不讲，朝廷用此等人作官，与用牧猪奴作官何以异哉？”①曾国藩后来能够成为炳耀寰宇的近代风云人物乃得力于其“德”与“才”的双重修养。

曾国藩力主戒私，为官择人而不为人择官，为事择人而不为人择事。曾国藩在《江宁万藩司启琛等禀缕陈善后局前后报销由》中称，办事择人，因为公心而事情能办成，为人谋事，因为私心而事情往往办不成。

最能说明曾国藩“公心胜私欲”的是他对左宗棠的大力举荐。左宗棠恃才傲物，与曾国藩不和。虽然曾国藩称“季子才高，与吾意见常相左”，对此却不介怀。咸丰十年四月十三日奏称，左宗棠刚明耐苦，晓畅兵机，当此国家亟须人才之际，要么饬令办理湖南团防，要么简用藩臬等官，予以地方，俾得安心任事，必能感激图报，有裨时局。② 咸丰十年六月十六日，曾国藩在《请留左宗棠襄办江皖军务折》中上奏道，候补四

---

① 《曾国藩全集·家书》（一），岳麓书社1985年版，第39页。

② 《曾国藩全集·奏稿》（二），岳麓书社1987年版，第1130页。

品京堂左宗棠，前在湖南赞助军事，肃清本境、克复邻省，上年石达开率部袭击湖南，左宗棠帮同巡抚骆秉章指挥调度，在短暂的数月间就收到廓清之效。他认为，左宗棠"其才可独当一面，固已历有明征。虽其求才太急，或有听言稍偏之时，措辞过峻，不无令人难堪之处。而思力精专，识量闳远，于军事实属确有心得"。[①] 故左宗棠在曾国藩死后痛心写出挽联："知人之明，谋国之忠，自愧不如元辅；同心若金，攻错若石，相期无负平生。"实际上，左宗棠承认了曾国藩秉公持论、"公心胜私欲"的为官精神。蔡锷曾感叹曾国藩"公心胜私欲"的为官精神。他说："昔贤人于用人一端，内举不避亲，外举不避仇。其宅心之正大，足以矜式百世。曾公之荐左宗棠，而劾李次青，不以恩仇而废举劾。名臣胸襟，自足千古。"[②]

曾国藩继承了儒家"以身作则"的为官原则。道光二十五年五月二十九日，曾国藩在给父母亲的信中称，自家既为乡绅，万不可到地方衙门说公事，致为官长所鄙薄，即使自家有事，情愿吃亏，也万不可与人构讼，令官长疑为倚势凌人。[③] 道光二十九年四月十六日，曾国藩在给诸弟的信中称，天下官宦之家，大多是一代享用便尽，其子孙始而骄佚，继而流荡，终而沟壑，很少有能延续一二代的官宦之家，商贾之家，勤俭者能延续三四代，耕读之家，简朴者能延续五六代，孝友之家，则可以绵延八代、十代。曾国藩称，自身赖祖宗积德，少年早达，深恐其以一身享用殆尽，故教诸弟及儿辈，但愿其为耕读、孝友之家，不愿其为仕宦之家。他说："诸弟读书不可不多，用功不可不勤，切不可时时为科第仕宦起见。若不能看透此层道理，则属巍科显宦，终算不得祖父之贤肖，我家之功臣。若能看透此道理，则我钦佩之至。澄弟每以我升官得差，便谓我是肖子贤孙，殊不知此非贤肖也。如以此为贤肖，则李林甫、卢怀慎辈，何尝不位极人臣。"[④]

曾国藩倡导"为政爱民"的"为官"思想。从某种程度上来说，曾国藩具有一定的"民为邦本"意识。咸丰元年四月二十六日，曾国藩上奏《敬呈圣德三端预防流弊疏》称："在皇上之意，以为中无纤毫之私，

---

① 《曾国藩全集·奏稿》（二），岳麓书社 1987 年版，第 1181 页。

② 蔡锷：《曾胡治兵语录》，中国民族摄影艺术出版社 2002 年版，第 17 页。

③ 《曾国藩全集·家书》（一），岳麓书社 1985 年版，第 114 页。

④ 同上书，第 187 页。

则一章一服，皆若奉天以命德，初非自执己见，岂容臣下更参末议，而不知天视自民视，天听自民听，国家设立科道，正民视民听之所寄也。皇上偶举一人，军机大臣以为当，左右皆曰贤，未可也；臣等九卿以为当，诸大夫皆曰贤，未可也；必科道百僚以为当，然后为国人皆曰贤。黜陟者，天子一人持之；是非者，天子与普天下人共之。宸衷无纤毫之私，可以谓之公，未可谓之明也。必国人皆曰贤，乃合天下之明以为明矣。"①

曾国藩从"仁"的哲学上论证了其"民为邦本"思想。同治九年十一月二日，曾国藩在给曾纪泽、曾纪鸿的信中称，凡人之生皆得天地之理以成性，得天地之气以成形，我与世间万物其大本乃同出一源。他说："若但知私己，而不知仁民爱物，是于大本一源之道已悖而失之矣。至于尊官厚禄，高居人上，则有拯民溺救民饥之责。读书学古，粗知大义，即有觉后知觉后觉之责。若但知自了，而不知教养庶汇，是于天之所以厚我者辜负甚大矣。"②

曾国藩深切体会中国旧式农夫的痛苦。他在《劝诫州县四条》一文中指出："惟农夫则无一人不苦，无一处不苦。农夫受苦太久，则必荒田不耕；军无粮，则必扰民；民无粮，则必从贼；贼无粮，则必变流寇，而大乱无了日矣！"③ 曾国藩把为官与爱民统一起来，必须将爱民看成为官者的根本之事。同治六年十二月二十四日，曾国藩在《复高梯》的信中称，天之立君、国之设官，都是以"民"为出发点。他说："吾辈居官者，与百姓交涉，只有词讼与钱粮两端。钱粮不能无浮收，但不可过于浮勒；词讼不能必听断之公允、曲直之悉当，但不可过于拖累，便算是极好之官。仆尝谓统兵而不知爱民，即百战百胜，也是罪孽；居官而不知爱民，即有位有名，也是罪孽。"④

曾国藩立志为官要以爱民为主，以爱民为第一要义，心中总不要忘爱民两个字，要常存诚恳爱民之意。咸丰三年，曾国藩在《批保靖县禀发团练告示信函现在遵照办理由》中称："区区文告，何敢遽冀洽民之心？惟期贤有司进百姓而亲训迪之，真实恻怛之意达于面貌，则感悦畏服之忱动于肺腑矣。讼事完毕之后，当堂告诫，此时最足感人。今日之民，官可

① 《曾国藩全集·奏稿》（一），岳麓书社1987年版，第26—27页。

② 《曾国藩全集·家书》（二），岳麓书社1985年版，第1394页。

③ 《曾国藩全集·诗文》，岳麓书社1986年版，第437页。

④ 《曾国藩全集·书信》（九），岳麓书社1994年版，第6514—6515页。

使之立见信从者，惟勤于听讼，伸理冤抑，则见效甚速。”[①] 同治二年五月二日，曾国藩在《批芜湖县曾化南禀到任察看地方一切情形由》中指出，为官首在爱民，安抚灾黎尤须心诚求之。他说：“该令慈祥有余，尚宜从明字上加功。积诚可以生明，积勤可以生明。虽不能遽挽时艰，亦可徐培元气也。”[②] 同治二年七月十三日，曾国藩在《批泾县饶令家琦禀送发给赈米印领并禾苗被旱情形由》中指出，生灵荼毒不能不归之劫运，而补救之方法在人，若地方官能够真正地勤政爱民，时时存恐惧、修省之心，足以召祥和而消灾沴。[③]

曾国藩认为，“行军以不扰民为本”[④]，军队不得扰乱老百姓的生活。咸丰九年十一月，曾国藩在《批朱副将品隆禀请专委曾观察统领自愿帮同办理等情》中，教导朱品隆，不仅要成一显宦，更要做一个好人。他说：“行己以勤字为本，治军以爱民为本。自日日长进而不自觉也。”[⑤] 同治二年正月十六日，曾国藩在《批总统江南水师吴镇全美禀裁船节饷并布置江防各情》中称：“希即实力整顿，毋更沾染旧习。用兵之道，总以不扰民为第一义。本部堂频年教人，首重‘爱民’二字。贵镇初膺重任，务须与麾下将弁约束，禁止扰民，苦心告诫，苦口丁宁。申说一次，有一次之益；惩办一案，造一方之福，本部堂与贵镇等交相劝勉可也。”[⑥] 同治二年五月十日，曾国藩在《复李榕》的信中称：“每谓骚扰为人鬼关，贪财为生死关，盖言爱民则人，扰民则鬼，力战遗财则生，贪财忘战则死也。”[⑦]

湖广总督李瀚章在《湖广总督请建祠疏》中高度评价曾国藩“公心胜私欲”的为官思想，认为在国运艰难之际，曾国藩毅然以天下为己任，忘身忘家，将生死祸福置之度外，力挽狂澜。李元度在《上曾爵相书》中称，曾国藩“急公家之难”“在军不避艰险，不规小利，不惑游谈，不以一字遗朝贵，坚忍肫挚，一意以爱民戢士为本，遂能得人死力，士虽饥

① 《曾国藩全集·批牍》，岳麓书社 1994 年版，第 7 页。
② 同上书，第 276 页。
③ 同上书，第 283 页。
④ 《曾国藩全集·日记》（一），岳麓书社 1987 年版，第 485 页。
⑤ 《曾国藩全集·批牍》，岳麓书社 1994 年版，第 155 页。
⑥ 同上书，第 254—255 页。
⑦ 《曾国藩全集·书信》（五），岳麓书社 1992 年版，第 3779 页。

罢不忍背”。[①]

当然，曾国藩的“为政爱民”的“为官”思想并不具有现代民主主义意识，它在相当程度上是一种驭民之术，其目的是更好地维护传统社会的统治秩序，显然存在着历史与阶级的局限性。咸丰三年二月，曾国藩在《与魁联》中称：“世风既薄，人人各挟不靖之志，平居造作谣言，幸四方有事而欲为乱，稍待之以宽仁，愈嚣然自肆，白昼劫掠都市，视官长蔑如也。不治以严刑峻法，则鼠子纷起，将来无复措手之处。是以壹意残忍，冀回颓风于万一。”[②] 咸丰八年四月九日，曾国藩在《致沅弟》中说：“治军之道，总以能战为第一义。倘围攻半岁，一旦被贼冲突，不克抵御，或致小挫，则令望隳于一朝。故探骊之法，以善战为得珠，能爱民为第二义，能和协上下官绅为第三义。”[③] 咸丰十一年六月十二日，曾国藩对曾国荃称，既已带兵，自以杀贼为志，何必以多杀人为悔。他说：“此贼之多掳多杀，流毒南纪；天父天兄之教，天燕天豫之官，虽使周孔生今，断无不力谋诛灭之理。既谋诛灭，断无以多杀为悔之理。幅巾归农，弟果能遂此志，兄亦颇以为慰。”[④]

二　曾国藩“任人唯才”的管理思想

曾国藩在长期的执政过程中，积累了大量的管理经验，主要表现在其“任人唯才”的管理机制、“实干高效”的管理原则和“灵活多变”的管理艺术等方面的思想。

曾国藩倡导建立“任人唯才”的管理机制。曾国藩在“治世”之中把人才的培养、选拔和使用放在首位。他认为，导致社会危机的根源是官僚的腐败，而腐败的主要原因是缺乏优秀人才。因此，他提出了“为政之道，得人、治事二者并重”的管理机制。

曾国藩认为，社会腐败的根本原因是人才的缺乏。咸丰三年十二月二十六日，曾国藩在《复龙启瑞》中称：“二三十年来，士大夫习于优容苟安，榆修袂而养婀步，昌为一种不白不黑、不痛不痒之风。见有慷慨感激以鸣不平者，则相与议其后，以为是不更事，轻浅而好自见。国藩昔厕六

---

① 李元度：《天岳山馆文钞·诗存》（二），岳麓书社 2009 年版，第 746 页。

② 《曾国藩全集·书信》（一），岳麓书社 1990 年版，第 129 页。

③ 《曾国藩全集·家书》（一），岳麓书社 1985 年版，第 382 页。

④ 同上书，第 737 页。

曹，目击此等风味，盖已痛恨次（刺）骨。今年承乏团务，见一二当轴者，自藩弥善，深闭固拒，若惟恐人之攘臂而与其间也者。欲固执谦德，则于事无济，而于心亦多不可耐，于是攘臂越俎，诛斩匪徒，处分重案，不复以相关白。”① 曾国藩认为，人才是转移社会风气之本。咸丰十一年十一月六日，曾国藩在日记中称，治世之道，专以致贤、养民为本，社会风气之正与否，“则丝毫皆推本于一己之身与心，一举一动，一语一默，人皆化之，以成风气。故为人上者，专重修身，以下之效之者速而且广也”。②

曾国藩主张建立“不拘一格”的用人机制。曾国藩认为，治国之难就在于“知贤”，而不在于“自贤”，一个统治者仅自己贤能，尚不足以将国家治理好，还需要有一大批贤人。贤人俊才乃国家栋梁，如果没有贤人相助，国君将一事无成。曾国藩平时十分注重对官员进行各方面的考察，从中发现人才。他认为，主政者感叹人才缺乏的主要原因是对人才过于求全责备。因此，为了增加对人才的吸引力，不使自己因言行处事不慎而失去有用人才，他强烈反对用人唯亲的选才机制。

曾国藩主张建立“知人善任”的选才机制。曾国藩在事业上，最受人赞许的本领，就是“知人善任”。曾国藩对于人才来源有着独到的见解，认为陶铸人才是“知人善任”之大本，主张加强对人才的引导。他在《原才》上说：“风俗之厚薄奚自乎？自乎一二人之心之所向而已。……此一二人者之心向义，则众人与之赴义；一二人者之心向利，则众人与之赴利。众人所赴，势之所归，虽有大力，莫之敢逆。……今之君子之在势者，辄曰：‘天下无才’。彼自尸于高明之地，不克以己之所向，转移习俗，而陶铸一世之人。而翻谢曰：‘无才’，谓之不诬可乎？否也。”③ 曾国藩在《箴言书院记》中称，天下万民，上智者不常有，下愚者也不常有，绝大多数都是中材，中材者导之东而东、导之西而西，习于善而善、习于恶而恶。他说：“由一二人以达于通都，渐流渐广，而成风俗。风之为物，控之若无有，……及其既成，发大木，拔大屋，一动而万里应，穷天人之力，而莫之能御。”④ 李鸿章称曾国藩“尤以知人名天

---

① 《曾国藩全集·书信》（一），岳麓书社 1990 年版，第 414—415 页。

② 《曾国藩全集·日记》（一），岳麓书社 1987 年版，第 681 页。

③ 《曾国藩全集·诗文》，岳麓书社 1986 年版，第 181—182 页。

④ 同上书，第 268 页。

下”。左宗棠本来对曾国藩很不满，但终究觉得知人之明，自愧不如曾国藩。

曾国藩认为，凡有一技之长者都不可轻视，作为领导者必须“知人”，只有“知人”，才能“量才录用”，才能有利于发挥人才的特长，增强行政官员的办事能力。同时，曾国藩认为，领导者不但要用好人才，更要注重培养人才，要把培养和选拔人才作为一项根本任务来抓。曾国藩强调领导者要注重培养和选拔人才的思想，对于当今我国政治体制的改革具有一定的借鉴意义。

曾国藩认为，“德信”是选拔人才的重要条件。曾国藩最为看重为官的品德。曾国藩非常赏识江忠源，认为其很有德性、义气。曾国藩曾对郭嵩焘说，“此人必立功名天下，然当以节烈死”，后来江忠源战功显赫，并于1853年与太平军激战兵败后投水自尽。罗泽南少年时期抑塞、潦倒，曾国藩十分器重罗泽南的坚毅顽强，以天下大事为己任，认为其“益自刻厉，不忧门庭多故，而忧所学不能拔俗而入圣；不耻生事之艰，而耻无术以济天下”。[①] 后来，罗泽南治军严谨，罗泽南以及他的学生王鑫、李续宾、李续宜都建立了战功。

曾国藩赏识彭玉麟的正直、好义廉明。同治六年正月，他在《彭玉麟恳辞奖叙片》中，赞扬其“淡于荣利，退让为怀，自带水师以来，身居小舟，十有五年，从未谋及家室。此次捐助养廉，力辞奖叙，出于至诚！应恳天恩俯如所请，毋庸再给议叙，以遂其报效之诚”。[②] 他在《衡阳彭氏谱序》中称，彭玉麟“君子慎度身世，信诸心则蒙大难，决大计而不惧；未信诸心，则虽坦途而不肯轻试。其于临文，亦若是焉可耳”。[③]

曾国藩认为，“才识”是选拔人才的又一重要条件。据容闳统计，先后聚集曾国藩军营者不下200人，曾国藩的总督府中也有100人左右，幕府外更有候补之官员、怀才之士子，凡法律、算学、天文、机器等专业人才，无不毕集，几于全国人才之精华都会集于此。[④]

曾国藩认为，必须“慎用人才”，关键是要进行考核、监督。曾国藩认为，用人不外乎从四个方面入手，即广收、慎用、勤教、严绳。说到慎

① 《曾国藩全集·诗文》，岳麓书社1986年版，第305页。

② 《曾国藩全集·奏稿》（九），岳麓书社1994年版，第5542页。

③ 《曾国藩全集·诗文》，岳麓书社1986年版，第289页。

④ 容闳：《西学东渐记》，湖南人民出版社1981年版，第74页。

用，曾国藩真是人才本位，族亲也不肯敷衍的。咸丰八年三月三十日，曾国藩在给曾国荃的信中称，亲族中来曾国荃军营者人数不少，凡是有贤德、有才能之人，可以重用，对于那些没有才能之人，可以给一定的路费遣送回家，或租民房令其住在军营之外，不得因为有亲戚关系而把他们留在军营之中，养成一种散漫之气。

曾国藩谨慎用人，主张重用那些忠实于国家社稷，对国家有高度政治责任感之人，不能滥用人才。他认为，国家将用人之权授予督抚、将帅，就好比东家以银钱、货财授予店中众伙，若保举太滥，视大君之名器不甚爱惜，犹之贱售浪费，视东家之财货不甚爱惜。他说："介子推曰：窃人之财，犹谓之盗，况贪天之功以为己力乎！余略改之曰：窃人之财，犹谓之盗，况大君之名器以市一己之私恩乎！"①

曾国藩"任人为才"的管理思想，使中央主管军事、税收、人事的格局被打破，在一定程度上改变了清朝统治集团的结构，削弱了中国传统社会中央集权的绝对权威，动摇了中央集权政治体制的根基。曾国藩重视新式人才，推动了中国近代化的发展。在学习西方近代文化的过程中，注重培养科技人才，幕府内有一大批新式人才如容闳、李善兰、徐寿、华蘅芳、徐建寅等。

在长期的行政管理过程中，曾国藩积累了大量的实干、高效的管理原则。

曾国藩对官场上的烦琐礼节十分不满，认为官僚机构办事都有畏缩和烦琐的通病，缺乏实干精神。为了改变这种风气，他多次劝诫官员，不说大话，不骛虚名，不行驾空之事，不谈过高之理，以便较少浮夸风气。曾国藩在《劝诫绅士四条》中称，其中一条就是禁大言以务实，而要讲求实干的精神，不轻易谈论兵事，不在人背后说三道四。曾国藩的实干精神，做事切实际，不做则已，做必有成；不避艰难险阻，百折不挠。从曾国藩兴办团练、创立水师、办捐、济饷、充实军械等方面，都可以看出曾国藩的实干精神。民国学者秦骊指出，曾国藩人生哲学与事业都始终贯穿着实干精神。②

曾国藩鼓励部下应大胆地去办事情。他认为，只有充分调动部属的积

---

① 《曾国藩全集·日记》（二），岳麓书社 1988 年版，第 881 页。

② 秦骊：《曾国藩之实干精神及其事业》，《汗血月刊》1934 年第 2 卷第 6 期。

极性、主动性和创造性，才能大大提高行政办事的效率。曾国藩对办事拖延推诿，不讲实效、不问实际的官僚作风十分反感。他上任直隶总督时，公牍、讼案积压数以万计，有延搁两三年甚至八九年者。为了改变这种积习，改革吏治，他特令张树声制定限期整改章程，使多年滞留的案件得以澄清。为了除掉衙门的官僚习气，曾国藩还制定条令，敦促司、道、州、县必须日日亲临衙门，躬亲公事，互相砥砺，对那些好讲资格、玩忽职守者一律给予严厉惩处。曾国藩在《直隶清讼事宜十条》中，主张大小衙门公文宜速。他称："凡公事迟延，通弊有二：曰支，曰展。支者，推诿他人，如院仰司，司仰院，府仰县之类。一经转行，即算办毕。但求出门，不求了事是也。展者，迟延时日，如上月展至下月，春季展至夏季，愈宕则愈松，担迟不担错者是也。"① 曾国藩告诫直隶官吏，必须力挽积习，舍旧图新，以办公事之勤惰为考核官员贤否的重要标准。

为了提高行政办事的效率，曾国藩主张精简机构，减少行政人员。同治四年三月十六日，曾国藩在《批江宁万藩司启琛等禀缕陈善后局前后报销由》中称："嗣后按月造报，则眉目易清，应省之外，亦可随时裁减。凡治大事，以员少为妙。少则薪资较省，有专责而无推诿；少则必择才足了事者，而劣员不得滥于其间；少则各项头绪悉在二三人心中手中，不至丛杂遗忘。多则反是。"② 曾国藩认为，机构臃肿，人浮于事，是办事效率低下的主要原因。因此，他主张裁减机构，使官吏各有专责，各司其职。

曾国藩要求为官者要有宏观思维，不能眉毛胡子一把抓。咸丰十一年五月十三日，曾国藩在《致沅弟》的信中告诫曾国荃，治军宜从大处分清界限，不应从小处剖析微茫。他说："如鲍军打南岸，或留北岸，此大处也，往返动须两月，调度不可错误。北岸或扎集关，或攻宿松，南岸或援江之瑞、义，或援鄂之兴、治，此小处也，往返不过十日，临时尚可更改。"③

曾国藩"讲求实效"的为官思想，对于改变中国传统衙门的官僚作风，具有积极的作用。

---

① 《曾国藩全集·诗文》，岳麓书社 1986 年版，第 444 页。

② 《曾国藩全集·批牍》，岳麓书社 1994 年版，第 341 页。

③ 《曾国藩全集·家书》（一），岳麓书社 1985 年版，第 723—724 页。

曾国藩在管理上主张“灵活多变”，主要体现在正确处理中央与地方的关系问题上。在中国几千年封建社会的高度中央集权的管理体制中，中央与地方关系往往表现为地方对中央的唯命是从，因此，地方的积极性得不到充分的发挥。曾国藩执掌地方政权之后，十分重视处理中央和地方的关系。

曾国藩强调，地方与清王朝始终保持高度的一致性，维护中央权威，尽量减少与中央政府的摩擦，从而赢得了中央的信任。在咸丰十一年慈禧太后发动政变后，中央命令曾国藩以两江总督身份统辖江苏、安徽、江西三省，并掌管浙江全省军务，这一放权力度之大，创下了清王朝历史上的纪录。同年十一月二十四日，曾国藩在给弟弟的信中称：“京师十月以来，新政大有更张。皇太后垂帘听政，……中外悚肃。余自十五至二十二日连接廷寄谕旨十四件，倚畀太重，权位太尊，虚望太隆，可悚可畏。”①

面对这种局面，曾国藩多次奏请中央派人到前线监军，甚至主动表示，组织人事任免权应归中央，地方不能越位。在平定太平天国的过程中，湘军成了全国最大的一个派系，曾国藩感到极不利于中央与地方关系的处理，也危及自身的政治前途。同治元年七月二十八日，曾国藩在给弟弟的信中说：“古来成大功大名者，除千载一郭汾阳外，恒有多少风波，多少灾难，谈何容易！愿与吾弟兢兢业业，各怀临深履薄之惧，以冀免于大戾。”② 在平定太平天国之后，曾国藩主动奏请中央，裁撤湘军，并且要求停止江西、广东厘金，自觉交出兵权与财权。

曾国藩强调，要最大限度地发挥地方政权的作用。督抚事权与军权的分离，是清王朝为了防止督抚或将帅专权而采取的制度，但事权不一，严重影响到湘军战斗力的发挥。咸丰七年六月，曾国藩在《沥陈办事艰难仍吁恳在籍守制折》中称：“以臣细察今日局势，非位任巡抚，有察吏之权者，决不能以治军。纵能治军，决不能兼及筹饷。臣处客寄虚悬之位，又无圆通济变之才，恐终不免于贻误大局。……所有沥陈办事艰难，仍吁恳终制缘由，恭折驰奏。”③

清廷迟迟没有给曾国藩以地方事权，但江南大营的打破，不得不依赖

① 《曾国藩全集·家书》（一），岳麓书社 1985 年版，第 800 页。

② 《曾国藩全集·家书》（二），岳麓书社 1985 年版，第 852 页。

③ 《曾国藩全集·奏稿》（二），岳麓书社 1987 年版，第 866 页。

曾国藩，才将地方事权交给他。咸丰十一年十二月十八日，曾国藩在《复奏裁撤江南团练大臣片》中主张裁撤江南、江北等团练大臣，加强督抚权力。曾国藩指出，地方团练只能防御小支千余之游匪，不能剿灭大股数万之悍贼，且举办地方团练的经费，若取之于丁、漕、厘、捐四者之中，则有碍地方督抚的财政来源，若设法于丁、漕、厘、捐四者之外，则更无丝毫下手之处，事权既无专属，办事效率极为低下。曾国藩建议，所有江南、江北应行团练之处，责成地方督抚，统率官绅妥为办理，确保地方督抚的治理权。① 咸丰十年五月三日，曾国藩在《拟设江西总办粮台及牙厘总局片》中，奏设江西粮台，由藩司总办。他要求仿照湖南章程，督抚、抚臣分办厘金与钱粮，将江西厘金与钱粮分开，全省钱粮由江西巡抚经手，以供本省绿营、兵勇之用，全省厘金归督抚经手，以供湘军之用。② 这就在一定程度上避免了中央集权的独断专行，从而推进了中国政治近代化的进程。

三 曾国藩“重典救时”的“法治”思想

曾国藩不但崇尚“礼治”，而且提倡“法治”。其“法治”思想具体表现在执法、财政经济等方面。

曾国藩主张“重典救时”，并从历史上寻找严刑治国的理论依据。曾国藩在《劝诫浅语十六条》中称，“管子、荀子、文中子之书，皆以严刑为是，以赦宥为非。子产治郑，诸葛治蜀，王猛治秦，皆用严刑，以致乂安”，“不用刑法，名为宽和，实糊涂耳，懒惰耳，纵奸恶以害善良耳”。③ 咸丰三年二月十二日，曾国藩在《严办土匪以靖地方折》中道，积数十年应办之案不办，而任其延宕，积数年应杀之人不杀，而任其横行，遂以酿成巨大匪灾，若不实行严刑峻法，痛加诛戮，必无以折其不逞之志，而消除其逆乱之萌。曾国藩在长沙设立“审案局”，专门对付“不法分子”。他说：“拿获匪徒，立予严讯。即寻常痞匪，如奸胥、蠹役、讼师、光棍之类，亦倍加严惩，不复拘泥成例，概以宽厚为心。”④

曾国藩提出了“重视法制、严格执法”的法制思想，其对执法的要

---

① 《曾国藩全集·奏稿》（三），岳麓书社 1987 年版，第 1840—1841 页。

② 《曾国藩全集·奏稿》（二），岳麓书社 1987 年版，第 1152 页。

③ 《曾国藩全集·诗文》，岳麓书社 1986 年版，第 436 页。

④ 《曾国藩全集·奏稿》（一），岳麓书社 1987 年版，第 45 页。

求是相当严格的。曾国藩认为，治国不能多赦，否则会误国；治家不能溺爱，否则会败家；治军不能宽纵，否则会乱军。要真正治理好一个国家，就得依靠法制，有法必行，不能任意赦免。

曾国藩认为，要严格执行，应以整饬吏治为先。曾国藩的有关“选吏”“察吏”“训吏”的思想，是其法制思想的组成部分。

曾国藩认为，太平天国爆发的一个重要原因是官吏苛刻人民。咸丰元年，曾国藩在《复胡大任》的信中称：“今春以来，粤盗益复猖獗，西尽泗镇，东极平梧，二千里中，几无一尺净土。推寻本原，何尝不以有司虐用其民，鱼肉日久，激而不复反顾。盖大吏之泄泄于上，而一切废置不问者，非一朝夕之故矣。国藩尝私虑，以为天下有三大患：一曰人才，二曰财用，三曰兵力。人才之不振，曾于去岁具疏略陈大指；财用、兵力二者，昨又具疏言之。”① 这里的人才，是指吏治。

当时的吏治情况，曾国藩常在奏疏中痛切言之。道光三十年三月二日，曾国藩在《应诏陈言疏》中指出，清朝历代先帝为政，基本上因时俗之过而矫之，顺治之时，国家刚刚稳定，民志未定，故继之以宽，康熙晚年，久安而吏弛，刑措而民偷，故救之以严，乾隆、嘉庆之际，人尚才华，读书人好高骛远，故敛之以镇静，以变其浮夸之习，一时人才循规蹈矩，无人敢以才智自雄、锋芒自逞，然而最终造成守成者多，而有为者渐觉其少，大率以畏缩为慎，以柔靡为恭。②

曾国藩认为，国家丧乱大都由于吏治颓败，整饬吏治有利于挽救颓败之风，上级行政长官若能自己时常警惕，下级属僚崇仰楷模，同心协力，收效更大。曾国藩力图在此方面发挥表率作用，以便振兴社会风气。咸丰十年八月十九日，曾国藩在《复陈士杰》中称：“惟天下滔滔，祸乱未已；吏治人心，毫无更改；军政战事，日崇虚伪；非得二三君子，倡之以朴诚，导之以廉耻，则江河日下，不知所届。默察天意人事，大局殆无挽回之理。鄙人近岁在军，不问战事之利钝，但课一己之勤惰。盖战虽数次得利、数十次得利，曾无小补，不若自习勤劳，犹可稍求一心之安。”③

为了改变官吏办事拖沓的通病，曾国藩重视人才的选拔和任用，主张

① 《曾国藩全集·书信》（一），岳麓书社1990年版，第77页。

② 《曾国藩全集·奏稿》（一），岳麓书社1987年版，第6—7页。

③ 《曾国藩全集·书信》（二），岳麓书社1991年版，第1567页。

以“得人为强”。曾国藩在选人、用人方面“以识为主、以才为辅”，形成了一个大人才群体。薛福成在《代李伯相拟陈督忠勋事迹疏》中称，自从在湖南办团练开始，曾国藩选用的罗泽南、李续宾、王鑫、杨岳斌、彭玉麟等人，或出自读书人，或出自农民，或招自营伍，均以“至诚”相与。

曾国藩善于观察官吏，注重培养那些“除官气、裁浮费”之人。咸丰十年正月十七日，曾国藩在《批管带护军喻参将吉三禀奉委照料太湖各营帮同办理营务请示遵行由》中称，勤以治事，恕以待人，廉以服众，明以应务，此四者兼全，则可为名将、可为好官，不论大小文武，到处都行得通。[①] 咸丰十年七月一日，曾国藩在《致李桓李瀚章》的信中称：“收之欲其广，用之欲其慎。大约有操守而无官气，多条理而少大言，本此四者以衡人，则于抽厘之道，思过半矣。务求及时罗致。”[②]

曾国藩主张严惩贪官污吏。同治八年，曾国藩在《批饬密查厅汛员弁办工情形》指出：“照得永定河厅汛各员本有廉俸银两，本年试改章程，又各增给津贴银两，所得较优，自应洁己奉公，认真修理工段。惟查河员积习，领款一到，先肥私囊，于购料修工不过奉行故事，漠不关心。……其业经派工之厅汛员弁，如有不认真经理，习常蹈故、草减偷安者，该道等亦即据实密禀揭参，本阁部堂立为专折参奏，不准留任留工。”[③] 同治八年，曾国藩在《批永定河徐道禀漫口不克抢堵》中指出，“近年来本河叠次漫溢，官无真罢斥者，款无真赔垫者，反又添拨帑银巨款，文武兵夫均沾津润，千把弁目获利尤多，皆以另案为奇货可居，孰肯以抢办而遽了乎？……本部堂思革积习，必当痛切惩创一番，勿谓言之不豫也。”[④]

在任两江总督期间，亲自批示扬州府官吏勒索案。曾国藩在《批扬州府详泰州曹毓芝因差役匡洪延不提人愁忿自刎身一案讯拟由》中指出：“该府于此等要案并不悉心推求，秉公办理，悬宕年余，专以开脱差吏为事，其平日于饬查之案，无非迟延颟顸，始终无一有着之语。仰江宁布政司会同苏署臬司即将扬州府摘去顶戴，勒令速提差役匡洪等，确究实在情

---

① 《曾国藩全集·批牍》，岳麓书社1994年版，第151—152页。

② 《曾国藩全集·书信》（二），岳麓书社1991年版，第1471页。

③ 《曾国藩全集·批牍》，岳麓书社1994年版，第480—481页。

④ 同上书，第505页。

形，限于一月内秉公按拟，详候察办，不准稍有开脱。”①

曾国藩严禁官吏挪用公款。曾国藩在《批江西抚建牙厘局杨令照藜禀行户无贴私充经书弊混请提省审办由》中指出：“牙贴向为州县分肥之端，书差渔利之薮。本部堂叠次批饬，不准州县干预，乃江西牙厘总局不能认真整顿，以致办理三年，毫无起色。……抚、建厘务疲乏已极，务须实力整顿，以期有益于饷，无害于民，是为至要。”②

曾国藩提出了“执法宜慎”的法治思想。曾国藩认为，要做到法律的严肃性、公正性和公平性，在执法过程中就要做到“死者无怨、生者知警”。曾国藩提出了“执法宜慎，执法严而适当，不能过分和冤滥失实”的法治思想，主张用法必须从严，同时也要做到严而适当，恰到好处。

咸丰三年三月八日，曾国藩在《复李瀚章》的信中称：“生用法从严，非漫无条律，一师屠伯之为，要以精微之意，行吾威厉之事，期于死者无怨，生者知警，而后寸心乃安。”③ 曾国藩在《英雄诫子弟》中称，从政者当审慎赏罚，勿任个人爱憎，要接近忠正之人、远离佞谀之人，勿使左右窃弄威福，听讼必和颜任理，慎勿逆诈意，必轻加声色，务广咨询，勿自专用。

曾国藩认为，法制要讲求法度，有法可依、有法必依。曾国藩在《批准运司详复筹议轮船拖带章程由》指出，认为立法是必要的，立法之后一定要认真执行，凡立一法、出一令，期在必行，若待不行，而后更改，不是好的办法。曾国藩反对任意赦罪、赎罪，强调执法要审慎。

曾国藩提出了“任法不如任人”的法治思想，特别重视执法人员的执法水平。他强调执法者的“公明”与“便民”是十分重要的，否则将会导致是非不分、黑白不明的恶果。曾国藩在《临淮营务处张编修锡嵘呈酌定军船条规缘由》中称，六部之法可谓很多了，然而大小官吏之弊更多，因此任法不如任人，若心不公明，则虽有良法百条，行之全失其本意，心诚公明，则法所未备者，临时可增新法，以便更好地方便普通百姓。曾国藩在《批候补知县胡承颐禀陈管见二条》中指出：“保甲之法最

① 《曾国藩全集·批牍》，岳麓书社 1994 年版，第 572—573 页。

② 同上书，第 599 页。

③ 《曾国藩全集·书信》（一），岳麓书社 1990 年版，第 138 页。

古，前人行之，亦属有效。然古云有治人，无治法，此亦一端也。如得其人，诚如禀内所谓一邑之内，人之善恶，户之大小，历历在目，断词讼，诘盗贼，日可见功。否则接奉檄饬，徒以一卷文册，虚名故事，甚且假手胥吏劣绅，设局敛钱，转滋纷扰，非为无益而已。”①

曾国藩认为，政治最重要的在于选用贤良，取得人心。他认为，官吏若贤良，在消极方面固然不至于压迫人民，在积极方面尤其能够努力建设，凡官吏不压迫人民，且能为人民谋幸福，自得人民的欢心，故有吏治，然后有民心，吏治为国家危难时所不可忽视的重要事情。

曾国藩主张以用贤良之人来挽回社会风气。咸丰三年六月二十五日，曾国藩在给张亮基的信中称，社会风气败坏至此，为臣子者应当物色一两个忠勇之人来挽救时局，不能清浊混淆、是非颠倒。② 曾国藩经常鼓励胡林翼整饬吏治，其用意就在于此。咸丰十年七月二十二日，曾国藩在《复胡林翼》的信中称：“杜润生实不胜民社，已用公牍咨复，请公另委派贤良，不必顾忌许多。州县略好一分，百姓略好一分，即吾辈清夜自思，可自慰一分。公之功在天下，以吏治大改面目，并变风气为第一，荡平疆土二千里，尤为次著（着）。侍之揣摩近三科名墨，亦当以吏治人心为第一义。……翁公虽胶固于成例，束缚于属吏，然畏公而有所不敢发，亦德公而有所不忍负。公以王者之心，行伯者之政，不久必为世所共亮。”③

曾国藩在执法方面提出了许多重要的法制思想，至今仍具有一定的借鉴作用。

曾国藩对国家的财政经济十分重视，并提出了许多有关财政经济方面的法治思想。

曾国藩提出了“用法保障国家财政收入，维护所有者权益”的法治思想。曾国藩认为，国家的征税工作必须制度化、法律化，只有做到奖罚分明，才能保证国家财政收入的顺利完成。他先后主持制定了《江北冬漕海运章程十条》《淮盐运行楚岸章程》《淮盐西岸认运章程》《金陵房产告示八条》等章程，使粮运、漕运法律化、制度化，确保国家财政收

① 《曾国藩全集·批牍》，岳麓书社1994年版，第516页。

② 《曾国藩全集·书信》（一），岳麓书社1990年版，第175页。

③ 《曾国藩全集·书信》（二），岳麓书社1991年版，第1516页。

人的稳定。曾国藩嫌秦蕙田《五礼通考》缺食货，于是辑补盐课、海运、钱法、河堤六卷。曾国藩主张以法催交钱粮。他在《催完钱粮告示》中称，贫穷而不养膳父母之人必非孝子，贫穷而欠皇家之钱漕者必非良民，本部堂以好言告诫于前，以刑法惩责于后，如有不赶紧完纳者，饬各州县三日之后严刑重责，幽之囹圄之中，治以军流之罪。他说："如有游民、痞棍倡为莠言，谓世界已乱不必完粮者，一经拿获，即行正法。非本部堂之过严也，造此言者，即从贼之乱民也。"①

曾国藩提出了"反对军队经商"的法治思想。曾国藩认为，军队不能贩卖私盐，不能滥用职权而从中渔利，否则，社会的正常秩序就无法维持。同治七年三月五日，曾国藩在《拟补长江水师各缺续陈未尽事宜折》中称，炮船为长江利器，以之巡辑私盐，固最为便利，而包庇私盐实难稽查，若不严定章程，将来弊病丛生，导致政治风气败坏，营制则因此而弛，关系实大。曾国藩主张，如有军队包庇私盐，官则参办，兵则比照寻常私枭加以治罪。曾国藩主张，所有战船一概不准干预盐务，如果弁兵包庇私盐，或失察，或知情，或受贿，应按照相关条例予以处理。

曾国藩试图用财政经济方面的法律规章制度，来防止官员滥用权力的做法，在当时来说是具有进步意义的。华友根认为，曾国藩在财政经济方面，设法保障国家的财政收入、维护财产所有者的权益，在当时是应该的，也是必要的，特别是钱粮的征收、运输，实行法制化、规范化，并有奖有惩，奖惩分明，是可行而有力的措施。②

当然，话说回来，曾国藩的法治思想没有超越传统文化的藩篱，与现代民主法治思想不可同日而语。曾国藩秉承中国传统文化中礼治的思想，以礼为基础，提出了"修身、齐家、治国、平天下，则一秉于礼"的法律思想。曾国藩在《江宁府学记》中称："先王之制礼也，人人纳于轨范之中。自其弱齿，已立制防，洒扫沃盥有常仪，……既长则教之冠礼，以责成人之道；教之昏礼，以明厚别之义；教之丧祭，以笃终而报本。"③

四　曾国藩的"制夷"与"和戎"外交思想

在鸦片战争期间，曾国藩对西方不甚了解，有着浓厚的"华夷之辨"

---

① 《曾国藩全集·诗文》，岳麓书社 1986 年版，第 476 页。

② 华友根：《曾国藩法律思想述略》，《史林》2001 年第 3 期。

③ 《曾国藩全集·诗文》，岳麓书社 1986 年版，第 337 页。

的传统观念，与传统国家将周边的少数民族视为“夷狄”一样，也视西方殖民主义者为“食毛践土，丧尽天良”“罪恶贯盈”的“夷狄”。

当时的曾国藩与一般士大夫一样，夜郎自大，对西方国家的发展情况不甚了解。道光二十年正月十日，曾国藩在日记中称，上年六月，英国突袭定海，沿海游弋，“圣恩宽大，不欲遽彰天讨。命大学士琦善往广东查办，乃逆夷性同犬羊，贪求无厌”。[①] 道光二十二年正月十八日，曾国藩在给父母的信中说，若以后英国不来我国沿海地区滋扰，或来而我师全胜，使其片帆不返，则为社稷苍生之福。[②] 对《南京条约》的签订，曾国藩称其为“抚局以定”，从此可以“安民而息兵”，幻想“夷人从此永不犯边，四海晏然安堵，则以大事小，乐天之道，孰不以为上策哉！”[③]

第二次鸦片战争后，曾国藩对西方国家的认识开始明晰，主张学习西方先进的科学技术，兴办洋务事业。曾国藩不但是一位政治家，也是一位外交家，在既要“制夷”又要“和戎”的长期外交实践中，总结出了“以诚待夷”“坚守和约”“理势并重”“以夷制夷”“为民争利”等一整套外交思想原则。

曾国藩提出了“以诚待夷”的外交思想。曾国藩当初是不愿与洋人打交道的。在《南京条约》签订后，曾国藩在给祖父母的信中称：“自英夷滋扰，已历二年，将不知兵，兵不用命，于国威不无少损。然此次议抚，实出于不得已。”[④] 可见当时他对西方国家表现出的极度反感。

然而，时代的发展迫使曾国藩不得不面对现实，与西方国家进行外交往来。曾国藩深受儒家思想影响，认为与外国打交道要以诚信相待。他认为自古以来善驾驭外国者，总不出信字。在上海，曾国藩目睹了外国人在代收海关之税，犹交还七十余万后，认为外国人也“素重仁义”，可以以诚相待。他的“驭夷”观念逐渐发生了变化，提出了“以诚相待”的外交思想。咸丰十一年四月二十日，曾国藩在给曾国荃的信中称：“夷酋日内尚未来会，若会晤时，当以人礼待之，不以鬼礼待之，能否断安庆接济，则相机再商耳。”[⑤]

---

① 《曾国藩全集·日记》（一），岳麓书社1987年版，第60页。

② 《曾国藩全集·家书》（一），岳麓书社1985年版，第21页。

③ 同上书，第33页。

④ 同上。

⑤ 同上书，第701页。

曾国藩主张与西方国家打交道应讲求诚信。同治元年三月二十四日，曾国藩在给李鸿章的信中说："夷务本难措置，然根本不外孔子忠、信、笃、敬四字。笃者，厚也。敬者，慎也。信，只不说假话耳，然却极难，吾辈当从此一字下手。今日说定之话，明日勿因小利而变。"[①] 同治元年四月二十日，曾国藩在给李鸿章的信中称，与西方国家交往，其要领有四，即忠信、笃敬、"会防不会剿"、先疏后亲。他说："忠者，无欺诈之心；信者，无欺诈之言；笃者，质厚；敬者，谦谨。此二语者，无论彼之或顺或逆，我当常常守此而勿失。"[②] 同年八月七日，曾国藩在给李鸿章的信中再次强调指出："与洋人交际，孔子忠敬以行蛮貊、勾践卑逊以骄吴人二义，均不可少。形迹总以疏淡为妙。我疏淡而足以自立，则彼必愈求亲昵。此一定之情态也。"[③]

曾国藩多次提出要用"忠、信、笃、敬"的原则来处理外交事务，主张与外国交涉要做到坦诚、谦抑和礼让。曾国藩认为，与洋人交际，贵在一个"信"字，来不得半点欺瞒，同时还要谦逊，"谦怀抑以待洋人"。在当时中国尚处于极穷极弱的情况下，曾国藩"以诚相待"的外交思想，对于改善清廷与西方各国的关系还是具有一定积极作用的。

"诚信和戎"是曾国藩信奉的外交信条。曾国藩诚信外交思想对李鸿章、郭嵩焘、薛福成、曾纪泽等人的外交思想产生了一定的影响。同治元年五月二日，李鸿章在《上曾制帅》中称："与洋人交际，以吾师'忠、信、笃、敬'四字为把握，乃洋人因其忠信，日与缠扰，时来亲近，非鸿章肯先亲之也。"[④] 李鸿章后来对吴永（曾纪泽女婿）说，其办一辈子外交，没有出现大的问题，都是得益于曾国藩的指教，其与英、俄、德、法等国家办理交涉，都捧着曾国藩给他的"诚"字锦囊，收效很大。郭嵩焘、曾纪泽、薛福成等人亦信奉"诚信""笃敬"的外交原则。

曾国藩倡导"坚守和约"的外交思想。曾国藩认为，与西方国家交往时要做到信守条约，才能处理好中外之间的关系。在他看来，坚守和约是维护国家利益的重要手段，在处理国际事务中，应该以和约为标准，和约中有规定的，应坚决按规定执行；和约中没有规定的，西方列强就不能

① 《曾国藩全集·书信》（四），岳麓书社 1992 年版，第 2648 页。
② 同上书，第 2714 页。
③ 同上书，第 2918 页。
④ 《李鸿章全集·信函》（一），安徽教育出版社 2008 年版，第 88 页。

任意侵占我国的利益。

天津教案发生之后，曾国藩在《密陈津郡教案委曲求全大概情形片》中称，天津之案事端宏大，不可能轻易消弭，以当时中国的实力，断难遽起兵端，唯有委曲求全之策。他指出，西方国家遇事专论强弱，不论是非，兵力愈多，挟制愈甚，如果中国不做任何军事准备，则其气焰将更加嚣张，议和更加无从谈起。曾国藩认为，自鸦片战争之后，与外国交涉缺乏一以贯之的政策，朝和夕战，导致外患日益加深，已经到了不可收拾的地步，在此国势极为艰难之际，中央必须谋划对外政策，坚守外交和约，避免军事冲突，乃天下生民之福。

曾国藩“坚守和约”外交思想，既有妥协的一面，又有抗争的一面。过去人们一直认为，坚守和约就是对列强既得利益的主动承认，现在看来这种观点是不全面的。实际上，它还包括另一个方面的重要内容，即坚决拒绝西方列强侵略条约中没有规定的部分，以此来保护中国的正当权益，这在当时的历史条件下应算为正义之举。

曾国藩“坚守和约”的外交思想，对郭嵩焘外交思想的形成产生了很大的影响。咸丰十一年十一月二十八日，郭嵩焘在《致毛鸿宾》中称：“和约条例，但载明正税、子税二条，税之彼，税之此，则惟中国于通商之外设关征之，洋人不代为谋也。此当由江、楚两督行之，有何条例之背与不背乎？所不背者，正税、子税以外不复再征而已。至于‘逢关纳税，遇卡抽厘’，则只可行之内地商民，施之洋人，于理不顺，于势亦不能。此惟须与洋人画分清晰，以防其包庇。……涤公于洋务素非通晓，见其两奏两咨，光明正大，情理兼到，此非别有神妙过人之识，亦明其理而已，鄙意此事终当由涤公主之。”① 光绪十年，在中法越南事起时，朝廷多数主战，郭嵩焘坚持主和，主张坚守外交和约。他在《因法事条陈时政疏》中称，西方各国，盛衰强弱或数十年百年一变，唯一主通商力久不变，其占踞的地方远至数万里，皆以通商为名，初无穷兵之心。他说：“交涉西洋通商事宜，可以理屈，万不可以力争；可以诚信相孚，万不可以虚伪相饰；……而其与中国相去数万里，用兵之费又数倍于中国，本不能轻易言战，其志又不过通商为利，非有仇憾积于其心。”②

① 《郭嵩焘全集》（十三），岳麓书社2012年版，第56—57页。

② 《郭嵩焘全集》（四），岳麓书社2012年版，第860—861页。

曾国藩倡导“理势并重”的外交思想。曾国藩在外交上主张“理势并重”“体用兼备”，“制夷”与“和戎”并存。这一外交思想既包含抵御外国侵略者以伸张“理”的一面，又包含处于贫穷落后的半殖民地半封建的中国，不得不为“势”所抑制的一面。他强调在与洋人打交道的过程中，既不能怠慢对方，也不能毫无戒备。

同治九年，曾国藩奉旨处理棘手的天津教案。当时存在“言势者”和“言理者”两种截然不同的观点。“言势者”过于强调西方的强大，主张彻底妥协，完全不顾“立国之根基、民生之疾苦”；“言理者”则主张与列强决一死战，却无真正良策，不能知己知彼、统筹全局。同治九年八月七日，曾国藩在《请以陈钦署天津府折》中称：“窃维洋务之棘手，由于人才之匮乏。人才之罕观，由于事理之不明。中外交涉以来二十余年，好言势者专以消弭为事，于立国之根基，民生之疾苦置之不问。虽不至遽形决裂，而上下偷安，久将疲苶而不可复振。好言理者持攘夷之正论，蓄雪耻之忠谋，又多未能审量彼己，统筹全局，弋一己之虚名而使国家受无穷之实累，自非理势并审、体用兼全，鲜克有济。所为盘根错节之区，尤贵有适时应变之具也。”① 曾国藩比“言势者”更深刻地盘结于中国传统，比“言理者”更多地了解西方国情，认为只有坚持“理势并重”，才能妥善地处理好中外关系。

尽管曾国藩在处理天津教案的过程中，迫于西方列强的压力，态度过于软弱，但是，在一些具体事务上，他也据理力争。同治九年七月，他在《谕纪泽》中称：“法国罗公使第二次照会，欲杀府县。余坚执不允，渠无如何。”② 事实上，当时的中国面对的不止是一个国家，而是“数十国联成一气”，因此，很难找到一种更好的良策。曾国藩认为，如果中方在这一事件上采取强硬的态度，必然会引起战争，到时将会两败俱伤，给中国人民带来更大的灾难。于是，曾国藩从整体上考虑，决定采取“两害取其轻”的外交政策。

曾国藩“理势并重”的外交思想，对于妥善处理国际上的风云变幻，化解国家之间的矛盾，防止走极端，用和平谈判的方式解决国际争端，无疑具有一定的启迪意义。

---

① 《曾国藩全集·奏稿》（十二），岳麓书社 1994 年版，第 7053 页。

② 《曾国藩全集·家书》（二），岳麓书社 1985 年版，第 1379 页。

曾国藩主张“羁縻”的外交思想。羁縻外交的说法，最早见于汉朝。《史记·司马相如传》中载：“盖闻天子之于夷狄也，其义羁縻勿绝而已。”曾国藩主张采取“羁縻”外交，即面对列强，妥为应付，保持和好关系，争取时间，以图自强。曾国藩清醒地认识到，当时的国际国内形势，即国内政治腐败，国库空虚，民不聊生，阶级矛盾日益尖锐；国外的侵略势力对清朝构成了严重威胁，且中外力量悬殊，和列强硬碰硬，进行国力和兵力上的较量，显然是不明智的。

同治元年正月二十日，曾国藩在给毛鸿宾的信中说：“方今发、捻交炽，苗祸日深，中国实自治之不暇。苟可与洋人相安无事，似不必别寻衅端。汉口纳税之说，发之于沪税未定之先则可，争之于沪议既成之后则不可。”① 同治九年十二月初二日，曾国藩在给李鸿章的信中说：“承示驭夷之法以羁縻为上，诚为至理名言。自宋以来，君子好痛诋和局而轻言战争，至今清议未改此态。有识者虽知战不可恃，然不敢壹意主和，盖恐群情懈弛，无复隐图自强之志。鄙人今岁所以大蒙讥诟而在己亦悔恨者，此也。”②

曾国藩主张的羁縻外交，并不是没有一点抗争。曾国藩的羁縻外交思想，也有抵御西方侵略的动机。同治六年十一月三日，曾国藩在《复马新贻》中称，对外交涉，关系到整个国计民生，当以全力争之。曾国藩指出，西方各国来中国广设埔头，贩运百货，依靠其朘削之谋，隘我商民之生计，而中国人民已经处于水深火热之中。曾国藩认为，若任由西方各国行盐，则断了商场贩运之生路，任由西方各国设栈，则断了店铺之生路，任由外国轮船进入内河，则断了水手、舵工之生路，任由外国创办电线、铁路，则断了旅店脚夫之生路，中国政府应保护中国人民的利益。他说：“自洋人行之，则以外夷而占夺内地商民之利，……此皆下系民命，上系国脉，所关极大。古人云：苟无民，何有国？不可不以全力争之，自当始终坚持不允。中国之大臣为中国之百姓请命，亦不患无辞置办（辩）。即使争执过甚，或致决裂，亦上可以对列圣，下可以对苍生。鄙意专就民生立论，似觉理直气壮，初非有客气参预其间也。”③

---

① 《曾国藩全集·书信》（四），岳麓书社 1992 年版，第 2522 页。
② 《曾国藩全集·书信》（十），岳麓书社 1994 年版，第 7337 页。
③ 《曾国藩全集·书信》（九），岳麓书社 1994 年版，第 6462 页。

曾国藩提出了"羁縻"外交的自强之道，对内实行一系列的改革，对外引进西方的机器设备、科学技术和文化知识。在当时特定的历史条件下，"弱国无外交"，中国要想求得生存和发展，在某些方面就不得不做出一定的妥协。所以说，曾国藩"羁縻"的外交政策，表面上看来具有软弱和妥协的一面，但其实质是一种对内改革、对外开放，以图自强的策略。同治元年五月二十八日，曾国藩在《复彭申甫》的信中称："洋人方敦和好，暂可羁縻。若思深虑远，当使我之兵力、财力均能取胜于彼，庶几可刚可柔。此时此势，实病未能。"①

曾国藩倡导"以夷制夷"的外交思想。曾国藩认为，给中国带来灾难并构成极大威胁的西方列强，并不是铁板一块，他们内部也存在利益冲突和矛盾，我国可以充分利用他们之间的矛盾与列强进行周旋，以达到力保和局、维护国家主权的目的。1870 年，曾国藩在处理天津教案时，就是采取区别对待的策略，首先妥善解决中国与俄、英、美三国的纠纷，不将其与中国和法国的矛盾相混淆，从而化解了西方列强侵略中国的联合阵营，使那些不希望法国在中国攫取更多利益的国家，从这个阵营中分化出来，对法国的侵略起到了一定制约的作用。

曾国藩"以夷制夷"的外交思想，就是利用"夷邦"之间的矛盾和冲突，来达到以毒攻毒的目的，从而使自己在国际舞台中求得生存和发展的一种外交策略。在某种程度上来说，曾国藩"以夷制夷"的外交思想，对中国的生存和发展还是十分有利的。

五　曾国藩文化思想与中国政治近代化的关系

虽然曾国藩在政治上主张以"礼教"为根本，"礼治"是其政治思想的核心内容，然而，随着西方资本主义对中国的入侵，在"不变则亡"的严重威胁下，以曾国藩为首的洋务派，在政治和外交上推行了"新政"，吸收西方近代文化，学习西方先进的科学技术，从而在一定程度上为中国政治近代化的起步创造了条件。

曾国藩等人发动的洋务运动，使新的政治力量登上历史舞台，这就为中国政治的近代化奠定了阶级基础。19 世纪六七十年代，以曾国藩为首的洋务派创办了一批近代军事工业，并允许地主、官僚和商人投资兴办近

---

① 《曾国藩全集·书信》（四），岳麓书社 1992 年版，第 2827 页。

代民用工业，因而诞生了官僚资产阶级和民族资产阶级，使中国出现了资本主义的生产方式。同时，这些企业中的雇佣工人形成了继外国在华企业中所诞生的雇佣工人之后的又一批产业大军，构成了中国早期的无产阶级。新兴的民族资产阶级和无产阶级的出现，为以后资产阶级改良派发动的戊戌维新运动和资产阶级革命派发动的资产阶级民主革命奠定了阶级基础。

曾国藩发动的洋务运动，使新的政府机构涌现，这就为中国政治的近代化提供了权力保障。随着洋务运动的深入展开，清政府根据形势发展的需要设立了“总理衙门”，这是一个独立于“六部”“九卿”“是衙门”等政府机构之外的自成体系的洋务首脑机关。此后不久，清政府又在上海和天津任命了南北洋通商事务大臣，由两江总督和直隶总督兼任，并规定两位大臣均有对外交涉权，从而形成了南北洋通商事务大臣独掌大权，总理衙门统领全局的局面。为了适应洋务运动专业化和具体化的需要，总理衙门不但办理对外交涉、通商等事务，而且各地的开厂设局、机械制造、铁路等均成为它的管理范围，这使其成为中国最早的近代国家机关。这些近代国家机关的出现，为中国政治近代化提供了权力保障。

曾国藩发动的洋务运动，促使新的外交文化观念出现，这就为中国政治的近代化提供了思想保障。曾国藩长期驻节东南，处理诸多的洋务事务，逐渐形成了一系列的外交思想，这对于推动中国政治近代化起到了一定的积极作用。主要体现在以下几个方面。

其一，“国家主权平等”外交观的形成。中国封建传统的外交观念是以“天朝上国”为中心的，主张“华夷之辨”，视邻国为“夷狄之邦”。因此，历代封建统治者都认为，中国与外国是不平等的宗藩关系，不能以国家主权平等的原则来对待。曾国藩在与洋人交往的过程中，走出了“只有朝贡、没有外交”的传统观念的樊篱。

在19世纪60年代中后期关于“觐礼”问题的大讨论中，曾国藩认为，依照中国的传统礼节与外国人打交道恐怕是行不通的，因此，他主张废除中国传统的“朝贡”制度，在外国使节觐见时，接受西方的外交礼仪形式，允许各国使节以西方礼节觐见。曾国藩这种“国家主权平等”外交观的实质，是要祛除清朝统治者的傲慢之气，把对外关系的重点集中到维护国计民生上来。

其二，“谈判解决争端”外交观的形成。曾国藩认为，在当时敌强我弱的形势下，中国不可轻易“言战”。因此，曾国藩主张通过谈判来解决国际争端问题，力保和局。当然，曾国藩“谈判解决争端”的主张并不是一味地妥协退让。如在处理天津教案的过程中，他就曾说过，如果西方列强无休止地威胁中国政府，提出无理要求，他会断然拒绝，决不再退让一步。由此可见，曾国藩的“谈判解决争端”的外交思想还是很有分寸的。

其三，“理势并审、体用兼备”外交观的形成。曾国藩处理外交事务，既不同于高谈阔论的“言理者”，又不同于碌碌无为的“言势者”。他在对外交涉的过程中，既不夜郎自大，自不量力，好战求胜；又不一味妥协退让，卑躬屈膝，而是主张“理势并审、体用兼备”。曾国藩主张在与西方各国打交道时，既要讲道理、摆事实，又要增强自身的实力；既要保持中国的根本制度不变，又要学习西方先进的文化和科学技术。

曾国藩的外交思想，虽然具有许多的弱国外交特点，然而毕竟摆脱了中国传统外交观念的束缚，开始向近代国家外交观念转变，在客观上促进了中国外交的近代化。当然，曾国藩是一个传统的士大夫，他所处的时代还沉溺于“朝贡”的天朝邦交体系的观念之中，近代外交对于清朝的官员来说，还是非常陌生的。曾国藩的外交思想也存在一些非议之处，这正是曾国藩外交思想在推进中国早期外交事业中的局限与不足。

第二节　曾国藩文化思想与中国经济近代化

曾国藩不是一个经济学家，而是一个理学家，然而在长期治政和治军的过程中，曾国藩十分重视“经济”的作用。同治三年正月七日，曾国藩在《复刘长佑》中称：“大抵军政吏治非财用充足，竟无从下手处。自王介甫以言利为正人所诟病，后之君子例避理财之名，以不言有无、不言多寡为高。实则补救艰难，断非贫穷坐困所能为力。叶水心尝谓‘仁人君子，不应置理财于不讲’，良为通论。”[①] 曾国藩的经济文化思想，对中国经济近代化的开端起到了积极的促进作用。

---

① 《曾国藩全集·书信》（六），岳麓书社 1992 年版，第 4272—4273 页。

一　曾国藩传统经济文化思想

受中国传统文化的影响，曾国藩的经济文化思想中，具有很多传统的因素。

“节俭”是曾国藩传统经济文化思想的重要内容。我国儒者大多主张节俭，以骄奢淫逸为戒，此固深得中正和平之旨。曾国藩主张节俭的传统经济文化思想，在其日记、家书中屡次论及。咸丰六年九月二十九日，曾国藩在给曾纪鸿的信中称，凡是官僚士大夫家庭，由节俭入奢靡容易，由奢靡返回节俭生活艰难，无论是身处士、农、工、商中的任何阶层，勤苦节俭者没有不兴的，骄奢倦怠者没有不败的。

曾国藩以勤俭自助助人。曾国藩书《箴言六则》赠诸弟，其中第二条是勤俭，大概意思是多欲者不能俭，好动者不能俭，癖好与好动者皆多私费，负累亲友，负累子孙，后患无穷。曾国藩认为，虽然此仅就家庭生活言，但若其人掌握国家大计，则行动为天下之表率，尤其不能不重视崇简朴，以养廉洁之风。

曾国藩主张节约公款。曾国藩著有《劝诫州县四条》及《劝诫委员四条》，对节俭方面都有述及，而在《劝诫营官四条》中，言之尤为恳切。曾国藩认为，用兵须先得军心，如果虚靡饷银，军心难免涣散，欲求廉介，必先崇俭，至于州县财政，也唯有节用之法，则薪水及公用支出，皆有着落，所谓公私两全是也。曾国藩节约公款的办法有二，一为裁汰多余人员，如此则取诸民有节制，民力始宽；二为知足，此为达到廉洁之第一步。

“重农”思想在曾国藩经济文化思想中占有十分重要的地位。曾国藩于醇厚之民风，极为重视，认为农业较诗书、礼仪更为重要，前者是后者的前提和基础。曾国藩在《世泽》中称：“稼穑之泽，惟周家开国，豳风陈业。述生理之艰难，导民风于醇厚，有味乎其言之。近世张敦复之《恒产琐言》，张杨园之《农书》，用意甚为深远。国藩窃以为稼穑之泽，视诗书、礼让之泽尤为可大、可久。吾祖光禄大夫星冈公尝有言曰：‘吾子孙虽至大官，家中不可废农圃旧业。’懿哉至训，可为万世法已。”① 曾国藩认为，非重农无以厚民生。曾国藩在《劝诫州县四条》中称，军兴

---

① 《曾国藩全集·诗文》，岳麓书社 1986 年版，第 360 页。

以来，农民无一人不苦，无一处不苦，农民受苦太久必荒田不耕，军无粮必扰民，民无粮则必从贼，贼无粮则变为流贼，而离大乱已经不远了。曾国藩劝诫各州县要以重农为第一要务，薄敛以纾其力，轻役使其安身，使农民稍有生聚之乐，不至于四处逃荒。曾国藩多次上奏朝廷，说明江苏、安徽、浙江各省所受兵祸之惨，建议豁免以往积欠钱粮。

除减轻赋税之外，曾国藩积极主张救荒。历史上，救荒的方法很多，曾国藩则学习朱子之社会法，在湖南施行。其具体操作方法是，向各富商劝募捐谷，于夏季青黄不接之际借给贫困农户，在秋收之后，以按月提取一定利息的方式一并偿还。曾国藩倡导民间自办社仓，与当时各县之所办社仓法不同，后者由官吏经办，成绩不良，而曾国藩所办社仓在当时取得了一定的效果。

曾国藩认为，薄敛与救荒都是消极方面，而非“重农”之本。曾国藩认为，“重农”的治本之道在于加强水利建设。在同治七年至八年间，曾国藩致力于此。曾国藩与李鸿章勘验运河，筹款筑坝，尤以修筑堤防工程，使下河得免受害，在一定程度上促进了农业生产的发展。至于永定河工程，尤为艰难，曾国藩勘察后，一再要求中央拨款，采用西方现代机器设备来加强工程建设。

盐政关系到国计民生，向来是中国传统社会所重视的重要经济问题。太平天国运动期间，湖北、江西军饷无着，曾国藩援引明代王守仁的办法，要求以浙江省盐政之收入补助军饷，但由于私盐充斥，得甚微薄。平定太平天国后，曾国藩的盐政思想发生了变化，以消除积弊、因势利导为主，亲自制定各项章程，如《淮盐西岸认运章程》《淮盐运行皖岸章程》《淮盐运行楚岸章程》《淮北票盐章程》等，设计极为周密，于国家收入及国民经济，双方都能兼顾。

当时盐务之棘手，莫若两淮。曾国藩在给李鸿章的书信中说，淮南存盐堆积如山，商人无力收买，销售不旺，以此为生的普通盐民，惶惶不可终日。曾国藩主张从促销、轻本、保价、杜私等方面入手，加强对两淮盐务的整顿。当时安徽盐务受四川盐务的影响很大，曾国藩主张划分盐务区域，确定界限，重税邻私，以免本地市场为他处运盐所侵占。曾国藩主张减少或停止盐厘，或等到销售之后再缴纳，以轻盐务成本。曾国藩认为，商贩争行出售，以至于跌价，因此主张地方政府应规定盐价，盐价不跌，则巨商不至于裹足不前。曾国藩主张严禁私盐，确保国家财政收入来源。

曾国藩主张加强币制整顿。咸丰初年，清朝政府铸大钱，侍郎王茂荫以其足以酿成滥铸及物贵情形，力加反对，但没有取得多大效果。在当时发生了一场钱币之争，王鎏主张纸币，而遭到了许楣的反对，曾国藩则不以大钱及钞币为然。在当时之银价问题，银与钱之比例不能确定，银价太昂贵，则民间疾苦，尤以付纳钱粮尤甚，以米易钱，则米加苦贱，以钱易银，则银价苦昂。曾国藩认为，一般平民百姓仅有者为米，故钱粮当收本色，而不可折银，若银价昂贵，小民愈苦，官吏愈酷。咸丰初年，曾国藩上《平银价疏》，提出了诸多抑制银价的方法，譬如，银价每年由中央定价一次，京外兵饷皆宜放钱，中央入库亦可收钱，地丁正项分类收钱，外省用项分别放钱，等等。

曾国藩对厘金制度的实施进行了一定程度的思考。厘金制度始创于咸丰初年，曾国藩为主要创办者之一。当时因军饷所需甚急，而且由于平定太平天国不能延缓。咸丰六年四月二十一日，曾国藩在《仍请拨上海关税银片》中称："江西自去冬以来，八府数十州县，相继失陷，本省饷源已竭。目下攻打抚州之师，及省城与各路水陆，尚有二万五千余人，欠发口粮两月、三月不等，几与咸丰四年夏间鄂省情形相似。"① 在当时，农民给国家缴纳的赋税甚重，不堪再加负担，故暂时征商，办理厘金，为时势所逼迫。曾国藩认为，办理厘金是迫不得已的事情。同治元年九月十三日，曾国藩在《复劳崇光》中称："办厘原非得已，办于隔省则尤非得已。东西用兵十年，全赖厘金一项支持。凡三江两湖各属，无论已被兵未被兵，几于无处不设卡，无物不抽厘，而民生亦能乐业，商贾仍复流通。是抽厘取民，在诸弊政中犹为彼善于此。"②

曾国藩认为，设立厘金制度并非抑制商业的发展，因此，对乱设卡以抽取厘金的现象，提出了整顿意见。同治六年四月十七日，曾国藩在《复丁日昌》的信中称："整顿厘卡，'不望兴利，但期除弊'二语，最为扼要。州县以民为民，而卡员即以商为民，卡员不知恤商，犹州县不知爱民。州县无不作恶之差役，卡员无不作弊之司事。阁下耳目之长，心思之密，冠绝时贤，嗣后整饬厘务，请以'勤教卡员，严查司事'二语为主。

---

① 《曾国藩全集·奏稿》(一)，岳麓书社1987年版，第685页。

② 《曾国藩全集·书信》(五)，岳麓书社1992年版，第3155页。

至商民照章完厘，梗令者少，可宽者宜稍崇宽大。”①

厘金制度初办之时，税率既低，施行区域亦甚狭小，故影响于民生者，不若后来之大。当时胡林翼设局于湖南，左宗棠仿行于湖北，曾国藩注重于上海，以上海为商贾云集之地，收钱较丰。曾国藩着眼者为商，也未尝不懂得厘金制度的弊端，在当时为时势所逼，非此不能解决财政上的困难。至于多设分卡，为曾国藩所深恶痛绝，其后各省先后举办，几乎遍及全国，聚敛之巨，为曾国藩所不知。厘金制度本应在平定太平天国之后裁撤，但没有如曾国藩所愿，导致其后来成为一种祸害人民的弊政，并非曾国藩所始料及。

二　曾国藩近代经济文化思想

在与洋人交往的过程中，曾国藩逐渐认识到，西方列强之所以强大，除了“坚船利炮”的原因之外，还有一个更为重要的原因，就是以强大的经济基础为后盾。因此，他认为必须大力发展本国经济，才能达到富强的目的。为此，他在洋务运动的实践过程中，提出了一系列有利于中国近代化的经济思想。

曾国藩提出了“借西法，求富强”的近代经济文化思想。曾国藩认为，要谋求中国的富强，就必须“借西法”，即采用西方先进的科学技术和机器设备，引进资本主义的生产方式。他认为，购买西方的新式武器和自办近代工业，是当时“救时之第一要务”。因此，他主张首先购买洋船洋炮，然后自己造船造炮。为了有效地掌握造船炮的技术，他主张学习西方的“制器”技术及“声光电化”等方面的专门知识。为此，他在军工厂内设立译书局和学馆，同时奏请朝廷派幼童出国留学，培养洋务人才。当时，在曾国藩的总督幕府中就聚集了一大批法律、算术、天文、机械等方面的专门人才，他们为中国经济近代化做出了一定的贡献。总之，在曾国藩“借西法，求富强”经济思想的指导下，清政府引进了一些西方的科学技术和近代企业制度，开创了中国“三千余年一大变局”，对中国经济近代化起到了较大的作用。

曾国藩提出了“商战富国”的近代经济文化思想。晚清时期形成了一股从“轻商”到“重商”思潮的转变。正如赵丰田所说，道光以后，

---

① 《曾国藩全集·书信》（九），岳麓书社 1994 年版，第 6309 页。

士大夫阶层认为，打开国门为大势所趋，不能再持闭关锁国之论，故为自救计，必须振兴商业，中国数千年的“重农轻商”“崇本抑末”思想发生了根本转变。[①] 曾国藩认为，虽然西方国家的“商战”并非一种持久立国方式，但仍然属于“恕道”之列。同治元年正月二十六日，曾国藩在《复毛鸿宾》中称：“至秦用商鞅以‘耕战’二字为国，法令如毛，国祚不永。今之西洋，以‘商战’二字为国，法令更密如牛毛，断无能久之理。然彼自横其征，而亦不禁中国之榷税；彼自密其法，而亦不禁中国之稽查；则犹有恕道焉。”[②] 同治元年十月十九日，曾国藩在《复奕䜣》中称：“国藩于洋务素未谙究，然体察情形，参之众论，大抵如卫鞅治秦以‘耕战’二字为国，泰西诸洋以‘商战’二字为国，用兵之时，则重敛众商之费；无事之时，则曲顺众商之情。”[③]

19 世纪 60 年代初期，曾国藩就意识到，西方各国之所以富强，其根本原因就在于其注重发展近代工商业。因此，他提出了向西方学习，以“商战立国”的思想。正是在“商战富国”思想的指导下，曾国藩看到外商轮船在中国沿海和内河拥有绝对控制权的情况下，决定要制造出中国自己的轮船，发展本国经济，保护民族利益。在这里，我们可以看到，曾国藩与西方进行商战、抵制西方资本主义国家对中国进行经济侵略的决心。

曾国藩创办近代工业，既有抵制列强武装侵略的一面，又有抵制列强经济侵略的一面。曾国藩开始注重引进西方的生产技术来发展工商业，从而使中国近代的工商业起步。虽然曾国藩提出“商战富国”的经济思想，其目的并不是发展资本主义，而是巩固中国传统社会的统治秩序。然而，它对中国资本主义工业的产生却起到了一定的促进作用，在一定程度上也抵制了外国资本主义对中国的经济侵略。

曾国藩“商战富国”思想对以后产生了一定的影响，并最终在制度层面上得以确认。光绪五年，薛福成对曾国藩的“商战”思想进行阐发，认识到商战立国的意义。他说：“昔商君之论富强也，以耕战为务。而西人之谋富强也，以工商为先，耕战植其基，而商扩其用也。然论西人致富之术，非工不足以开商之源，则工又为其基而商为其用。迩者英人经营国

---

① 赵丰田：《晚清五十年经济史》，哈佛燕京学社 1939 年版，第 146—147 页。

② 《曾国藩全集·书信》（四），岳麓书社 1992 年版，第 2521 页。

③ 《曾国藩全集·书信》（五），岳麓书社 1992 年版，第 3253 页。

事，上下一心，殚精竭虑，工商之务，蒸蒸日上，其富强甲于地球诸国。诸国从而效之，迭起争雄。泰西强盛之势，遂为亘古所未有。”[①] 光绪二十九年三月二十日，光绪皇帝在敕令中道，通商惠工为古今治国之要政，自积习相沿，视工商为末务，国计民生日益贫弱，其应如何提倡工艺，鼓舞商情，一切事宜，均著载振等悉心妥议，请旨施行。敕令指出：“总期扫除官习，联络一起，不得有丝毫隔阂，致启弊端。保护维持尤应不遗余力，庶几商务振兴，蒸蒸日上，阜民财而培邦本，有厚望焉。”[②]

曾国藩提出了“内外并重”的近代经济文化思想。曾国藩在办洋务初期，采取“全用汉人，不用外人”的做法。但实践证明，在当时科学技术极为落后的情况下，单靠本国科技人员是很难迅速赶上西方的，因此，他聘请了一批外国专家，决定应“内外并重”的方法，来发展本国经济。同时，曾国藩认为，我国的机械设备相当落后，无法追赶西方世界，于是，决定购买西方的机器和设备。当然，聘请外国专家和购买外国机器的根本目的是让中国工人掌握西方的先进技术，然后取而代之。曾国藩采用了“内外并重”的经济发展策略，从而使我国的经济在当时产生了一个大的飞跃。

三　曾国藩文化思想与中国经济近代化的关系

曾国藩等人领导的洋务运动，对中国经济近代化起到了十分重要的作用，促进了中国近代生产力的发展，导致了中国近代生产关系的某些变革，为民族资本主义经济的发展创造了有利的条件。

曾国藩经济文化思想促进了中国近代生产力的发展。曾国藩等人领导的洋务运动，为中国近代生产力的发展提供了有利的条件。

其一，先进生产工具的出现。在洋务运动中，洋务派创办了一大批近代新式工业，通过大量引进西方的机器和设备，中国开始从手工业工场的生产方式向机器大工业的生产方式转变。同时，先进生产工具广泛运用于生产领域，使近代新式工业具备了资本主义的性质。

其二，先进劳动力因素的出现。一批近代工业的诞生，为中国资产阶级和无产阶级的诞生创造了条件。我们知道，劳动力是生产力诸要素中起

---

① 《薛福成选集》，上海人民出版社 1987 年版，第 540—541 页。

② 怀效锋：《清末法制变革史料》（下），中国政法大学出版社 2010 年版，第 501 页。

决定作用的因素，无产阶级的出现，在客观上促进了中国资本主义的发展。

其三，先进科技知识的出现。在曾国藩“师夷智”思想的指导下，洋务派掀起了一个学习、传播西方科学技术和管理经验的热潮。在学习西方文化和科学技术的过程中，人们大开眼界，不再把科学技术视为“淫巧奇技”，而是把它作为一种富国强兵的工具，而科学技术的广泛运用，对于推动中国近代工业的发展起到了积极的作用。

曾国藩经济文化思想导致了中国近代生产关系的某些变革。在明朝中后期，中国就开始出现资本主义生产关系的萌芽，但由于封建统治阶级实行“重农抑商”和闭关锁国的政策，中国资本主义的发展十分缓慢。到了19世纪60年代，以曾国藩为首的洋务派，开始创办新式工业，引进西方的科学技术，按照资本主义的经营方式管理企业，从而使资本主义生产关系得到了一定程度的发展。总之，洋务运动推进了中国近代生产关系的某些变革，开拓了中国经济发展的新局面，为中国经济的近代化奠定了一定的基础。

曾国藩经济文化思想为中国民族资本主义的发展创造了有利的条件。虽然曾国藩发动洋务运动的初衷并不是发展资本主义，然而其在客观上为民族资本主义的发展提供了便利条件。在曾国藩创办的近代军事工业的带动下，洋务派通过“官督商办”“官商合办”的形式，创办了一批民用工业企业，并逐步将其向民族资本主义性质的企业转化。于是，中国最早的民族资本主义生产关系开始产生。可见，曾国藩等人发动的洋务运动，对中国民族资本主义的产生和发展起到了积极的促进作用。

总之，曾国藩开创了中国近代工业的先河，开始了中国向工业资本主义社会迈进的历程，这无疑是中国经济近代化进程中的一大进步。同时，中国近代机器工业的发展，将势必在很大程度上瓦解封建制度的物质基础，从而加速了中国经济近代化的历史进程。

第三节　曾国藩文化思想与中国军事近代化

曾国藩是中国军事近代化建设的主要奠基人和开创者，他在治理湘军的过程中，提出了“练兵”“制器”和加强海防的近代军事思想，开始了由传统军事思想向近代军事思想的转变，为中国军事近代化的开端奠定了思想基础。

一　曾国藩传统军事文化思想

曾国藩传统军事文化思想包括传统建军思想、传统治军思想、传统作战思想等方面。

曾国藩的建军指导思想是“忠义血性”，主张通过建立“死党”制度，来达到勤王、忠君和捍卫中国传统礼教的目的。

“忠君卫教”是曾国藩传统建军思想的宗旨。曾国藩把勤王忠君和捍卫中国传统礼教作为建军的宗旨，把其渗透到将领的选择、士兵的招募、部队的管理教育及协调各种关系等方面。曾国藩从道德伦理层面突出建军是维护封建礼教，增强军队对封建王朝的情感认同。曾国藩在《讨粤匪檄》中指出，自唐虞三代以来，历代圣人扶持名教、敦叙人伦，君臣、父子、上下、尊卑，秩序如冠履之不可倒置。[①]

“忠义血性”是曾国藩传统建军思想原则。曾国藩认为，带兵打仗的人必须具有血性男儿气概和忠义之气，因此，他十分注重招募那些既受过封建礼教熏陶又没有沾染官场习气的儒生为将，以及朴实的山民为兵勇。咸丰三年八月，曾国藩在给王璞山的信中称：“仆之愚见，以为今日将欲灭贼，必先诸将一心，万众一气，而后可以言战。而以今日营伍之习气，与今日调遣之成法，虽圣者不能使之一心一气，自非别树一帜，改弦更张，断不能办此贼也。鄙意欲练乡勇万人，概求吾党质直而晓军事之君子，将之以忠义之气为主，而辅之以训练之勤，相激相劘，以庶几于所谓诸将一心，万众一气者，或可驰驱中原，渐望澄清。”[②]

曾国藩认为，为将之道，须以“忠义血性”为前提。咸丰三年九月，曾国藩在《与彭筱房、曾香梅》的信中称，带兵之人，第一要有治民的才能，第二要有不怕死的勇气，第三要有不追逐名利的心态，第四要有耐受辛苦的精神。曾国藩认为，治民之才，不外乎“公”“明”“勤”三字，不公不明则士兵必不心悦诚服，不勤则营务细巨皆废弛不治；有不怕死的勇气，则能临阵当先，士兵乃可效命；追逐名利之人，保举稍迟则怨，稍不如意则怨，与同辈争薪水，与士兵争毫厘，不具备带兵的素质；

---

① 《曾国藩全集·诗文》，岳麓书社 1986 年版，第 232 页。

② 《曾国藩全集·书信》（一），岳麓书社 1990 年版，第 186 页。

身体羸弱者过劳则病，精神乏短者久用则散，也不宜带兵。他说："四者似过于求备，而苟缺其一，则万不可以带勇。故弟尝带勇须智深勇沉之士，文经武纬之才。……大抵有忠义血性，则四者相从以俱至。无忠义血性，则貌似四者终不可恃。"[①] 曾国藩惩治八旗之腐败，其所以实行募兵制，以其为兵勇者，大多为朴实农民，油头滑面有市井气者概不收用，而且在训练时再加淘汰。

"兵为将有"是曾国藩传统建军思想的制度体现。曾国藩主张，将应由统帅亲自选出，士兵应由将领自行招募，从而形成一整套从统领到兵勇的层层节制的制度。曾国藩规定，湘军的招募，士兵由什长挑选，什长由哨官挑选，哨官由营官挑选，营官由统领挑选，统领由大帅挑选。曾国藩认为，这种层层挑选的办法的好处是，"譬之木焉，统领如根，由根而生干、生枝、生叶，皆一气所贯通，是以口粮虽出自公款，而勇丁感营官挑选之恩，皆若受其私惠，平日既有恩谊相孚，临阵自能患难相顾"[②]。

"高薪厚饷"是曾国藩传统建军思想的重要手段。曾国藩认为，重饷之下必有勇夫，绿营缺乏训练、战斗力低下，军饷太低是一个重要的原因。为了使官兵安心服役，曾国藩在军中实行薪饷制度，并对战斗中的立功者保荐进爵，以此来提高军队的凝聚力和战斗力。

曾国藩的传统治军思想主要表现在"忠信仁礼"的治军理念、"勤恕廉明"的治军原则、"勤训精练"的治军措施、"宽严相济"的治军方针、"除暴安良"的治军宗旨等方面。

曾国藩倡导"忠信仁礼"的传统治军理念。曾国藩主张"以仁存心""以礼存心"，以便在军队中形成一种"辨别明威"的仁爱风尚，使官兵之间相互信赖，共同对敌。

如何训练军队对传统礼教的忠信，曾国藩从儒家文化中的"仁"入手。咸丰九年六月四日，曾国藩在日记中写道，带兵之法，要想让士兵感恩在于"仁"，要想在士兵中树立威望在于"礼"。曾国藩指出，仁者，待兵勇如待子弟，常有望其成立、望其发达之心，则士兵知恩；礼者，泰而不骄，威而不猛，持之以敬，临之以庄，无形无声之际，常有凛然难犯

① 《曾国藩全集·书信》（一），岳麓书社 1990 年版，第 224—225 页。

② 《曾国藩全集·奏稿》（十），岳麓书社 1994 年版，第 6323 页。

之象，则士兵知威。[①] 曾国藩认为，以“仁”“礼”治军，即使蛮貊之邦都可使其归顺，对普通兵勇更可以达到有效治理。李鸿章曾高度评价曾国藩以“仁”“礼”治军的传统治军思想。他在《诰授光禄大夫赠太傅武英殿大学士两江总督一等毅勇侯曾文正公神道碑铭》中称，曾国藩“尝慨古礼残阙，无军礼。军礼要自有专篇细目，如戚敬元氏所纪者。若公所定营制、营规，博稽古法，辨等明威。其于军礼庶几近之至。其议论规画，秩序井井，经纬乎万变，调理乎巨细，其素所蕴蓄然也”[②]。

曾国藩倡导“勤恕廉明”的治军原则。曾国藩认为，“勤”能达到严格训练士兵和加强军队管理的目的。咸丰十年十一月十六日，曾国藩在《致宋梦兰》中道，身体勤则强、佚则病，家庭勤则兴、懒则衰，国家勤则治、怠则乱，军队勤则胜、惰则败，治军之道，以“勤”字为先。他说：“惰者，暮气也。求阁下以身率之，常常提其朝气为要。”[③] 曾国藩认为，“恕”“廉”则能协调军队内部的关系，“明”则有利于选拔军队将领和处理日常事务。

曾国藩提出了“勤训精练”的治军措施。曾国藩特别注重对军队进行严明纪律的教育，如禁止在军中嫖、赌，力戒懒惰，尊敬师长等；以及对军队的严格训练，包括点名、连操、放哨等都不松懈。咸丰十年闰三月十一日，曾国藩在《批彭营官毓橘禀报近日军情由》中，教导部下彭杏南道，“勤”字为人生第一要义，无论居官、行军皆以“勤”字为本，早晚操练绝不能间断。咸丰十年十一月十九日，曾国藩在《复宋梦兰》中告诫宋滋九道：“治军以勤字为先，实阅历而知其不可易。未有平日不早起，而临敌而忽能早起者；未有平日不习劳，而临敌而忽能习劳者；未有平日不能忍饥耐寒，而临敌能忍饥耐寒者。徽防挈眷、扰民，习气已深，实难挽回。吾辈当共习勤劳，先之以愧厉，继之以痛惩。”[④] 总之，曾国藩主张“练兵宜勤劳”，把习劳忍苦视为治军的第一要义。

曾国藩提出了“宽严相济”的治军方针。曾国藩主张治军要严，强调军队必须“立法行令”。咸丰九年，他在日记中写道：“太史公所谓循吏者，法立令行，能识大体而已。后世专尚慈惠，或以煦煦为仁者当之，

---

① 《曾国藩全集·日记》（一），岳麓书社 1987 年版，第 391 页。

② 《李鸿章全集》（四），时代文艺出版社 1998 年版，第 7381 页。

③ 《曾国藩全集·书信》（三），岳麓书社 1992 年版，第 1752 页。

④ 同上书，第 1762 页。

失循吏之义矣。因思为将帅之道，亦以法立令行、整齐严肃为先，不贵煦妪也。”[①] 曾国藩主张，军令宜严明。他认为，古人用兵，事先明定功罪赏罚，为将之道在于整齐严肃，法立然后知恩，威立然后知感，以菩萨心肠，行霹雳手段。

当然，曾国藩传统治军思想中的“严”也讲究一定的限度，适可而止。曾国藩主张“统将宜和辑”，统领、营官、士兵之间要“敬以持躬，恕以待人”，要和衷共济，不要相互猜忌。同治二年六月七日，曾国藩在《复李榕》中称，凡两军对峙，一方的统领有一分猜忌，营员必然会有三分，士兵必有六七分，因此，要想军队能够和衷共济，统领必有一平恕之心。他说：“人之好名，谁不如我。同打仗不可讥人之退缩，同行路不可疑人之骚扰。处处严于治己，而博于人，则唇舌自省矣。”[②] 同治十年五月五日，曾国藩在《复郭嵩焘》中称，祸机之发，莫大于猜忌，此古今之通病，国家、家庭乃至个人的衰败，在一定程度上由猜忌之所致。湘军之所以具有很强的战斗力，在很大程度上依靠彼此相顾、彼此相救。

曾国藩提出了“除暴安良”的传统治军宗旨。曾国藩反复指出，行军以不扰民为本。咸丰三年正月，曾国藩在《与湖南各州县公正绅耆书》称，办团练的目的在于，除掉邪恶之人以保卫善良之人，清除匪患及抵御外侮。他说：“团练之道非他，以官卫民，不若使民自卫；以一人自卫，不若与众人共相卫，如是而已。……有逃兵、逃勇，经过乡里劫掠扰乱者，格杀勿论。”[③] 随后，曾国藩在《复彭申甫》中指出：“刻下所志，惟在练兵、除暴二事。练兵则犹七年之病，求三年之艾；除暴则借一方之良，锄一方之莠。”[④]

曾国藩常常告诫弟弟们，带兵要有爱民之心。咸丰十年六月十日，曾国藩在给诸弟的信中称，自身不幸生当乱世，又不幸而带兵，常以杀人为事，非常寒心，唯时时存一“爱民”之念，才能不为子孙后代造孽。[⑤] 咸丰十一年正月二十八日，曾国藩在给曾国荃的信中称：“吾家兄弟带兵，以杀人为业，择术已自不慎，惟于禁止扰民、解散胁从、保全乡官三端痛

---

① 《曾国藩全集·日记》（一），岳麓书社 1987 年版，第 371 页。

② 《曾国藩全集·书信》（六），岳麓书社 1992 年版，第 3861 页。

③ 《曾国藩全集·书信》（一），岳麓书社 1990 年版，第 104 页。

④ 同上书，第 105 页。

⑤ 《曾国藩全集·家书》（一），岳麓书社 1985 年版，第 548—549 页。

下工夫，庶几于杀人之中寓止暴之意。"①

曾国藩体察民情军情，创作了《爱民歌》。歌词大概为：三军个个仔细听，行军先要爱百姓；第一扎营不要赖，莫走人家取门板；第二行路要端详，夜夜总要支帐房；第三号令要严明，兵勇不许乱出营；军士与民如一家，千记不可欺负他；日日熟唱爱民之歌，天和地和又人和。②

曾国藩的传统作战思想主要表现在"以静制动，后发制人""以主待客""兵机宜审用"等方面。

曾国藩提出了"以静制动，后发制人"的作战思想。曾国藩认为，静则生明，动则多咎，自然之理也。咸丰三年，曾国藩指挥湘勇在训练时，要求广大将士务必讲求分合之法，"千变万化，行伍不乱，乃可以少胜多，以静胜动"。③ 曾国藩批评曾国荃带兵缺乏"静"字功夫。咸丰八年正月四日，曾国藩在信中称曾国荃锐气有余、沈毅不足，并告诫其气浮而不敛为兵家之所忌，要求其打仗不慌不忙，先求稳当，再求变化，以静制动。咸丰六年五月九日，曾国藩在信中告诫李元度，要求其"息心静观"，将主静的方法运用到临敌指挥中。他指出，抚州大军虽有 9000 余人，而能征善战者实在不多，又加之该部屡次受伤，精锐部队大受损失，要想保全势力，全赖统领心细眼明，静以察之。他说："国藩自去岁以来，屡诫足下息心静观，不宜专务体面，而足下亦常以为己谨，独下十成工夫为言。抵抚月余，似仍以求功之心过锐，不免失于浮浅，鄙怀时用焦虑。"④

曾国藩倡导"以主待客"作战思想。曾国藩提出了"主客"作战论，明确分辨了战斗中的各种主客情形。曾国藩认为，两军作战，守城者为主、攻者为客，守营垒者为主、攻者为客，中途相遇先至战地者为主、后至者为客，两军相持先呐喊放枪者为客、后呐喊放枪者为主，两人持矛相格斗先动手戳第一下者为客、后动手即格开而即戮者为主。⑤ 曾国藩在与太平军的对抗中，尽量采取为主不为客，以静制动，最终取得了胜利。

曾国藩"主客论"的理论基础来自"以静制动、后发制人"。咸丰十

---

① 《曾国藩全集·家书》（一），岳麓书社 1985 年版，第 638 页。

② 《曾国藩全集·诗文》，岳麓书社 1986 年版，第 429—430 页。

③ 《曾国藩全集·批牍》，岳麓书社 1994 年版，第 88 页。

④ 《曾国藩全集·书信》（一），岳麓书社 1990 年版，第 545 页。

⑤ 《曾国藩全集·诗文》，岳麓书社 1986 年版，第 385 页。

一年五月八日，曾国藩在《复江长贵》中称，凡出队作战，有宜速者、宜迟者，宜速者是主动寻敌、先发制人，宜迟者是敌来寻我、以立待客，主气常静，客气常动，客气先盛而后衰，主气先弱而后强，因此善用兵者，最喜为主，不喜作客。刘腾鸿是湘军的一员骁将，率领湖北援军在江西战场勇猛善战，声名大振，曾国藩却不赞成其反主为客的作战方法。

曾国藩提出了“兵机宜审用”的作战思想。曾国藩认为，论兵贵在于识兵，用兵尤贵在于审察兵机。他指出，兵者为阴事，哀戚之意如临亲丧，肃敬之心如承祭天，因此军队中不宜有欢欣之象。他说：“有欢欣之象者，无论或为和悦，或为骄盈，终归于败而已矣。”① 曾国藩认为，孤军深入作战而无后援部队，是用兵之大忌。他认为，用兵危急之际，尤以保全全军士气为主，孤军无助，粮饷不济，奔走疲惫，皆散乱必败之道。

二　曾国藩近代军事文化思想

曾国藩不但用中国传统文化思想治军，而且主张用西方的近代军事理论来建设军队。曾国藩的近代军事文化思想具体表现为“自强御侮”的近代爱国军事思想、“造炮制船”的近代科技军事思想、“立足实践”的近代海军建制思想等方面。

曾国藩提出了“自强御侮”的近代爱国军事思想。早在鸦片战争期间，曾国藩就对国家的危亡深为忧虑。道光二十二年七月四日，曾国藩在给父母的信中称：“逆夷在江苏滋扰，于六月十一日攻陷镇江，有大船数十只在大江游弋。江宁、扬州二府颇可危虑。”②

第二次鸦片战争中，面对清军节节败退，他强烈请求亲自率军，护卫国家安全。咸丰十年九月六日，曾国藩在《奏请带兵北上以靖夷氛折》中称：“今若令鲍超率师北上，即再四严催，亦不免于迁延。度才审势，皆惧无济。如蒙圣恩，于臣与胡林翼二人中，饬派一人，督师北向，护卫京畿，则人数稍多，裨益较大。”③ 在外国侵略势力和农民起义军的两面夹击下，曾国藩不顾个人的声名和地位，果断地将农民起义之事先搁置起来，北上抗击外国侵略者。从上述诸多方面可以看出，曾国藩具有一种强

---

① 《曾国藩全集·诗文》，岳麓书社 1986 年版，第 386 页。

② 《曾国藩全集·家书》（一），岳麓书社 1985 年版，第 27 页。

③ 《曾国藩全集·奏稿》（二），岳麓书社 1987 年版，第 1240 页。

烈的国家民族观念。

在“借夷兵助剿”问题上，曾国藩从维护国家主权立场的前提出发，予以坚决反对。咸丰十年，在英法两国军队助剿问题上，曾国藩上奏道：“同防上海则可，借攻内地则不可。洋人若先攻苏、常，臣处无会战之师；若克复城池，臣处亦无派守之卒。定议于先，或不致责怨于后。”[①]同年十月，在俄法军队助剿问题上，曾国藩上奏“当许其来助，而缓其师期”[②]。同治元年，有人提议借印度兵助剿。六月，曾国藩在《议复调印度兵助剿折》中坚决反对。他说：“中国之寇盗，其初本中国之赤子。中国之精兵，自足平中国之小丑。姑无论本年春夏连克二十余城，长江上下肃清三千余里，发逆无能久之理，吴、越有可复之机。即使事机未顺，贼焰未衰，而中华之难，中华当之。在皇上有自强之道，不因艰虞而求助于海邦；在臣等有当尽之职，岂轻借兵而诒讥于后世。此所谓申大义以谢之也。”[③]

对于曾国藩反对“借夷兵助剿”问题的评价。民国时期，陈恭禄认为，曾国藩反对用外国船炮，不能认识新时代而有适当的办法，胸襟狭窄，目光短浅，有误国之罪。[④] 李鼎芳对这种观点进行了反驳，认为依靠外国人来平定内乱，外国人将据地而索重酬，则对国家的危害极大，譬如俄国在英法联军入侵时，以调停居功而向中国索地，这些前车之鉴，是曾国藩所引为可虑的。李鼎芳指出：“故国藩一面反对外人分夺权利，一面锐意讲求制造，当李泰国代办轮船不成之岁，即国藩委派容闳赴美国购办机器之年。曾氏之意，盖欲求外人所有者，我能自制之，方为根本之计。是故谓曾氏之心地偏狭，识见短小，甚至訾其误国，实未当之论也。”[⑤]在关系中国内政和主权的原则问题上，曾国藩立场鲜明，寸步不让，这种不顾个人安危维护国家主权的精神，在当时来说还是难能可贵的。

曾国藩提出了“造炮制船”的近代科技军事思想。曾国藩特别重视军队武器装备建设，当他目睹新式武器的威力后，就特别提出了购买和建造船炮、武器的建议。咸丰四年七月十一日，曾国藩在《请催广东续解

---

① 《曾国藩全集·奏稿》（四），岳麓书社 1988 年版，第 2389—2390 页。

② 同上书，第 2389 页。

③ 同上书，第 2390 页。

④ 陈恭禄：《曾国藩与海军》，《武汉大学文哲季刊》1934 年第 3 卷第 4 期。

⑤ 李鼎芳：《曾国藩及其幕府人物》，岳麓书社 1985 年版，第 63 页。

洋炮片》的奏折中称："查水师事宜，以造船置炮二者为最要。"[①] 这表明他对军队武器装备的更新有了新的认识。历史表明，曾国藩不仅是购买、造制舰船及火炮的倡导者，而且是一位积极的实践家。在洋务实践过程中，洋务派不但制造了一大批近代军事武器，而且造就了一大批近代科技人才，这对中国军事近代化及近代经济、科技事业的发展，起到了开拓和促进的作用。

曾国藩在建立安庆军械所后，又建立了江南制造局，带动了一批近代军事工业的发展。此后，洋务派先后建立了福州船政局、天津机器局等20多个近代军工企业，分布在江苏、直隶、福建等十数个省份。近代军事工业的发展，促进了近代科学技术的进步，使中国与西方国家之间的生产力上差距逐渐缩小。在军事工业上，中国原来是手工生产，而英国等西方国家是机器生产，两者的技术设备相隔一个时代，洋务军事工业建立后，由于引进西方的技术和设备，这一差距迅速缩小。

曾国藩提出了"立足实践"的近代海军建制思想。曾国藩认为，中国海岸线长，没有一支强大的海军，国防就无保障。因此，他特别重视近代海军和近代海防的建设，主张建立一支近代海军舰队，以平定太平天国运动及抵御外国侵略者的入侵。

在平定太平天国的过程中，曾国藩创建近代海军的思想逐步形成。咸丰三年，江忠源、郭嵩焘力主水师之议，曾国藩旋即"奏请敕调广东琼州红单船放出大洋，由崇明入江口，以击贼于下游；调广东内江快蟹拖罟船由梧州府江溯漓水，过斗门，浮湘而下，出大江，以收上下夹击之效。长江水师之议，自此始。"[②] 咸丰三年十月二十四日，曾国藩在《暂缓赴鄂并请筹备战船折》中称："因思该匪以舟楫为巢穴，以掳掠为生涯，千舸百艘，游弈（弋）往来，长江千里，任其横行，我兵无敢过问者。前在江西，近在湖北，凡傍水区域，城池莫不残毁，口岸莫不蹂躏，大小船只莫不掳掠，皆由舟师未备，无可如何。……两湖地方，无一舟可为战舰，无一卒习于水师。"[③] 咸丰四年七月十一日，曾国藩在《水师克复岳州南省已无贼踪折》中称："臣等念贼舟累万盈千，非舟师莫能制其

① 《曾国藩全集·奏稿》（一），岳麓书社1987年版，第161页。

② 黎庶昌：《曾国藩年谱》，岳麓书社1986年版，第28页。

③ 《曾国藩全集·奏稿》（一），岳麓书社1987年版，第77页。

死命。”①

曾国藩多次上奏朝廷，建立新式水师——近代海军，以抵御外部势力的入侵。同治五年，曾国藩奏请朝廷，提出了一整套筹建近代海军的方案。同治七年四月七日，曾国藩在《拟赴上海查阅铁厂片》的奏折中明确指出：“现于上海船厂制造轮船，又于芜湖等处试造广东艇船。俟船成之后，仍须酌改营制，略仿西洋之法，一船设一官，乃可角逐海上，日起有功。”②

为了建设近代海军，曾国藩对海军军制和规章、水兵的招募和训练以及军费的筹措等进行了不懈的探索。在海军建制问题上，为了加速中国海军的近代化进程，曾国藩主张借鉴西方各国的舰队体制，即水兵应专以管船为主，每船设一名至两名长官，下设托舵工和水手。曾国藩规定，海军“提镇”每月必须有半个月在船上，“副”“参”“游”须有20天在船上，“都”“守”“千”“把”则须终年日日在船上操练。这些严格而具体的规定，成为加强海军建设的有力措施。在海军经费筹措的问题上，曾国藩主张应改变过去向地方摊派的办法，提出了海军官兵的俸薪、口粮、修补船炮等经费，由长江口岸适当抽取厘金的办法来解决的建议。这样，就将海军经费完全纳入政府财政收支计划之内，从而有效地解决了海军军费的开支问题。

曾国藩着手思考军队建制的近代化。曾国藩开始对传统兵制改革，改“世兵制”为“募兵制”。湘军以营为基本建制单位，营编制统一，实际上已经接近近代军队的编制，有利于提高军队的战斗力。曾国藩创立安庆军械所，制造了中国第一批洋枪洋炮，生产了中国第一台蒸汽轮船，成为近代军事工业的开端。曾国藩实施了近代化的军事教育。曾国藩组织中西专门人才翻译西方军事著作和其他著作，介绍西方军事技术和军事理论。同治十一年，第一批幼童出国留学，他们中的一些人为中国军事近代化做出了卓越贡献。

曾国藩在世时，中国近代海军尚未建成，但其基本蓝图已经绘制，后来北洋水师、南洋水师和福建水师的建立，基本上是按照曾国藩的近代海军建制蓝图设计的。江苏巡抚丁日昌提出在吴淞、天津和南澳建立三支外

---

① 《曾国藩全集·奏稿》（一），岳麓书社1987年版，第153页。

② 《曾国藩全集·奏稿》（十），岳麓书社1994年版，第5985页。

海水师的设想，得到了曾国藩的支持。同治七年四月二十二日，曾国藩在《复丁日昌》中称："外海水师，阁下统筹全局，拟建三阃。浙江、江苏建于吴淞，山东、直隶建于天津，广东、福建建于南澳，各备轮船十号、艇船二十号、专泊洋面，无事则承运漕粮，有事则首尾相应，明靖内奸，暗御外侮，举一事而数善备，实属体大思精。"① 徐泰来认为，曾国藩对中国海军建设的筹划与支持，促进了中国近代海军的形成和发展，加速了中国军事近代化进程，正是曾国藩开创的中国军事的近代化，才使中国在后来三十余年内免除了像鸦片战争一样使用大刀长矛的败绩，出现了左宗棠收复新疆、镇南关大捷、甲午海战那样壮烈的场面。②

三　曾国藩文化思想与中国军事近代化的关系

曾国藩在军事上的"师夷长技"主张，创办近代军工企业、加强海防建设、增强国防实力等近代军事思想，在客观上促进了中国军事的近代化进程。曾国藩近代军事文化思想，在学习西方先进的军事武器和军事技术的基础上所进行的军事改革，不仅有力地冲击了传统军事思想体系，而且开创了中国军事近代化的先河。

鸦片战后以后，西方的坚船利炮打破了清朝那种"天朝上国"的迷梦，唤醒了中华民族的有志之士，"睁眼看世界"成为历史必然，"师夷长技以制夷"思想成为朝野的共同呼声。

在曾国藩的推动下，大量西方武器的购买及军工企业的创办，加速了中国军事装备近代化的进程。曾国藩在晚年对西方科学技术产生了一种全新的认识，并引导洋务派坚定地走向了科技强军、科技御夷、科技强国的道路。曾国藩于咸丰十一年创办安庆机械所，这是中国第一家生产近代化武器的军械所，虽然规模不大，但其毕竟是中国近代化军事工业的开端。在机械所内，曾国藩提出了"始而演习，继而制造"的方针，成功地造出了中国第一台蒸汽机和第一艘木壳轮船。

此后，曾国藩又派容闳去国外采购了一百多种机器，这是中国有史以来第一次大规模地引进西方的机械设备。同治四年，曾国藩与李鸿章又创办了以制造枪炮弹药为主的江南制造总局，制造出了中国近代史上第一艘

---

① 《曾国藩全集·书信》（九），岳麓书社 1994 年版，第 6589—6590 页。

② 徐泰来：《论曾国藩的历史作用和地位》，《湖南师范大学社会科学学报》1995 年第 5 期。

大型兵舰"恬吉号"。以后，又相继制造出了"威靖""操江""测海"等处于世界先进水平的大型兵舰。

从用中国土法制造旧式船炮，到采用近代科学技术制造新式军事武器，从规模较小的安庆军械所，到颇具规模的江南制造局，这表明中国军队在武器装备上已经迈出了重要的一步，这对于加速中国军事近代化的历史进程具有十分重要的意义。曾国藩顺应了当时的时代潮流，大量购买西方近代的先进武器装备，加速了中国军事装备近代化的历史进程，建立了近代中国的第一个军事科技研究所——安庆内军械所，建立了第一个近代化的军事工业基地——江南制造局，为近代军事科技思想的发展奠定了基础。

在曾国藩的推动下，西方军事思想得以传播，加速了近代军事人才的培养。曾国藩认为，学习西方的近代军事思想主要有两条途径。

其一，设立翻译馆，翻译外国书籍。曾国藩清醒地认识到，制造枪炮轮船与翻译、学习外国的书本知识有很大的关系，因此，他决定设立翻译馆，翻译西方的科技书籍供学生学习。同治七年九月，曾国藩在《新造轮船折》中称："另立学馆，以习翻译。翻译一事，系制造之根本，洋人制造，出于算学，其中奥妙，皆有图说可寻。特以彼此文字扞格不通，故虽日习其器，究不明夫用器与制器之所以然。本年局中委员翻译甚为究心，先后订请英国伟烈亚力、傅兰雅、马高温三名，专择有裨制造之书，详细翻出。现已译成《汽机发轫》《汽机问答》《运规约指》《泰西采煤图说》四种。拟俟学馆建成，即选聪颖子弟随同学习，妥立课程，先从图说入手，切实研究。庶几以理融贯，不必假手洋人，亦可引申另勒成书，此又择地迁厂及添设翻译馆之情形也。"①

其二，派遣人员直接到国外学习。曾国藩认为，仅靠购买外国机器是不能达到自强的目的的，因此他奏请朝廷派遣幼童公费到海外留学。他在与李鸿章合奏的《拟选子弟出洋学艺折》中称："窃谓自斌椿及志刚、孙家穀两次奉命游历各国，于海外情形亦已窥其要领，如舆图、算法、步天、测海、造船、制器等事，无一不与用兵相表里。凡游学他邦得有长技者，归即延入书院，分科传授，精益求精，其于军政船政直视为身心性命之学。今中国欲仿其意而精通其法，当此风气既开，似宜亟选聪颖子弟，

① 《曾国藩全集·奏稿》（十），岳麓书社1994年版，第6039页。

携往外国肄业，实力讲求，以仰副我皇上徐图自强之至意。”① 曾国藩认为，西方国家为学讲求实际，士农工商各个阶层都入孰读书，共明其理，习见其器，躬身其事，各致其心思巧力，递相师授，中国欲学习西方近代科学技术，如果只是一味购买机器设备，不但财力不足，而且无法完全掌握机器设备的原理，实际效果不会很大。正是朝廷接受了曾国藩等人的建议，才使大批留学生在学成回国后，成为有用的军事人才，从而为中国军事近代化开辟了一条广阔的道路。

曾国藩近代“海防”思想的提出，加速了中国海军的近代化进程。曾国藩十分重视海防建设。他认为，兵是要练的，哪怕一百年不打仗，也必须加强练兵，以防患于未然。同时，曾国藩还提出了一些海防建设的设想。同治七年四月，曾国藩明确提出水师“须酌改营制，略仿西洋之法，一船设一专官，乃可角逐海上，日起有功”。② 曾国藩建设海防的最终目标是建立一支近代化的海军，然而由于他的过早去世，近代海军在当时尚未建成，但是，他为中国近代海军所勾画的蓝图，为以后中国的海军建设指明了方向，加速了中国海军近代化的历史进程。

曾国藩是中国近代军事史上的关键人物，他在“师夷长技以制夷”战略思想的指导下，为中国军事近代化做出了重大贡献，是推动中国军事近代化的先驱者。近代海军的建立，标志着中国近代海防意识的觉醒，军事工业的创办，奠定了中国近代军事工业的基础，军事学堂的创办及留学生的派遣，为中国军事近代化奠定了人才基础。

第四节　曾国藩的文化思想与中国教育近代化

曾国藩从小接受的是中国传统文化的教育，其头脑中的封建纲常礼教思想无疑是十分严重的。然而随着西学东渐和西方文化认识的进一步加深，曾国藩的近代教育思想开始萌芽，并逐渐形成了“中学为体，西学为用”的近代教育思想体系，拉开了中国教育近代化的序幕。

---

① 《曾国藩全集·奏稿》(十)，岳麓书社 1994 年版，第 7332 页。

② 《曾国藩全集·奏稿》(九)，岳麓书社 1991 年版，第 5985 页。

一　曾国藩传统教育文化思想

曾国藩认为教育要以中国传统文化为主体，主张对学生进行传统思想文化的教育。

曾国藩倡导“勤仁谦立”的教育文化思想。曾国藩十分赞同“以勤为本”，认为只有“勤”，国家、家庭才会兴旺发达。同时，他还告诫部属和子弟要养成勤劳、节俭的好习惯，反对奢侈浪费的作风。

咸丰六年九月二十九日，曾国藩告诫曾纪鸿称，君子之道在于“勤俭自持，习劳习苦，可以处乐，可以处约”。[①] 同治七年正月十七日，曾国藩在日记中写道，兴家之道，不外乎内外勤俭、兄弟和睦、子弟谦谨等事，反之则为败家之道。[②] 要如何达到勤俭呢？曾国藩认为，“勤”字功夫，第一是要早起，第二是要有恒；“俭”字工夫，第一是不穿华丽衣服，第二不多用仆婢雇工。[③] 同治二年六月十四日，曾国藩在《唁王瑞臣》中称，居家之道，以黎明即起为第一要义，自家自从“元吉公”开始六代百余年以来，没有一天不早起。他说：“‘勤俭’二字，无论居家居官，皆不可少。待兄弟和而不流，财产、衣服、饮食皆推多而让寡，独至礼节所在，则兄先弟后，秩然有序，不可紊乱。课农莳蔬，一一亲自检点，不可一一宽纵。严则家有忌惮，勤则事有功效。”[④] 同治二年十月十四日，曾国藩在《致澄弟》中，要求其弟加强对子侄辈的勤俭教育，不要出门随便坐轿。他说：“惟各家规模总嫌过于奢华。即如四轿一事，家中坐者太多，闻纪泽亦坐四轿，此断不可。弟曷不严加教责？……湖南现有总督四人，皆有子弟在家，皆与省城各署来往，未闻有坐四轿。余昔在省办团，亦未四抬也。以此一事推之，凡事皆当存一谨慎俭朴之见。”[⑤]

曾国藩提倡“仁”的教育思想。孟子主张“亲亲而仁民，仁民而爱物”。张载在《西铭》中指出：“民吾同胞，物吾与也。大君者，吾父母宗子；其大臣，宗子之家相也。尊高年，所以长其长；慈孤弱，所以幼

---

① 《曾国藩全集·家书》（一），岳麓书社 1985 年版，第 324 页。
② 《曾国藩家书·日记》（三），岳麓书社 1989 年版，第 1466 页。
③ 《曾国藩全集·家书》（二），岳麓书社 1985 年版，第 1066—1067 页。
④ 《曾国藩全集·书信》（六），岳麓书社 1992 年版，第 3872—3873 页。
⑤ 《曾国藩全集·家书》（二），岳麓书社 1985 年版，第 1049 页。

(吾)幼。圣其合德，贤其秀也。[①]”。朱熹称：“自一家言之，父母是一家之父母；自天下言之，天地是天下之父母；通是一气，初无间隔。民吾同胞，物吾与也。万物虽皆天地所生，而人独得天地之正气，故人为最灵，故民同胞，物则亦我之侪辈。”[②] 曾国藩吸收了中国传统文化中“仁”的思想，并将其运用到教育实践中，经常告诫子弟要有仁爱之心。同治九年十一月二日，曾国藩在《谕纪泽纪鸿》中称：“求仁则人悦。凡人之生，皆得天地之理以成性，得天地之气以成形，我与民物，其大本乃同出一源。……孔门教人，莫大于求仁，而其最切者，莫要于欲立立人、欲达达人数语。……后世论求仁者，莫精于张子之《西铭》。彼其视民胞物与，宏济群伦，皆事天者性分当然之事。必如此，乃可谓之人；不如此，则曰悖德，曰贼。诚如其说，则虽尽立天下之人，尽达天下之人，而曾无善劳之足言，人有不悦而归之者乎?”[③] 曾国藩认为，为官之道，就是要有仁民爱物之心，处处为普通百姓着想。

“谦”是中国的传统美德。曾国藩告诫子弟要谦虚谨慎，认为它是一个人立身处世的根本，只有保持这种作风，学业才能有进步，做人才能有长进。同治二年七月，曾国藩告诫曾国荃，不要居功自傲，要学会谦虚谨慎。他说：“弟于吾劝诫之信，每不肯虚心体验，动辄辨（辩）论，此最不可。吾辈居此高位，万目所瞻。凡督抚是己非人、自满自足者，千人一律。君子大过人处，只在虚心而已。不特吾之言当细心寻绎，凡外间有逆耳之言，皆当平心考究一番。逆耳之言随时随事皆有，如说弟必克金陵便是顺耳，说金陵恐非沅甫所能克便是逆耳。故古人以居上位而不骄为极难。”[④]

怎样“谦”呢?曾国藩认为，不要在人背后评头品足，说别人短处。咸丰十一年二月四日，曾国藩在《致澄弟》中称：“弟言家中子弟无不谦者，此却不然，余观弟近日心中即甚骄傲。凡畏人，不敢妄议论者，谦谨者也；凡好讥评人短者，骄傲者也。”[⑤]

曾国藩认为，待人接物必须谦恭有礼，不要盛气凌人，要戒除傲气。

---

① 《张载集》，中华书局 1978 年版，第 62 页。

② 《朱子全书》（第 17 册），上海古籍出版社 2002 年版，第 3312 页。

③ 《曾国藩全集·家书》（二），岳麓书社 1985 年版，第 1394 页。

④ 同上书，第 1016—1017 页。

⑤ 《曾国藩全集·家书》（一），岳麓书社 1985 年版，第 640 页。

咸丰八年三月六日，曾国藩在给曾国荃的信中称："凡傲之凌物，不必定以言语加人。有以神气凌之者矣，有以面色凌之者矣。温弟之神气稍有英发之姿，面色间有蛮很（狠）之象，最易凌人。凡中心（心中）不可有所恃，心有所恃则达于面貌。以门地（第）言，我之物望大减，方且恐为子弟之累；以才识言，近今军中炼出人才颇多，弟等亦无过之处。皆不可恃。"① 曾国藩告诫子弟不要依仗权势而盛气凌人。咸丰六年十一月五日，曾国藩在《谕纪泽》中称："世家子弟最易犯一奢字、傲字。不必锦衣玉食而后谓之奢也，但使皮袍呢褂俯拾即是，舆马仆从习惯为常，此即日趋于奢矣。见乡下人则嗤其朴陋，见雇工则臣（颐）指气使，此即日习于傲矣。《书》称'世禄之家，鲜克由礼'，《传》称'骄奢淫佚（逸），宠禄过也'。"②

曾国藩主张，在功名利禄面前要谦让。曾国藩指出，知事变之多而自身所能办者少，则不敢以功名自矜，而应当举贤共图之，当遇到荣誉、利益争夺的情况，当退让以守其雌。③ 同治元年五月二十八日，曾国藩在《致季弟》中称，告诫弟弟养成谦让的心态。他说："近来见得天地之道，刚柔互用，不用偏废，太柔则靡，太刚则折。刚非暴虐之谓也，强矫而已。柔非卑弱之谓也，谦退而已。趋事赴公，则当强矫，争名逐利，则当谦退；开创家业，则当强矫，守成安乐，则当谦退；出与人物应接，则当强矫，入与妻孥享受，则当谦退。若一面建功立业，外享大名，　面求田问舍，内图厚实，二者皆有盈满之象，全无谦退之意，则断不能久。此余所深信，而弟宜默默体验者也。"④

曾国藩主张"谦谨"以自省。曾国藩在《君子慎独论》中称："尝谓独也者，君子与小人共焉者也。小人以其为独而生一念之妄，积妄生肆，而欺人之事成。君子懔其为独而生一念之诚，积诚为慎，而自慊之功密。"⑤ 曾国藩主张"谦谨"以辞让。同治二年九月十一日，曾国藩在给曾国荃的信中称，自身以前骄傲自满，但是经过一番磨炼之后，才真正懂得畏天命、畏人言、畏君父的训诫，知道自身本领平常，没有什么骄傲的

---

① 《曾国藩全集·家书》（一），岳麓书社 1985 年版，第 376 页。
② 同上书，第 332 页。
③ 《曾国藩全集·日记》（二），岳麓书社 1988 年版，第 739 页。
④ 《曾国藩全集·家书》（二），岳麓书社 1985 年版，第 837—838 页。
⑤ 《曾国藩全集·诗文》，岳麓书社 1985 年版，第 181 页。

本钱。他说："昔年之倔强，不免客气用事。近岁思于畏慎二字之中养出一种刚气来，惜或作或辍，均做不到。然自信此六年功夫，较之咸丰七年以前已大进矣。……弟经此番裁抑磨炼，亦宜从畏慎二字痛下功夫。"① 曾国藩认为，道德的养成以谨言慎行为要，主张"谦谨"以用人。曾国藩不仅以"谦谨"修德养身，而且将其用到选拔人才的过程中。咸丰三年九月二十日，曾国藩在《招某绅耆书》中称，大厦非一木所支，宏业以众智而成，苟其群贤毕集，肝胆共明，才能真正开创一番伟大的事业。②

曾国藩倡导"劳苦忍辱"的教育思想。咸丰十年七月十七日，曾国藩在《复李桓李瀚章》中指出，大抵人才的缺陷有两类，一类为官气太足之人，另一类为乡气太重之人，前者好讲资格，办事无惊世骇俗之象，凡遇一事，仅仅依据书办、家人之口说出，凭文书写出，不能身到、心到、口到、眼到，尤其不能亲身体验；后者逞强好胜，好出新样，行事则知己不知人，语言则顾前不顾后。曾国藩认为，人非圣贤，大部分人都存在上述弊端，只有以"劳苦忍辱"四字教人，才能消除人身上的各种官气、乡气。③

曾国藩倡导"诚敬为本"的教育思想。"诚"是儒家伦理哲学中的一个重要概念。从本体论来看，孟子认为，诚者乃天之道，思诚者乃人之道。周敦颐认为，诚者乃圣人之本、五常之本、百行之源。朱熹说："诚者，理之在我者皆实而无伪，天道之本然也。思诚者，欲此理之在我者皆实而无伪，人道之所当然也。"④ 曾国藩继承了中国传统文化中"诚"的思想。曾国藩认为，至诚所积，神奇应焉。他说："窃以为天地之所以不息，国之所以立，贤人之德业之所以可大、可久，皆诚为之也。故曰：'诚者，物之终始，不诚无物。'"⑤ 曾国藩认为，古者英雄立事，必有基业，为学之道也必有所基业者，大抵以规模宏大、言辞诚信为本。曾国藩认为，慎独则心安，慎独则心泰，自修之道，莫难于养心，慎独最能培养"诚敬"意识。

---

① 《曾国藩全集·家书》（二），岳麓书社 1985 年版，第 1037 页。

② 《曾国藩全集·书信》（一），岳麓书社 1990 年版，第 243 页。

③ 《曾国藩全集·书信》（二），岳麓书社 1991 年版，第 1056—1057 页。

④ 朱熹：《孟子集注》，陈戌国标点：《四书集注》，岳麓书社 1987 年版，第 404—405 页。

⑤ 《曾国藩全集·书信》（一），岳麓书社 1990 年版，第 3 页。

咸丰十一年，曾国藩在给李榕的信中称，用兵久则骄惰自生，骄惰则没有不败者，勤可以医惰，慎可以医骄，而此两者要以诚为本，立志者要将此事知得透、办得通，精诚所至，金石亦开，以诚为本，以勤、慎字为用，可以免于大败。同治二年十一月十五日，曾国藩在《加程桓生片》中称，办任何事情，必然会遇到很多艰辛，解决之道在于以诚心求之、虚心处之。他说："心诚则志专而气足，千磨百折而不改其常度，终有顺理成章之一日；心虚则不动客气，不挟私见，终可为人共亮。"①

曾国藩主张恭敬谦谨，不傲有礼，倡导"敬"的传统教育思想。道光二十三年六月六日，曾国藩在《致温弟》中称："丁秩臣、王衡臣两君，吾皆未见，大约可为尔之师。或师之，或友之，在弟自为审择。若果威仪可测、淳实宏通，师之可也；若仅博雅能文，友之可也。或师或友，皆宜常存敬畏之心，不宜视为等夷，渐至慢亵，则不复能受其益矣。"②道光二十五年五月五日，曾国藩在信中教导诸弟，做人要常存敬畏之心，不要因为自家有人做官就随便侮辱人，不要因为个人文化水平高就恃才傲物，常存敬畏之心是"载福"之道。③

曾国藩教育子弟言谈举止要"庄敬"。咸丰六年九月二十九日，曾国藩在给曾纪鸿的信中称："吾有志学为圣贤，少时欠居敬工夫，至今犹不免偶有戏言戏动。尔宜举止端庄，言不妄发，则入德之基。"④ 曾国藩嘱咐家人要敬重人。同治元年五月二十四日，曾国藩在给曾纪泽的信中称："尔信极以袁婿为虑，余亦不料其遽尔学坏至此，余即日当作信教之。尔等在家却不宜过露痕迹，人所以稍顾体面者，冀人之敬重也。若人之傲惰鄙弃业已露出，则索性荡然无耻，拚弃不顾，甘与正人为仇，而以后不可救药矣。我家内外大小于袁婿处礼貌均不可疏忽，若久不悛改，将来或接至皖营，延师教之亦可。大约世家子弟，钱不可多，衣不可多，事虽至小，所关颇大。"⑤

"孝"为中国传统文化的重要组成部分。朱熹认为，"孝"为人伦之大者，而行之必尽其诚。曾国藩倡导"孝"的传统教育思想。曾国藩在

① 《曾国藩全集·书信》（六），岳麓书社1992年版，第4165页。

② 《曾国藩全集·家书》（一），岳麓书社1985年版，第65页。

③ 同上书，第112页。

④ 同上书，第325页。

⑤ 《曾国藩全集·家书》（二），岳麓书社1985年版，第835页。

《送陈岱云出守吉安序》中称："父母者，育我；天者，先父母而生我；君者，后天而成我者也。有不忍忘本于父母者，而后爱吾身以及子姓；有不忍忘本于天者，而后爱吾君以及人民庶物。故入而供弟子之职，出而力王家，勤民事。非直好为观美，内有所激发，不得已而为之者也。"[①] 道光二十四年，曾国藩在给弟弟的信中称，自身并不看重子弟是否考取功名，而看重其是否遵孝道。他说："吾所望于诸弟者，不在科名之有无，第一则孝弟为瑞，其次则文章不朽。诸弟若果能自立，当务其大者远者，毋徒汲汲于进学也。"[②] 曾国藩认为，恪尽孝道是为人的基础，做人的起码准则。咸丰十年八月十六日，曾国藩在《批霆副左营冯副将标贺秋节禀》中称："该将既知小惠爱民之无益，亦当知平日敬神酬愿之无益。凡子之孝父母，必作人有规矩，办事有条理，亲族赖之，远近服之，然后父母愈爱之，此孝之大者也。若作人毫不讲究，办事毫无道理，为亲族所唾骂，远近所鄙弃，则贻父母以羞辱，纵使常奉甘旨，常亲定省，亦不得谓之孝矣。"[③]

曾国藩倡导"以礼经世"的教育思想。曾国藩在吸取前辈理学大师"礼"的思想基础上，把理学家奉为世界本原的抽象的"礼"具体化为具有实践意义的"礼"，他认为，"礼"上承理学的"义理"，下则通过具体的规则来规范天下万事万物，修身、齐家、治国、平天下无所不包。他曾列举"十三经""四史"《通鉴》《文选》等中国古代数十种有代表性有影响的书籍作为教本，向人们灌输"礼"的思想，以此来规范人们的思想和行为。

曾国藩将"隆礼经世"摆在教育的重要地位。他在《江宁府学记》中说："将欲黜邪慝而反经，果操何道哉？夫亦曰：隆礼而已矣。先王之制礼也，人人纳于轨范之中，自其弱齿，已立制防，洒扫沃盥有常仪，羹食肴胾有定位，緌缨绅佩有恒度。既长则教之冠礼，以责成人之道；教之昏礼，以明厚别之义；教之丧祭，以笃终而报本。其出而应世，则有士相见以讲让，朝觐以劝忠；其在职，则有三物以兴贤，八政以防淫。其深远者，则教之乐舞，以养和顺之气，备文武之容；教之《大学》，以达于本

① 《曾国藩全集·诗文》，岳麓书社1986年版，第164页。
② 《曾国藩全集·家书》（一），岳麓书社1985年版，第87页。
③ 《曾国藩全集·批牍》，岳麓书社1994年版，第162页。

末终始之序，治国平天下之术；教之《中庸》，以尽性而达天。故其材之成，则足以辅世长民。"① 在如何"经世"的问题上，曾国藩不同于"外在事功"的经世派，而是主张通过"内圣"的途径来达到经世致用的功效。曾国藩的"以礼经世"教育思想，不仅将理学经世主张明确化和纲领化，而且将其提高到了一个空前未有的突出地位。曾国藩对"经济之学"的高度重视和刻苦钻研的学风，直接影响了湘军中人才群和他的一批弟子，培养了他们求真务实的作风，在一定程度上改变了那种高谈阔论、纸上谈兵的不良习气。

二　曾国藩"读书非官"的教育文化思想

曾国藩倡导"读书非官"的教育思想，教育子弟学做圣贤，一方面保留了传统教育文化思想的因素，另一方面冲击了中国几千年的科举教育制度，萌发出近代教育思想因子。

"学而优则仕"是中国封建社会几千年来的传统观念，读书的目的就是做官。然而，在读书的目的上，曾国藩认为，读书的目的不在于做官，而在于明理，志在圣贤。咸丰六年九月二十九日，曾国藩在给曾纪鸿的信中称，凡人大多希望子孙后代为大官，自己不愿子孙为大官，但愿子孙为读书明理之君子。他说："凡富贵功名，皆有命定，半由人力，半由天事。惟学做圣贤，全由自己作主，不与天命相干涉。吾有志学为圣贤，少时欠居敬工夫，……尔宜举止端庄，言不妄发，则入德之基也。"②

曾国藩认为，读书的目的是进德和修业，立志做圣贤。道光二十二年九月十八日，他在信中告诫诸弟，读书只有两事：一者进德之事，二者修业之事，前者讲求诚正修齐之道，以图无忝所生，后者讲求记诵、文章之术，以图自卫其身。他说："进德之事难以尽言，至于修业以卫身，吾请言之。"③ 曾国藩认为，进德和修业是最靠得住的，而功名富贵是靠不住的。

就进德与修业二事之间的关系而言，曾国藩始终把进德摆在第一位，道德上进了，学业上才能真正上进。道光二十二年十一月十七日，曾国藩

---

① 《曾国藩全集·诗文》，岳麓书社 1986 年版，第 337—338 页。

② 《曾国藩全集·家书》（一），岳麓书社 1985 年版，第 325 页。

③ 同上书，第 35 页。

给弟弟写信说："余欲尽孝道，更无他事，我能教诸弟进德业一分，则我孝有一分；能教诸弟进十分，则我孝有十分；若全不能教弟成名，则我大不孝矣。"① 进德是曾国藩为学之道的核心。

曾国藩认为，只要立志，就可以成为圣贤。道光二十四年九月十九日，曾国藩在给弟弟的信中称："人苟能自立志，则圣贤豪杰何事不可为？何必借助于人！'我欲仁，斯仁至矣'。我若欲为孔孟，则日夜孜孜，惟孔孟之是学，人谁得而御我哉？若自己不立志，则虽日与尧舜禹汤同住，亦彼自彼，我自我矣，何与于我哉！"②

曾国藩认为，科举考试不是读书的目的。曾国藩在家书中为侄子取得第一名高兴，是因为礼义代代相传。同治四年五月二十五日，曾国藩在给诸弟的信中称："纪瑞侄得取县案首，喜慰无已。吾不望代代得富贵，但愿代代有秀才。秀才者，读书之种子也，世家之招牌也，礼义之旗帜也。谆嘱瑞侄从此奋勉加功，为人与为学并进，切戒骄奢二字，则家中风气日厚，而诸子侄争相濯磨矣。"③

曾国藩认为，读书是要明白做圣贤的道理，不必担心科举考试的成败，如果读书使道理懂得越来越多，即使名落孙山也不要紧。道光二十四年十一月二十一日，曾国藩在给弟弟的信中说："诸弟或能为科名中人，或能为学问中人，其为父母之令子一也，我之欢喜一也。慎弗以科名稍迟，而遂谓无可自力也。如霞仙今日之身分，则比等闲之秀才高矣。若学问愈进，身分愈高，则等闲之举人、进士又不足论矣。"④ 曾国藩列举的"霞仙"是刘蓉，他"不事科举"，只是一名诸生，对于这样一位不热衷于科举的读书人，曾国藩认为其超过一般的秀才，并且因为他立志读书，日日长进，即使进士也比不上他。曾国藩还写信给诸弟，认为刘蓉读了朱子的书之后，在学问上大有长进，希望他们向其学习。

曾国藩虽然自己考上了进士，但不以学历看人，而是以学识看人。科举出身的人并不一定会有成就，如果后来不进步，其结局也将是一事无成。反之，如果发奋读书，有志、有恒、有识，必然成为道德君子，这样的人远胜过那些读书做官的人。曾国藩认为，王双池就是这样的人物。道

① 《曾国藩全集·家书》（一），岳麓书社 1985 年版，第 42 页。
② 同上书，第 94 页。
③ 《曾国藩全集·家书》（二），岳麓书社 1985 年版，第 1193 页。
④ 《曾国藩全集·家书》（一），岳麓书社 1985 年版，第 99 页。

光二十五年二月一日，曾国藩在给弟弟的信中说："昔婺源王双池先生一贫如洗，三十以前在窑上为人佣工画碗，三十以后读书，训蒙到老，终身不应科举。卒著书百余卷，为本朝有数名儒。彼何尝有师友哉？又何尝出里闾哉？余所望于诸弟者，如是而已，然总不出乎立志有恒四字之外也。"① 曾国藩认为，王双池没有参加科举考试，却自学成才，写下了百多卷发挥圣贤的书，是学习的榜样。

曾国藩认为，真正读书的人，不要把精力集中在八股取士的科举考试上。清朝以八股取士，所以读书人拼命钻研八股文，曾国藩对此持反对态度。曾国藩教育子弟不要把精力放在八股文上，说八股文、试帖诗皆非当务之急，尽可不看不作，否则会使一个人学业无成，耽误终身。

曾国藩告诫六弟温甫称，八股取士贻误终身不胜枚举，六弟年过二十，年龄已经不小，如果再挖空心思、耗费精力于八股文考试之中，将来学业不精，必有悔恨的一天，不可不早图谋改变。曾国藩认为自己从前也没有看到这一点，在学业上走了弯路，幸亏科举早得功名，没受到损害，假如一直没有中举，花几十年的时间去研磨八股文，真是一无所得。咸丰五年三月二十日，曾国藩在给诸弟的信中说："八股文、试帖诗皆非今日之急务，尽可不看不作。至要至要。儿于史鉴略熟，宜因而加功，看朱子《纲目》一遍（编）为要。纪鸿儿亦不必读八股文，徒费时日，实无益也。修身齐家之道，无过陈文恭公《五种遗规》一书，诸弟与儿侄辈皆宜常常阅看。"②

曾国藩"读书非官"的教育文化思想，从一个侧面反映出曾国藩已经有了"废除科举取士"的思想火花。它对于废除传统的选官方式，建立我国近代选官制度，具有一定的积极作用。

三　曾国藩"师夷智"的近代教育文化思想

尽管曾国藩从小接受的是中国的传统文化教育，但他并不像一般的传统士大夫那样因循守旧、妄自尊大，而是主张在坚持中国传统文化的前提下，学习外国的先进科学技术，为我所用。在洋务运动的实践中，曾国藩清醒地认识到，西方近代文化上"器物"层面上已远远领先于中国传统

① 《曾国藩全集·家书》（一），岳麓书社1985年版，第106页。

② 同上书，第292页。

文化。因此，曾国藩在保留传统教育的前提下，进一步提出了学习西方舆图、算法、步天测海、制造机器等知识，主张把有关军政、船政、步算、制造等方面的西方科技著作，列为学生学习的教材，逐步形成了“师夷智”的近代教育文化思想。曾国藩主张加强“翻译”教育、“职业技术”教育、“留学”教育。

就曾国藩“翻译”教育思想来说。同治六年，曾国藩在江南制造总局内设立翻译馆，由著名科学家徐寿负责，同时聘请了一批外国人为翻译，翻译出大量有关舆图、格致、器物、兵法、医书等各类著作，译书达数百卷。聘用徐寿、李善兰、华衡芳、徐建寅等，以及外国人傅兰雅、伟烈亚力、玛高温、林乐知等，同治七年译成《机器发轫》《汽机问答》《运规指约》等。从而为传播西方近代科学知识做出了积极的贡献。对中国近代教育而言，大量译著的问世，奠定了中国近代许多学科的基础。如华衡芳所译《代数学》《代微积拾级》等介绍了代数、微积分、概率论，再加上李善兰的数学译著，为近代数学打下了基础。《电学》《光学》以及《炮法求新》《格致启蒙》等奠定了近代物理学的基础。徐寿所译的《化学鉴原》《化学考质》等奠定了近代化学的基础。《泰西采煤图说》《金石识别》等奠定了近代矿物学的基础。

就曾国藩“职业技术”教育思想来说。同治六年，曾国藩接受容闳的建议在江南制造总局内设立技工学校，这是中国近代史上第一个技工学校，开创了在工厂企业内附设学校的伟大创举。同时，把教育与企业结合起来，这也是学以致用的一种有效的形式，这种教育完全不同于传统的“中学”教育，即用科举取士的办法选拔官员，而是为了造就一大批专业技术骨干和各类科技人才，因此，它在课程设置、教学内容、教学方法和手段等方面也完全不同于中国传统教育。这种教育形式的出现，可以说是中国近代教育史上的一个巨大进步。

就曾国藩“留学”教育思想来说。19 世纪 60 年代末 70 年代初，随着洋务运动的进一步展开，大量的军事企业和民用企业相继涌现。在这样的形势面前，曾国藩等人意识到，光靠雇用洋人来从事技术工作，很容易受制于人，于是，产生了派遣幼童前往西方国家学习先进科学技术的想法。同治十年，他致函总理衙门，建议选派幼童出国留学，学习西方的先进科学技术，以“渐图自强”。他在上奏朝廷的《挑选幼童前赴泰西肄业章程》中，对留学的人数、经费、任务、管理等方面进行了具体说明，并成立了一个专门办理留学事务的组织机构，同时在上海还设立了留学预备学校。他说："选聪颖幼童，送赴泰西各国书院学习军政、船政、步算、制造诸书，约计十余年，业成而归，使西人擅长之技，中国皆能谙悉，然后可以渐图自强。"①

同治十一年八月，中国第一次正式大规模派遣幼童奔赴美国学习。清政府派遣留学生出国学习，在中国近代教育史上具有十分深远的历史意义，它冲破了闭关自守的封建守旧格局，开创了近代中国留学风气之先河，是中国近代教育史上的一次伟大创举；它使国内学习自然科学知识蔚然成风，这对于促进中国近代科学技术的发展起到了一定的积极作用；它在思想上冲破了中国封建传统观念的束缚，使西方资产阶级思想从此深入人心，对于改变中国落后的社会风气和习俗也起了一定的推动作用；它推动了我国传统教育的近代化，刺激了其他各种学习西方的形式和活动的勃兴，为封闭保守的思想文化氛围注入了一股活力，为近代人才的培养、近代科学技术的发展奠定了基础。

当然，话说回来，曾国藩近代教育文化思想没有超出"窃制器之术"的范围，翻译外国著作与派遣留学生出国学习，都是要以西学为用，以西方近代文化为经国济世的手段，其根本目的在于维护清朝统治的长治久安，维护中国的传统文化。②

四　曾国藩"灵活多样"的教育方法

曾国藩的许多弟子和幕僚都成为中国近代史上的显赫人物，其中一个重要原因是得益于他的教育方法。其教育方法主要包括"勤教严绳"法、"知行并重"法、"言传身教"法、"自我教育"法等。

曾国藩倡导"勤教严绳"法。曾国藩认为，一个人的成长与社会的教育和培养是密不可分的，主张扩才识以待用。曾国藩在《劝诫绅士四条》中称，天下无现成之人才，也无生知之卓识，大抵都是由磨炼而成的。他说："《淮南子》曰：'功可强成，名可强立。'董子曰：'强勉学问，则闻见博；强勉行道，则德日起。'《中庸》所谓'人一己百，人十

---

① 《曾国藩全集·奏稿》（十二），岳麓书社1994年版，第7331页。

② 郭汉民：《曾国藩与近代中国首批留学生的派遣》，《湖南师范大学社会科学学报》1996年第3期。

己千’即勉强工夫也。今士人皆思见用于世，而乏用世之具。诚能考信于载籍，问途于已经，苦思以求其通，躬行以试其效，勉之又勉，则识可渐进，才亦渐充。才识足以济世，何患世莫己知哉！”①

曾国藩强调社会风气对人才的培养具有十分重要的作用。曾国藩认为，良好的社会风气是人才成长的重要条件，强调一个地方人才的兴旺和衰竭，是随着当地的风气而转移的，只有在良好社会风气的熏陶下，后学者才能得到正确的引导，才能成为有用之才，反之，如果社会风气腐败，对后学者的成长则是十分不利的。

曾国藩认为，社会风气无常，随人事而变迁，有一二人好学，则大多数人都能力追先哲；有一二人好仁，则大多数人都能康济斯民。他在《劝学篇示直隶士子》中说：“人才随士风为转移，信乎？曰：是不尽然，然大较莫能外也。前史称燕赵慷慨悲歌，敢于急人之难，盖有豪侠之风。余观直隶先正，若杨忠愍、赵忠毅、鹿忠节、孙征君诸贤，其后所诣各殊，其初皆于豪侠为近。即今日士林，亦多刚而不摇，质而好义，犹有豪侠之遗。才质本于士风，殆不诬与？……倡者启其绪，和者衍其波；倡者可传诸同志，和者有可禮诸无穷；倡者如有本之泉放乎川渎，和者如支河沟浍交汇旁流。先觉后觉，互相劝诱，譬之大水小水，互相灌注。”② 曾国藩在《原才》中称：“风俗之厚薄奚自乎？自乎一二人之心之所向而已。……今之君子之在势者，辄曰‘天下无才’。彼自尸于高明之地者，不克以己之所向，转移风俗，而陶铸一世之人。而翻谢曰‘无才’，谓之不诬可乎？否也。”③ 咸丰十年闰三月，曾国藩在《批朱品隆李榕禀信尾》中称，做好人、好官的，要有好师、好友为榜样，易于渐染成器。他说：“古来做好人的，并非生来就好，亦是好师、好友、好榜样，渐渐教劝，渐渐变化，不知不觉便走到顶好的路上去了。做好官的，也要好师、好友、好榜样；做名将的，也要好师、好友、好榜样；方易于渐染成器。倘若有坏师、坏友、坏榜样，亦不知不觉便走到顶坏的路上去了。”④

曾国藩主张将“严绳”与“勤教”有机结合起来。曾国藩十分重视教育与人格的感化力量，强调“严”在教育中的重要作用，主张“法立

---

① 《曾国藩全集·诗文》，岳麓书社 1986 年版，第 441 页。

② 同上书，第 441—444 页。

③ 同上书，第 181—182 页。

④ 《曾国藩全集·书信》（二），岳麓书社 1991 年版，第 1356—1357 页。

令行"，认为只要预先立法，预先设令，做到人人有法令可循，才能称得上真正意义上的"严"。但是，他又认为，仅仅有法令还不行，还应该严格执行法令。当然，"严"还必须与平时教育结合起来，如果"严"而不"教"，就会失去"严"的意义；如果"教"而不"严"，就会减弱"教"的效果。因此，他既主张严格执法，又主张勤于教育。他多次强调，"磨炼"在一个人的成长过程中具有十分重要的意义，认为天才不是天生的，而是后天磨炼出来的。为了磨炼人才，曾国藩主张实行奖惩制度，做到有章可循，奖惩分明。

曾国藩倡导"知行并重"法。曾国藩认为，为学之道在于"知行并重"，教育只有与实际生活中的问题结合起来，才能把教育者培养成为"匡时救世"的有用之才。

曾国藩赞成"格物致知"和"复性"说为基础的教育目的观。道光二十二年十月二十六日，曾国藩在给诸弟的信中称："格物，致知之事也；诚意，力行之事也。物者何？即所谓本末之物也。身、心、意、知、家、国、天下皆物也，天地万物皆物也，日用常行之事皆物也。格者，即物而穷其理也。如事亲定省，物也；究其所以当定省之理，即格物也。事兄随行，物也；究其所以当随行之理，即格物也。吾心，物也；究其存心之理，又博究其省察涵养以存心之理，即格物也。吾身，物也；究其敬身之理，又博究其立齐坐尸以敬身之理，即格物也。每日所看之书，句句皆物也；切己体察、穷究其理即格物也。此致知之事也。"[①] 道光二十五年，曾国藩在《答刘蓉》中称："朱子曰：'人心之灵，莫不有知'此言好恶之良知也。曰天下之物，莫不有理。唯于理有未穷，故其知有不尽。"[②]

曾国藩主张因材施教。他认为，师长对弟子的教育方式不能呆板化，要从教育者的实际情况出发，根据不同的教育对象实施不同的教育方法，针对他们的学习兴趣和爱好来进行教育。道光二十三年六月六日，曾国藩在《致温弟》中称，学习没有一成不变的固定方法，只要能专心一志就可以了。他反思自己以前常常在教育子弟问题上限制功课范围，往往强人所难，若不符合子弟的学习兴趣，即使日日遵照执行，也不会有多大的学

---

① 《曾国藩全集·家书》（一），岳麓书社1985年版，第39—40页。

② 《曾国藩全集·书信》（一），岳麓书社1990年版，第21页。

习效果。①

曾国藩倡导启发式教育。道光二十四年十一月二十一日，曾国藩在给诸弟的信中说："欲别立课程，多讲规条，使诸弟遵而行之，又恐诸弟习见而生厌心；欲默默而不言，又非长兄督责之道。是以往年常示诸弟以课程，近来则只教以有恒二字。所望于诸弟者，但将诸弟每月功课写明告我，则我心大慰矣。"② 曾国藩反对死板硬套的"填鸭式"教育方式，主张对学生必须循循善诱，进行启发式教育，认为只有这样，才能充分调动求学者的学习积极性。

曾国藩重视环境在教育中的作用，认为优良的环境可以使人易于为善，恶劣的环境则容易使人变坏。当然，曾国藩也并不是一个环境决定论者，环境恶劣、风气败坏的地方也可以读书学习，也可以兴办教育，培养人才。曾国藩认为，只要受教育者专心有恒，发愤图强，排除外界干扰，同样可以获得良好的读书和学习效果。

曾国藩倡导"言传身教"法。曾国藩十分重视教育者本人的榜样作用，主张从外观风度到内心修养来影响受教育者。我们从他的著作、日记、家书中可以看出，他用精深的理学思想规范自己的言行，用严格的标准要求自己的子弟与部属，他对自己的部属和子弟循循善诱，教导他们如何做人，如何读书，如何建功立业，甚至对他们的一言一行都加以规范。

曾国藩提出了"人才在于陶冶"论，强调教育者才德的重要性。曾国藩认为，人才以陶冶而成，不可眼光太高，以为无人可用。咸丰九年九月二十四日，曾国藩在日记中写道："思孔子所谓'性相近，习相远''上智下愚不移'者，凡事皆然。即以围棋论，生而为国手者，上智也；屡学而不知局道，不辨死活者，下愚也。此外，则皆相近之资，视乎教者何如。教者高则习之而高矣，教者低则习之而低矣。以作字论，生而笔姿秀挺者，上智也；屡学而拙如姜芽者，下愚也。此外，则皆相近之资，视乎教者何如。教者钟、王，则众习钟、王矣；教者苏、米，则众习于苏、米矣。推而至于作文亦然，打仗亦然，皆视乎在上者一人之短长，而众人之习随之为转移。若在上者不自咎其才德之不足以移人，而徒致慨上智之

---

① 《曾国藩全集·家书》（一），岳麓书社 1985 年版，第 66 页。

② 同上书，第 98 页。

不可得，是犹执策而叹无马，岂真无马哉！”①

曾国藩强调授教者要以身作则，为受教育者树立榜样，认为授教者即师长的才德很重要。同治七年正月十七日，曾国藩在日记中写道，达官子弟听惯了高议论，见惯了大排场，往往轻慢师长，讥谈人短，产生骄傲自满情绪，最后由骄而奢，而淫，而佚，以至于无恶不作。曾国藩认为，达官子弟之骄傲自满情绪都是父兄没有能够以身作则造成的，这些达官贵人因位高权重，就自忘其本领之低、学识之陋，自骄自满，以致子弟效其骄而不觉。他说：“吾家子侄辈亦多轻慢师长，讥谈人短之恶习。欲求稍有成立，必先力除此习，力戒其骄；欲禁子侄之骄，先戒吾心之自骄自满，愿终身自勉之。”②

曾国藩倡导“自我教育”法。曾国藩常鼓励子弟自学，加强自我教育。道光二十二年十月二十六日，曾国藩在信中告诫子弟说，读书不要过于苛求时间、地点，真正的关键在于是否树立了远大志向。曾国藩认为，如果能够发愤自立，则家塾可以读书，旷野之地、热闹之场也可以读书，负薪、放牛皆可读书，若不能发愤自立，则家塾不宜读书，清净之乡、神仙之境也不能读书。③

曾国藩经常教育子弟加强“自我教育”，在“看”“读”“写”“作”四个方面下功夫。关于“看”字功夫。曾国藩教育子弟，读书记性平常不足为虑，所虑者第一怕无恒，第二怕随笔点过一遍，并没有真正看得明白，若真看明白了，则久之必将得些滋味，存心若有怡悦之境，看书不必求记，宜求个明白。关于“读”字功夫。曾国藩教育子弟，读书要虚心涵泳，切己体察，朱子教人读书之法，尤为强调这两个方面。关于“写”字功夫。曾国藩尝以少年时代写字，不能临摹一家之体，引为生平之耻，故其盼望其子孙能写好字，时示以作字之法。关于“作”字功夫。曾国藩为教子弟写作文，除聘请名师教导外，亲自为之批改。曾国藩在军营中，亦必令其子弟将作文及临摹之字寄给他看，由他批改后寄回，并在书信中进行训示。

曾国藩家族至今绵延至第八代，没有一个纨绔子弟。在其后代中人才

---

① 《曾国藩全集·日记》（一），岳麓书社 1987 年版，第 422 页。

② 《曾国藩全集·日记》（三），岳麓书社 1989 年版，第 1466 页。

③ 《曾国藩全集·家书》（一），岳麓书社 1985 年版，第 38 页。

辈出，其中有清末著名外交家曾纪泽、数学家曾纪鸿、诗人曾广钧、台湾大学校长曾宝荪、台湾东海大学校长曾约农、教育部副部长曾昭抡、全国妇联副主席曾宪植、华南大学艺术学院院长曾厚熙等人。这些都是受曾国藩教育方法熏陶出来的杰出人物。

五　曾国藩文化思想与中国近代教育化的关系

曾国藩不仅提出了“中体西用”的近代教育思想，并且努力付诸实践。正是由于他在中国近代教育史上的杰出贡献，他因此被后人称为“中国教育近代化之父”。

曾国藩“中体西用”的教育文化思想，为中国近代教育基本框架的形成奠定了理论基础。曾国藩“中体西用”近代教育思想包含两层含义。

一是对中国传统教育思想的继承和扬弃。曾国藩对中国传统教育采取了既继承又扬弃的态度。他认为，传统的“礼治”和“德治”思想，对于维护中国传统统治秩序具有十分重要的作用，因此必须大力提倡，而传统的科举制度、八股取士等制度则有害无益，因此必须舍弃。

在传统教育向近代教育转型过程中，如何处理传统教育内容与近代教育内容，成为当时所面临的一个重要问题。曾国藩对中国传统教育思想继承和扬弃的观点，直接影响到晚清教育实践。同治九年三月，在拟上海方言馆课程中明文规定，学生主要学习经学、史学、算学、辞章四大内容，而以讲明性理、敦行立品为纲，学生除学习西方语言文字之外，仍以学习中国传统文化为本。同时规定，上海方言馆中聘请西方国家学问通贯之人为西文教习，但宜精通中国的语言文字，在课读讲解之时，宜用中国语言讲明意旨。规定“四书经史教习，似宜分日讲解，而生徒欲有进益，非讲论无以浚其灵，非体认无以保诸实；故讲论者知之事也，体认者行之事也，各艺既已分途，全材岂易多得。就其性之所近，因时而教导之，而必以读书明理为本。”[①] 光绪二年，京师同文馆开列的课程表规定，学生对于经史一直“始终不已”，“向来初学者每日专以半日用功于汉文，其稍进者亦皆随时练习作文”[②]。

二是对近代教育的学习和吸收。曾国藩是传统士大夫中的开明政治

① 朱有瓛：《中国近代学制史料》（第1辑），华东师范大学出版社1983年版，第232页。

② 同上书，第73页。

家，能根据时代的需要，去培养近代合格人才，把“西学为用”摆在一个十分突出的位置，从而大大促进了中国教育近代化的历史进程。

在曾国藩“中体西用”教育思想的指导下，中国的近代教育虽仍然肯定“忠孝节义”“经史之学”是造就人才的根本，但是，随着洋务运动的深入展开，“西学”课程在中国近代学校教育中不断增多，如算学、天文、化学、格致、机械、电报、矿务、医学、生理等知识以及各国史略、史鉴、富国策、万国公法等内容，在教学中占有相当大的比例；在翻译的外国著作中，介绍西方政治、历史等方面知识的书籍也为数不少。同时，曾国藩“中体西用”的教育思想动摇了中国几千年来的科举取士制度。在洋务运动期间，科举考试增设了算学、经济等课程，从而揭开了科举制度改革的序幕，这反映了中国近代教育开始重视西方的自然科学知识，使科举制度的根基发生动摇。总之，随着西学的广泛传播，人们对西方国家的政治、经济、历史、地理等知识的了解进一步加深，其视野大为开阔，西方资产阶级思想也随之深入人心，这无疑对中国传统的封建教育思想形成了强大的冲击。

尽管曾国藩的“中体西用”教育思想带有时代和阶级的局限性，但它毕竟开辟了中国近代新型科技人才的培养，具有一定的进步意义。其一，“中体西用”教育思想，给中国传统的封建教育体制注入了新的活力，对于西方文明和近代科学技术的传播，以及近代新型科技人才的培养，具有积极的促进作用。其二，“中体西用”教育思想，有利于中国传统教育向近代教育的转变，第一次打破了中国封建传统教育一统天下的局面，为学习西方近代科学技术知识提供了一定的空间。其三，“中体西用”教育思想，动摇了中国几千年科举教育制度的根基，为在中国最终废除科举教育制度、建立新型学制奠定了基础。

曾国藩主张设立翻译馆，广泛翻译外国书籍，为学习西方近代科学技术和文化知识提供了便利条件。曾国藩在江南制造总局内设立的翻译馆，到19世纪末期，总共译出外国书籍160余种，共1075卷，由江南制造总局公开出版发行。译书除了以介绍西方近代科学技术等内容之外，还涉及各国政治、经济、军事、历史、地理、天文等方面的知识。这些书籍的出版，为人们学习西方近代科学技术和文化知识提供了便利条件，对西学的传播起到了积极的促进作用。

曾国藩开创了近代职业技术教育之先河，开始了从中国封建传统教育向近代技术教育的转变，因而成为中国近代教育史上的一次创举。曾国藩在江南制造总局内附设的各类机械学校，给中国青年工人讲授机械制造原理，为他们提供实践的机会。这种企业与教育相结合的方式，是中国近代教育史上的一次伟大的创举，它大大拓展了教育的内容，为中国培养了一大批熟练工人和工程技术人员，在中国近代教育史上写下了辉煌的一页。

曾国藩上奏朝廷，派遣幼童出国留学，谱写了中国近代留学教育的篇章。曾国藩不顾封建顽固派的强烈反对，多次上奏朝廷派遣幼童出国留学，并且积极组织策划，最终促成了这一事情的成功，开创了中国近代教育史上公费派遣留学教育之先河。曾国藩开创的留学教育，在中国近代教育史上留下了辉煌的一页，它完全冲破了中国封建的传统教育体制，为一种新型的近代教育体制的诞生奠定了基础；它使自然科学知识第一次在中国得到高度的重视，从而打破了“学而优则仕”思想的束缚，为以后废除科举制度准备了条件，加速了中国教育近代化的进程。

虽然曾国藩没有主持过正规教育，主要是通过日常生活对部属及子弟的潜移默化作用，但其在中国教育史占有一定的地位。正如钱穆所指出，曾国藩不以理学名，自居为一古文家，然而在其《圣哲画像记》，又有继姚鼐《古文辞类纂》为《经史百家杂钞》，则其所治文学之范围，已显见为扩大会通，可谓中国的一大教育家，其在军中，幕府兵僚皆其教育范围，与明代王阳明主政江西时极为相似。①

总之，曾国藩的教育思想虽然没有完全冲破中国旧式传统文化教育的藩篱，其仍然是为了维护传统统治秩序的需要服务，但是，它具有一定的近代成分，为中国由旧式传统教育向新式教育的转变准备了条件。在一定程度上推动了中国的对外开放，促进了中西文化交流，中国教育的近代化，为中国新式知识分子队伍的形成奠定了基础。从这个意义上说，曾国藩可以称为中国近代新式教育之父。

① 钱穆：《现代中国学术论衡》，岳麓书社1986年版，第168页。

第六章

曾国藩文化思想的历史地位及影响

曾国藩文化思想形成于近代中国社会转型之际，其内容十分广泛，具有鲜明的双重特性：既有守成的一面，又有革新的一面；一方面背负着因袭的历史重担，坚守“华夷之辨”的封闭性，另一方面善于吸取外来文化思想的开放性，富有站在历史前沿的启蒙开拓精神。尽管其文化思想存在着这样或那样的历史与阶级的局限性，但其在中国近代思想文化史上具有重要的历史地位和作用，对后世产生了深远的历史影响。因此，研究曾国藩文化思想，对于总结历史的经验，促进我国社会主义文化建设的健康发展，具有一定的启迪意义。

第一节　曾国藩文化思想的历史地位及其局限

一　曾国藩文化思想的历史地位

曾国藩的文化思想，打破了传统的门户之见，主张“汉宋兼容”，博取众长，提倡学以致用，讲求实事求是；在对待西方近代文化的问题上，它突破了“夷夏之辨”传统观念的束缚，促进了中西文化的交流；他提出了“师夷智”的主张，强调制造、船炮为中国自强之本，促进了中国近代科学技术的发展。总之，曾国藩的近代文化思想为中国政治、经济、军事、教育等方面近代化的开启准备了条件，在中国近代思想文化史上产生了极大的影响，具有重要的理论意义和深远的现实意义。

曾国藩提出了理学经世派的理论纲领——“经济”之学，主张学以致用，理论联系实际，注重实事求是。曾国藩在继承理学思想的同时，赋予了它某些新的时代特征。曾国藩认为，经世致用在于才能之发挥和人才之涌现，文章、学问义理、军事作为专门才能，允许各有所重，从而矫正了许多理学家完全以纯然天理判定人才的迂腐观念。更值得指出的是，曾国藩并非将理学作为学问，作为正统社会的象征，而是强调通过经世的实践加以贯通。曾国藩提倡经世致用，在桐城派“义理、考据、辞章”三门之学的基础上加上“经济”的内容。“经济”之学的提出，不仅扩大了为学的范围，而且适应了时代的需要，使理学经世派的主张纲领化，从而扫除了学术上长期存在的迂腐、空疏、高谈阔论等不切实际的不良风气，开创了一种讲求实际的良好学风，特别是深刻地影响了湘军人才群体和他的一批弟子，对近代湖湘文化的发展产生了深远影响。

曾国藩提倡“汉宋兼容”“博取众长”，打破了学术上的门户之见，开创了一种良好的学术风尚，促进了学术的健康发展。曾国藩在学术上调和汉、宋两派之间的矛盾，主张“汉宋兼容”，这无疑有利于克服汉学的琐碎和宋学的空疏等弊端。曾国藩在《书学案小识后》中称：“近世乾嘉之间，诸儒务为浩博。惠定宇、戴东原之流钩研诂训，本河间献王实事求是之旨，薄宋贤为空疏。夫所谓事者，非物乎？是者，非理乎？实事求是，非即朱子所称即物穷理者乎？”① 同时，曾国藩还主张“博取众长”，即兼取中国传统文化中各门学派之所长，以达到融会贯通之目的，从而开创了一种良好的学术风尚。

曾国藩突破了“夷夏之辨”的传统观念的束缚，提出了“师夷智”的主张，这对于加强中西文化的交流，促进中国近代科学技术的发展发挥了积极的作用。曾国藩倡导学习西方科学技术，发动洋务运动以图自强，使“师夷长技以制夷”的思想日益深入人心，使中国传统士大夫对西方近代文化有了新的认识，从而突破了中国几千年来“夷夏之辨”的封建传统思想的束缚，为西方近代文化在中国的广泛传播开辟了广阔的前景。

曾国藩的文化思想，对中国政治、经济、军事、教育等近代化的开端起到了积极的促进作用。中国近代化开端于洋务运动，而曾国藩正是洋务运动的发起者、倡导者和积极实践者，并被后人称为“中国近代化之父”。杨国强认为，曾国藩为西学东渐拓开门洞，而西学东渐之后，向西方追求真理的人们开始走出了传统，在这个过程中出现了新学和旧学的对

---

① 《曾国藩全集·诗文》，岳麓书社1986年版，第166页。

立，这使中学与西学的区分寓褒贬之义，于是才有中国文化漫长而缓慢的近代化历程，剧变的时代，使传统文化的最后一个代表不自觉地成了否定传统文化的历史中介。①

曾国藩创办了中国最早的近代军事企业——安庆机械所和江南制造总局，它们所生产的大批近代武器，为中国军队的装备近代化奠定了基础。在曾国藩等人开创的近代军事工业的带动下，大批近代民用工业开始兴起，民族资本主义的生产方式也开始出现，这就为中国经济近代化的开端准备了条件。而中国无产阶级队伍的迅速增加，中国资产阶级的形成和逐渐壮大，为中国政治近代化准备了阶级基础。洋务运动使清朝中央机构发生了有利于政治近代化方向的改变，如总理衙门和南北洋大臣的设置，为中国政治近代化准备了条件。曾国藩大力提倡学习西方的科学技术知识，设立翻译馆，开办各类机械学校，开创了我国近代职业技术教育的先河。曾国藩奏请清廷派遣幼童出国留学，揭开了中国近代公费留学教育的序幕。曾国藩的“中体西用”的近代教育思想和主张，为中国科举制度的最终废除准备了条件，为中国教育近代化奠定了基础。

总之，曾国藩文化思想是中国近代文化精神的生长点。曾国藩文化思想在某些方面发扬了传统文化中的优良精神，并且接受了西方近代文化的新知识、新观念，不自觉地对封建之道有所舍弃、有所改变，开始了由古代文化精神向近代文化精神的转变。虽然曾国藩自己不懂天文、算学知识，但他积极支持晚辈研究自然科学，如他的小儿曾纪鸿在自然科学的研究领域取得了杰出的成就。同时，在选拔人才时，曾国藩不以出身、资历为衡量标准，而是唯才是用，不拘一格，完全突破了中国传统的用人观念。这从一个侧面说明了曾国藩文化思想中有一种追求进取、勇于接受新生事物的精神。

二　曾国藩文化思想的历史局限

曾国藩是中国传统文化造就的一位典型代表，是中国传统文化的化身，其文化思想还保留不少糟粕的成分，并深深地打上了阶级与时代的烙印。曾国藩文化思想极力捍卫中国传统文化体系，其中有些地方已经不能适应近代中国社会转型的时代需要。

---

① 杨国强：《曾国藩与传统文化》，《近代史研究》1989 年第 1 期。

曾国藩对中国传统文化中的许多糟粕不加批判地予以继承，开中国文化保守主义之先河。虽然曾国藩是一个识时务者，但又背负着几千年历史的沉积。曾国藩极力主张师法西方近代文化，却真诚地留恋中国旧文化，可以说其文化思想最终归依于中国传统文化。曾国藩认为，古代文化精神中纲常礼教之类的核心信条，是中国传统文化的根本，是永恒的，不可以变的。因此，曾国藩始终未能从真正意义上跨出中国传统文化向近代文化彻底转型的门槛。正如学者指出，曾国藩学习西方文化的出发点，不是反对中国传统专制主义制度，去寻求西方文化的真理，而是弥补中国传统专制主义制度的窟窿，才把眼睛转向西方近代文化。①

曾国藩认为，中国封建传统文化的核心是旨在维护传统等级制度和君主专制制度的道德观念——三纲五常。咸丰十一年正月二十八日，曾国藩在给曾国荃的信中称："吾家兄弟带兵，以杀人为业，择术已自不慎。"②曾国藩对晚清王朝十分忠诚，并竭诚为维护中国传统君主专制制度服务。他认为，中国唐虞三代以来的纲常名教中的"君臣父子、上下尊卑"的传统等级制度是不能颠倒和动摇的。在太平天国运动爆发后，他说："举中国数千年礼义人伦、诗书典则，一旦扫地荡尽。此岂独我大清之变，乃开辟以来名教之奇变，我孔子、孟子之痛哭于九泉！凡读书识字者，又乌可袖手安坐，不思一为之所也！"③ 其以忠、孝、节、义为核心的理学思想，深深地打上了时代和阶级的烙印，是与腐朽落后等级观念和土地剥削制度紧密联系在一起的，是为统治阶级服务的。曾国藩将传统文化中得许多糟粕不加批判地继承下来并付诸实践，其所代表的传统文化体系，已经不能适应时代发展的需要。曾国藩继承和宣扬中国传统文化的糟粕，并深陷其中而不能自拔，这可以说是曾国藩文化思想的局限之所在。

对待中国传统文化，在近代中国社会转型过程中，大致有三种典型的态度：一是主张完整保存，全盘继承；二是主张彻底否定，全盘西化；三是主张一分为二，批判继承，取其精华，舍其糟粕。对中国传统文化，应一分为二来看待，批判继承。从曾国藩文化思想的历史地位及其局限中，更说明对中国传统文化批判继承的重要性。曾国藩从理学家到洋务派，从

---

① 沈渭滨：《困厄中的近代化》，上海远东出版社 2001 年版，第 16 页。

② 《曾国藩全集·家书》（一），岳麓书社 1985 年版，第 638 页。

③ 《曾国藩全集·诗文》，岳麓书社 1986 年版，第 232 页。

一个普通士人到封疆大吏，其一生的得失成败、悲喜荣辱，都无不与中国传统文化中的精华与糟粕相关。一方面因为曾国藩继承了中国传统文化的精华，所以在事业上取得了某些成功，在中国近代历史上占有一席之地。另一方面因为曾国藩对中国传统文化不加批判地继承，没有舍其糟粕，所以最后酿成了个人的历史悲剧。

曾国藩对西方近代文化的学习是不彻底的，有局限的，特别是对西方近代先进思想和政治制度，在很大程度上采取排斥的态度。曾国藩对西方近代文化的认识是不全面的，可以说他学习西方文化仅限于“坚船利炮”等方面的科学技术。在向西方学习的过程中，曾国藩还保留着较多的旧观念，如规定学堂学生学成后照样可以参加科举考试、求取功名，在技术工作中有成就的，可以保举官衔，在德、才、道、艺的天平上，重道德、轻才艺。同治十一年正月，曾国藩与李鸿章联合上奏《拟选子弟出洋学艺折》，拟在关于留学生出国“应办事宜”中规定，学生学习西方科学技术，仍然要学习中国传统文化，要学习《孝经》、“小学”“五经”等知识，每逢“房”“虚”“昴”“星”等日，正副两委员要传集学生，宣讲《圣谕广训》，示以尊君亲上之义，庶不致囿于异学。曾国藩的目的在于使留学生保持中国传统的伦理道德，不忘效忠朝廷。

在对待西方先进思想和政治制度问题上，曾国藩与顽固派士大夫一样，不欢迎西方近代民主政治，认为虽然中国的科学技术不如西方国家，但是在道德、学问、制度、文章等方面，则在西方国家之上。因此，曾国藩认为，西方的思想和政治制度是绝对不能学习和仿效的。曾国藩根本没有认识到中国落后于西方的根本原因不是在“器物”层面上，而是在“道”的层面上。事实上，我们只有承认西方在“道”的层面上优于中国，才能找到问题的关键之所在，中国的近代化才能上正轨。曾国藩既没有根据当时中国国情的需要，在政治、经济、军事、教育等方面，提出整体的改革方案，也没有找到实现改革的依靠力量。可见，曾国藩选择的“自强”“求富”的洋务运动道路，是一条舍本求末、避重就轻的近代化道路。

黄遵宪认为，曾国藩的儒学思想和黄老处世，对其事业成功发挥了一定作用，但曾国藩文化传统文化思想落后于中国社会转型的时代要求，不能引领时代潮流，没有一意寻求用西方近代文化来改造古老中国社会。他在《致梁启超函》中说：“公欲作曾文正传，索仆评其为人。仆以为国朝二百余年，应推为第一流，即求之古人，若诸葛武侯，若陆敬舆，若司马温公，若王阳明，置之伯仲之间，亦无愧色，可谓名儒矣，可谓名臣矣。虽然，仆以为天生此人，实使之结从古迄今名儒、名臣之局者也。其学问能兼综考据、辞章、义理三种之长。然此皆破碎陈腐、迂疏无用之学，于今日泰西之科学、之哲学未梦见也。其功业比汉之皇甫嵩，唐之郭子仪、李光弼为尤盛。……然欧美之政体，英法之学术，其所以富强之由，曾未考求。毋乃华夷中外之界未尽泯乎?"①

第二节 曾国藩文化思想的历史影响

曾国藩文化思想，尤其是理学经世思想、"商战"文化思想、外交文化思想、教育文化思想，对当时及后世产生了深远的历史影响。

一 曾国藩"理学经世"思想的历史影响

曾国藩的"理学经世"思想对当时及后世产生了一定的历史影响。在曾国藩身边的张裕钊、刘蓉、郭嵩焘、李鸿章、张之洞等人，都信奉曾国藩理学与经济合一的"理学经世"思想，主张以礼治国。

张裕钊在较大程度上受曾国藩理学经世思想的影响，在学术上主张"以礼经世"的宗旨。张裕钊（1823—1894），字廉卿，号濂亭，湖北武昌人，晚清著名学者、诗人。张裕钊在《经心书院记》中称："若夫礼之于道天下也，宏远矣。盖处人之一身，耳目形体、饮食男女之事，推及乎天下国家、朝野上下，冠昏丧祭射御食飨之经，至于班朝治军、莅官行法，未有一事而不由乎礼者也。"张裕钊批评汉宋学末流不知以礼经世。张裕钊认为，"要其终极，而一惟礼之治，驯致其道，而徐俟其成。施之于一身，而身得其安焉；施之一家，而家得其序焉；施之于天下，而天下得其理焉。其居于上，则足以尊主庇民，更化矫俗；其居于下，亦不失为经明行修、明体达用之士"②。

刘蓉主张"以礼经世"，在《绎礼堂记》中称："予读《仪礼》，郊庙邦国之大，居处服食之微，鬼神祭祀之幽，莫不明著等威，彰示节文，

---

① 《黄遵宪全集》（上），中华书局 2005 年版，第 436—437 页。

② 《张裕钊诗文集》，上海古籍出版社 2007 年版，第 450—452 页。

使各有遵循而不逾其矩，以是知圣王纲纪天下，所以范民心思耳目而纳之轨物，意义深矣。”①

郭嵩焘著《礼记质疑》，提出了“礼顺人情”的礼制改革思想。他说：“圣人为之制五味之宜，辨五音之正，察五色之文，而天理之流行依乎人心之感应以为之则，是以味、声、色三者，五行万物自然之符，即民生日用自然之序，非是则天地之用穷，民生日用之经亦废。人之生，生于味声色之各有其情，故礼者治人情者也，非能绝人情以为礼者也。”② 郭嵩焘主张因时变制。“时者，一代之典章互有因革，不相袭也。生乎今之世，反古之道，则与时违矣，故‘时为大’。顺与宜为近，顺者天理自然之秩叙，宜则品章节目裁之以义而各当于心。”③ 他主张国家应顺应人情，因时变革礼制。

李鸿章于道光二十七年考中进士，供职翰林院。当时，曾国藩正在京提倡程朱理学，李鸿章投入曾国藩门下。咸丰八年，曾国藩聘李鸿章为幕僚，对其颇为赏识。同治十一年二月十六日，曾国藩在《唁曾公子》中称：“鸿章从游几三十年，尝谓在诸门人中受知最早最深，亦最亲切。”④ 曾国藩的“理学经世”思想对李鸿章产生了很大的影响。李鸿章认为，消除内乱的长久之策，就是用曾国藩“礼学经世”思想、“礼治”原则，宣扬“尽礼”“克礼”“明理”等思想，来扭转社会风气。

张之洞认为，为了维护传统统治秩序，就必须坚持中国传统文化的主导地位，要恢复“礼”的地位。张之洞非常钦佩曾国藩“以耿耿忠心，百折不回之志气”成就“戡定之功”的精神。张之洞认为，其自身个人成就的取得，是学习曾国藩倡导的“以礼经世”思想的结果。1898 年，张之洞在《劝学篇》中称：“咸丰以来，海内大乱，次第削平，固由德泽深厚、庙算如神，亦由曾、胡、骆、左诸公，声气应求于数千里之内”，是“学术造人才，人才维国势，此皆往代之明效，而吾先正不远之良轨也”。⑤

“汉宋兼容”是曾国藩“理学经世”思想的重要组成部分，也是在当

---

① 《刘蓉集》（二），岳麓书社 2008 年版，第 16 页。

② 《郭嵩焘全集》（三），岳麓书社 2012 年版，第 268 页。

③ 同上书，第 277 页。

④ 《李鸿章全集·信函》（二），合肥教育出版社 2008 年版，第 422 页。

⑤ 张之洞：《劝学篇》，上海书店出版社 2002 年版，第 4 页。

年实现“理学经世”的重要途径。曾国藩的“汉宋兼容”思想，对同光年间的汉宋合流产生了很大的影响。

受曾国藩“汉宋兼容”思想的影响，罗汝怀主张“汉宋合流”，反对汉学、宋学门户之争，重视经世致用。罗汝怀（1804—1880），湖南湘潭人，字研生，晚号梅根居士，晚清著名学者。罗汝怀认为，汉学与宋学之争由来已久，以其个人的观点认为，这种争论“实无事之扰耳”，事实上，所视为汉学者名物、度数、训诂，所视为宋学的义理，两者本不应有任何偏废。李鼎芳指出：“罗汝怀亦同意于曾氏之说，其与国藩书云：‘礼以六年之教，教以方名。八岁入小学而保氏教之六书，亦以幼小难语义理之精，视其博识名物而义理生焉。以《大学》言之，博识即格物之事，义理即诚正修齐之事。以《论语》言之，汉学为博文之事，宋学为约礼之事。自科举利禄之途既开，竟趋简易，故小学幼仪皆失。及其名位既遂，或有慕博洽之名，则考据兴焉。其优于记诵者乐从之，其惮于搜讨者厌苦之，于是琐屑空疏，交相诟病而皆不得其平矣。’”①

张裕钊在给钟子勤的信中称，自康雍乾嘉以来，经学极盛一时，极力诋毁宋学，然而这种学术取向存在着“穷末而置其本、识小而遗其大”的缺陷。他说：“近乃复有一二笃志之士，稍求宋儒之遗绪，推阐大义而不溺于纤小之习，然或专从事于义理而一切屏弃考证为不足道，蒙又非之。夫学固所以明道，然不先之以考证，虽其说甚美，而训诂制度之失其实，则于经岂有当焉？故裕钊尝以为道与器相备而后天下之理得，至于本末精粗轻重之数，是不待以说之辩而明者也。”②

曾国藩的理学经世思想，其目的在于通过挖掘传统儒学思想中“经世致用”因素，来纠正后期理学的诸多弊病。这种努力客观上适应了清末学术思想转换的发展趋势，实现了理学思潮与经世思潮的相互结合。同光年间出现的汉宋合流等新的学术动向，在很大程度上离不开曾国藩“理学经世”思想的影响。③

桐城派对曾国藩文化思想的形成的影响极大。然而，曾国藩“理学经世”思想又反过来促进了桐城派的发展，实现了桐城派的中兴。曾国

---

① 李鼎芳：《曾国藩及其幕府人物》，岳麓书社1985年版，第58页。

② 同上。

③ 史革新：《理学与晚清社会》，《北京师范大学学报》1998年第4期。

藩并没有局限于桐城派原有的思想范围之内，而是在坚守桐城派义理之学的前提下，最终形成了曾国藩“理学经世”思想本身的特色。薛福成在《寄龛文存序》中说：“（桐城派）厥后流行益广，不能无窳弱之病。曾文正公出而振之。文正一代伟人，以理学经济发为文章，其阅历亲切，迥出诸先生上。早尝师义法于桐城，得其峻洁之诣。……故其为文，气清体闳，不名一家，足与方、姚诸公并峙。其尤峣然者，几欲跨越前辈。”①黎庶昌在《续古文辞类纂序》中说：“余今所论纂，其品藻次第，一以昔闻诸曾氏者，述而录之。曾氏之学，盖出于桐城，固知其与姚先生之旨合，而非广己于不可畔岸也。循姚氏之说，屏弃六朝骈俪之习，以求所谓神、理、气、味、格、律、声、色者，法愈严而体愈尊；循曾氏之说，将尽取儒者之多识、格物、博辨、训诂，一内诸雄奇万变之中，以矫桐城末流虚车之饰，其道相资，无可偏废。”②

曾国藩“理学经世”思想对资产阶级维新派文化观的形成产生了一定的影响，推动了维新派改良主义思潮的产生和发展。在《上海强学会章程》中称，“曾文正公开制造局，以译书为根，得其本矣”。③ 可以说，资产阶级维新派对曾国藩“理学经世”思想极为推崇。

康有为少年时期随祖父“学于官舍”，“频阅邸报，览知朝事，知曾文正、骆文忠、左文襄之业，而慷慨有远志矣”④，对曾国藩“理学经世”思想有所了解。在岭南理学家朱九江的教导下，形成了“济人经世”的思想。康有为决心舍弃考据帖括之学，专意养心，以拯救民生、经营天下为志。他说：“于时捧手受教，乃如旅人之得宿，盲人之睹明，乃洗心绝欲，一意归依、以圣贤为必可期，以群书为三十岁前必可尽读，以一身为心能有立，以天下为必可为。从此谢绝科举之文，土芥富贵之事，超然立于群伦之表，与古贤豪君子为群。”⑤ 康有为受曾国藩“理学经世”思想的影响，在反对宋学的空疏和汉学的琐碎中，走向了今文经学的学术道路。

梁启超极为推崇曾国藩的“理学经世”思想。梁启超指出，曾国藩

---

① 《薛福成选集》，上海人民出版社 1987 年版，第 239 页。

② 贾文昭：《桐城派文论选》，中华书局 2008 年版，第 376 页。

③ 《康有为政论集》（上），中华书局 1981 年版，第 174 页。

④ 《康南海自编年谱》，中华书局 1992 年版，第 4 页。

⑤ 同上书，第 7 页。

为排满革命者所唾骂，而其自身则更加崇拜曾国藩，假如曾国藩在还处于壮年阶段，则中国必由其手而获救。他说："彼惟以天性之极纯厚也，故虽行破坏可也；惟以修行之极严谨也，故虽用权变可也。……吾党不欲澄清天下则已，苟有此志，则吾谓《曾文正集》，不可不日三复也。夫以英、美、日本之豪杰证之则如彼，以吾祖国之豪杰证之则如此，认救国之责任者，其可以得师矣。"①

曾国藩的"理学经世"变易思想，对严复进化论的提出产生了一定的影响。曾国藩用《易传》中的变易思想观察时局，他在《悔吝》中写道："吉凶悔吝，四者相为循环。吉，非有祥瑞之可言，但行事措之咸宜，无有人非鬼责，是即谓之吉。过是则为吝矣。……易之道，当随时变易，以处中当变，而守此不变，则贞而吝矣。"② 严复受曾国藩变易思想的影响，感受到历史的变化。他在《论世变之亟》中称："观今日之世变，盖自秦以来，未有若斯之亟也！夫世之变也，莫知其所由然，强而名之曰运会。运会既成，虽圣人无所为力。盖圣人亦运会中之一物。既为其中之一物，谓能取运会而转移之，无是理也。彼圣人者，特知运会之所由趋，而逆睹其流极。唯知其所由趋，故后天而奉天时，唯逆睹其流极，故先天而天不违。"③

严复受曾国藩的影响，以《易传》思想为中介。他在《译〈天演论〉自序》中称："后二百年，有斯宾塞尔者，以天演自然言化，著书造论，贯天地人而一理之。此亦晚近之绝作也。其为天演界说曰：翕以合质，辟以出力，始简易而终糅杂。而《易》则曰：'坤，其静也翕，其动也辟。'至于全力不增减之说，则有自强不息为之先；凡动必复之说，则有消息之义居其始；而《易》不可见，乾坤或几乎息之旨，尤与热力平均天地乃毁之言相发明也。"④

洋务思潮、维新思潮与共和思潮，是晚清进步思潮中三个拾级而上的阶梯。虽然维新思潮是作为洋务思潮的批判者与对立物出现的，维新思潮的兴起、高涨，却有赖于洋务思潮的铺垫与培育。严复等资产阶级启蒙思想家的成长，与以曾国藩为首的洋务派思想家"理学经世"的涵养、与

① 《梁启超选集》，上海人民出版社 1984 年版，第 264 页。

② 《曾国藩全集·诗文》，岳麓书社 1986 年版，第 360 页。

③ 《严复选集》，人民文学出版社 2004 年版，第 3 页。

④ 同上书，第 99—100 页。

洋务运动所提供的平台是分不开的。①

蒋介石对曾国藩的“以礼自治”和“以礼治人”的政治主张十分推崇，称曾国藩的人格修养是培养国人精神典范，要求人们“首先振作纪纲，扶持正气，挽转颓风”，鼓吹复“礼”，“就是恢复我们民族固有的德性”②。

蒋介石主张借鉴曾国藩的军事文化思想，曾用曾国藩的《爱民歌》训导黄埔军校的学生。蒋介石在审定增补蔡锷所编的《曾胡治兵语录注释》时指出，清王朝之所以出现中兴局面，太平天国之所以最后彻底失败，并非人才消长之故，而真正原因在于“德业隆替”之征。蒋介石指出：“彼洪、杨、石、李、陈、韦之才略，岂不能比拟于曾、胡、左、李之清臣，然而曾氏标榜道德，力体躬行，以为一世倡，其结果竟能变易风俗，挽回颓靡。吾姑不问其当时应变之手段、思想之新旧、成败之过程如何，而其苦心毅力、自立立人、自达达人之道，盖已足为吾人之师资矣。”③

曾国藩认为，“经济之学即在义理之内”，强调经世致用必须有益于治国安邦。曾国藩“理学经世”思想对湖湘文化的发展产生了一定影响，使其经邦济世的特色更为鲜明。自曾国藩之后，湖湘学人积极参与社会活动，以改造外部社会为己任，关心国家民族的前途和命运。湖湘文化中的理学经世思想更为丰富，扩大了湖湘文化在全国的影响，对近代湖南人才群体的形成产生了较大的影响。

青年毛泽东十分佩服曾国藩。1917 年 8 月 23 日，毛泽东在《致黎锦熙》中评价近代人物指出，在当时中国的重要人物中，首推袁世凯、孙中山、康有为三人，孙中山、袁世凯姑且不论，康有为略有本源，然仔细推敲，其本源论徒为华言炫听，并无一干竖立、枝叶扶疏之妙。毛泽东指出：“愚意所谓本源者，倡学而已矣。……愚于近人，独服曾文正，观其收拾洪杨一役，完满无缺。使以今人易其位，其能有如彼之完满乎？”④

曾国藩强调以心力转移风气。青年毛泽东受曾国藩文化思想的影响，

---

① 余祖华：《“中国最后一位大儒”与“中国西学第一人”——曾国藩与严复思想比较》，《湖南人文科技学院学报》2012 年第 1 期。

② 《蒋介石全集》，上海文化编译馆 1937 年版，第 24 页。

③ 中国第二历史档案馆：《蒋介石年谱》，九州出版社 2012 年版，第 229 页。

④ 《毛泽东早期文稿》，湖南人民出版社 2008 年版，第 72—73 页。

刻意钻研性理之学，探求本源问题，十分重视心力的作用。毛泽东指出："天下亦大矣，社会之组织极复杂，而又有数千年之历史，民智污塞，开通为难。欲动天下者，当动天下之心，而不徒在显现之迹。动其心者，当具有大本大源。……今吾以大本大源为号召，天下之心其有不动者乎？天下之心皆动，天下之事有不能为者乎？天下之事可为，国家有不富强幸福者乎？"①

曾国藩文化思想对青年毛泽东产生了一定的影响，使其把天理与人心贯通起来，并使心力的作用落实到安邦治国的宏图伟业之中。在延安时期，毛泽东在党内高级干部学习班上，仍然强调要读一点曾国藩的家书，以便提高广大党员的修养，提升治国理政的"经世"能力。

二　曾国藩"商战"思想的历史影响

同治元年，曾国藩最早提出了"商战"思想。这一思想主张对近代中国重商主义思潮的形成产生了较大的影响。

光绪四年，湖广道御史李璠对曾国藩的"商战"思想进行了阐发，分析了中西通商局面，提出了"以商敌商"的思想。李璠在奏折中援引曾国藩的话称，西方各国，把商务发展视为关系到国家盛衰的重要事项，因此君民同心，利之所在，全力赴之。李璠指出："古之侵人国也，必费财而后辟土；彼之侵人国也，即辟土而又生财，故大学士曾国藩谓'商鞅以耕战，泰西以商战'诚为确论。此洋人通商弱人之实情也。"②

受曾国藩"商战"思想的影响，左宗棠主张"护商""利商"，保护和发展商品经济。特别是左宗棠晚年主张商办厂矿企业，扶持私人资本，商人在创办企业的过程中有更多的自主权。左宗棠指出，与民争利，不如教民兴利。左宗棠的"护商""利商"思想，在一定程度上促进了民族资本主义的发展。

王韬、薛福成、郑观应、何启、胡礼垣、汪康年等早期维新思想家，继承并发展了曾国藩的"商战"思想，对重农抑商思想进行批判成为一种风气，形成了一股重商主义思潮。

王韬提出了"持商为国本"的"商本论"。王韬认为，开矿设厂之

① 《毛泽东早期文稿》，湖南人民出版社 2008 年版，第 73 页。

② 《中国近代史料丛刊·洋务运动》（一），上海人民出版社 1961 年版，第 165 页。

事，官办不如商办，主张允许民间自立公司。王韬在《治中》中称："今日崇尚西学，仿效西法，渐知以商力浚利源，与西商并驾齐驱而潜夺其权，如轮船招商局之设是也。"[①] 王韬主张保护商人利益。他在《代上苏抚李宫保书》指出："盖西国于商民，皆官为之调剂翼助，故其利薄而用无不足；我皆听商民之自为，而时且遏抑剥损之，故上下交失其利。今一反其道而行之，务使利权归我，而国不强，民不富者，未之有也。"[②] 王韬在《代上广州府冯太守书》中称："且夫通商之益有三，工匠之娴于艺术者得以自食其力，游手好闲之徒得有所归，商富即国富，一旦有事，可以供输糈饷。此西国所以恃商为国本欤？"[③]

薛福成提出"工基商纲论"，认为"商战"要比"兵战"更为有用。薛福成在《商政》中称："昔商君之论富强也，以耕战为务。而西人之谋富强也，以工商为先，耕战植其基，工商扩其用也。然论西人致富之术，非工不足以开商之源，则工又为其基而商为其用。"[④] 薛福成在《振百工说》中称，西方各国以工商立国，基本上采取"以工为体、以商为用"的指导原则，士研其理，工致其功，则工又必兼士之事。他说："吾尝审泰西诸国勃兴之故，数十年来，何其良工之多也。"[⑤]

薛福成认为，商民是"握四民之纲"。1890 年，他在《英吉利用商务辟荒地说》中称，西方各国经营商务，每辟荒地为巨埠，而英国尤为突出，对于商务最为精通。他说："夫商为中国四民之殿，而西人则恃商为创国、造家、开物、成务之命脉。迭著神奇之效者，何也？盖有商则士可行其所学而学益精，农可通其所植而植益盛，工可售其所作而作益勤。是握四民之纲者，商也。此其理为从前九州之内所未知，六经之内所未讲。西洋创此规模，实有可操之券，不能执崇本抑末之旧说以难之。"[⑥]

郑观应继承和发扬了曾国藩的"商战"思想。郑观应在《商务》一文中指出，商务是国家的元气，通商就是疏通其血脉，譬如古代太公之九府圜法，《周官》设市师以教商贾，龙门传货殖以示后世，其讲求商法与

---

① 王韬：《弢园文录外编》，上海书店出版社 2002 年版，第 21 页。

② 王韬：《弢园尺牍》，中华书局 1959 年版，第 85 页。

③ 王韬：《弢园文录外编》，上海书店出版社 2002 年版，第 248 页。

④ 《薛福成选集》，上海人民出版社 1987 年版，第 540 页。

⑤ 同上书，第 482 页。

⑥ 同上书，第 297 页。

近代西方国家略同。郑观应认为，西方国家拥有雄厚资本的商贾，具有很高的政治与经济地位，我国欲振兴商务，地方督抚应上体宸衷、下体商情，奏请朝廷新增设立商务部，以熟识商务并兼通中外语言文字之大臣总司其事，并允许地方设立商务总局。他说："至今日而策富强，倘不如是，内不足以孚信于商民，即外不足以阻洋商之攘夺。洋货入中国则输半税，土货出外洋则加重征。资本纵相若，而市价则不相同。洋货可平沽，而土货必昂其值。颠倒错紊，华商安得不困？洋商安得不丰？倘有贤能督抚大吏，洞明利害本原，奏请将厘金概行豁免，在江海巨埠者并归洋关，在内地口岸者改归坐厘，或由商务局妥筹别款，弥缝厘金之缺，何至华商受其害，而洋商独收其利也哉！"①

郑观应在《商战》中称，西方各国以商富国，以兵卫商，不但以兵为战，而且以商为战。他认为，中国历来不重视商务，而士、农、工、商又各自为政，虽然中国屡遭外国之侵略，然而根本没有真正探求富强之术。他说："西人以商为战，士、农、工为商助也，公使为商遗也，领事为商立也，兵船为商置也。国家不惜巨资，备加保护商务者，非但有益民生，且能为国拓土开疆也。"②

郑观应把商提到"四民之纲"的高度。他认为，商业以懋迁有无，平物价，济急需，有益于民，有利于国，与士、农、工互相表里，士无商则格致之学不宏，农无商则种植之类不广，工无商则制造之物不能销，是商业具生财之大道，而握"四民之纲"。

何启、胡礼垣在《新政论议》中称，夫国之所以兴且强者，其道首在爱民，爱民之道首在富民，富民之道首在通商。他们在《新政始基》中称："富国者莫先于利民，利民者莫先于便民。民得其便，则向之农田以十亩为率者，能从事于百亩也；向之作贾以千元为志者，今且相期以万元也；而矿物不难于崛兴，机局不难于竟起，铁路不难于纲布，货物不难于丰饶。"③ 他们认为，用民者贵用其锋，而锋之所在在于便民，为国贵在于乘其势，而势之所在也在于便民。他们指出："有治法尤贵有治人，能富民然后能富国，为天下国家者慎无以私意误之也。"④

---

① 郑观应：《盛世危言》，内蒙古人民出版社 2006 年版，第 120—121 页。

② 同上书，第 134—135 页。

③ 《新政真诠：何启、胡礼垣集》，辽宁人民出版社 1994 年版，第 227 页。

④ 同上书，第 246 页。

1896年，汪康年发表《商战论》，阐明中外商务之胜败关键。他说："国立于地球之上，咸以战争自存者也。以战自惕罔不兴，以不战自逸罔不亡。战之具有三，教以夺其民，兵以夺其地，商以夺其财。是故未通商之前，商与商自为战，既通商之后，则合一国之商与他国之商相战。"①

如何进行商战？重商主义者提出了"寓工于商"，发展近代工业，保护民族工商业，发展对外贸易，注重金融货币战，等等。

重商主义不仅重视商业，工业也在其中，提出了"寓工于商"的理念，主张发展近代工业。郑观应在《商务》一文中指出，国家欲振兴商务，必先精通格致，发展制造产业，而要想有通格致、精制造之人，必先设立机器、技艺、格致学校以培养人才。他认为，论商务之原，以制造为急，而制造之法，以机器为先。汪康年认为，商业为农工业之运用，彼此之间应连为一体。他指出，农民从事农业生产，若没有商业，所得的农业产品不能运而致之远；工业取五行之精，而制为器用，没有商业不能炫于肆，以得他人之赀。

郑观应主张保护民族工商业。他要求裁撤厘金，加征关税，其贩运别国者，仍然缴纳半税，中外商人一律征收，外国商人无所借口，中国商人不至向隅。郑观应主张废除"围商之政"，制定"保商之法"。他认为，所有通商口岸、内省腹地，其应兴铁路、轮船、开矿、种植、纺织、制造之处，一律准许民间开设，无所禁止，或集股，或自办，悉听其便，全以商贾之道行之，绝不拘以官场体统。

薛福成认为，振兴商务应着眼于对外贸易。他认为，商务盛则利之来，如水之就下而不能止，商务衰则利之去，如水之日泄而不自觉。他说："数十年来，通商之局大开，地球万国不啻并为一家。而各国于振兴商务之道，无不精心研究。其纠合公司之法，意在使人人各逐其私求；人人之私利既获，而通国之公利寓焉。故论一国之贫富强弱，必以商务为衡。"②

宋育仁主张注重加强金融货币战。宋育仁在《泰西各国采风记》中称，铸金钱为制外夷第一要义。他认为，有金币之国，则日渐富强而制人，无金币之国，则日渐贫穷而受制于人；中国不铸金币，又无银行，通

---

① 汪康年：《商战论》，《时务报》1896年12月15日。

② 《薛福成选集》，上海人民出版社1987年版，第612页。

用铜钱，三者都授人以柄。他说："美国银圆较中国所行墨西哥洋园差重无几，而与中国交易，以一园（元）当中国两元，亦由伦敦镑价按中国金价以定中国银价，据为平准，实则括中国之金使之昂，抑中国之银以为利耳。"①

受曾国藩"商战"思想及后来重商主义思潮的影响，清政府采取了一些发展商业的举措。1903 年，清政府正式成立"商部"，将农工路矿诸政归并在商部之下，并制定《商人通例》《公司律》《公司注册试办章程》《商标注册暂拟章程》《奖给商勋章程》等。1904 年，清政府颁布《商会简明章程》，谕令各省成立商会。这些举措在一定程度上促进了近代商业的发展，推动了中国经济近代化的进程。

三　曾国藩外交思想的历史影响

曾国藩的外交思想十分丰富，提出"以诚待夷""坚守和约""理势并重""为民争利"等外交主张。这些，对洋务派与早期维新派外交思想的形成，都产生了较大的影响。

李鸿章的主张"和戎"，坚守和约，讲求"实力""忠信笃敬"的外交思想，是对曾国藩外交思想的继承和发展。在当时国势衰弱的情况之下，李鸿章"主张和戎"外交。光绪六年十二月二十二日，李鸿章在《复四川王山长壬秋闿运》中称："盖西国政令画一，凡创辟之土，无论何国公使、领事，丝毫不得分其权，而我闽、粤人之久居彼境者，亦习惯其约束，而不敢相抗。……处今时势，外须和戎。"② 光绪十五年七月十三日，李鸿章在《复广西提台苏》中称："通商之初，税收无几。中外交涉事件，惟有谨守约章。"③ 光绪十六年十二月八日，李鸿章在《复吉林将军长》中称："俄人窥视东陲，诡谋百出，我惟一意坚守条约，彼当无隙可乘。"④

李鸿章认为，西方列强已经深入中国，非中国力所能敌。同治十二年十一月二日，李鸿章在《筹议海防折》中称，各国条约已定，断难更改，江海各口门户洞开，西方国家恃强要挟，在在皆可生衅。同治十一年五月

---

① 《郭嵩焘等使西记六种》，中西书局 2012 年版，第 341 页。

② 《李鸿章全集·信函》（四），安徽教育出版社 2008 年版，第 646 页。

③ 《李鸿章全集·信函》（六），安徽教育出版社 2008 年版，第 584 页。

④ 《李鸿章全集·信函》（七），安徽教育出版社 2008 年版，第 151 页。

十五日，李鸿章在《筹议制造轮船未可裁撤折》中称，在当时的历史条件下曰攘夷、曰驱逐出境固虚妄之论，唯一的选择就是保持和局、守卫疆土。当然，李鸿章坚守和约的外交思想中，并不是一味退让，也包含了自强的外交思想。光绪六年六月六日，李鸿章在《德国兵官请给宝星片》中称，外交之道与自强之谋，互为表里。李鸿章主张通过坚守和约的外交，来赢得时间，实现自强、求富的强国富民梦想。

李鸿章的外交思想是对曾国藩外交思想的继承和发展。李鸿章在与吴永交谈中道，自己办一辈子外交，没有闹出乱子，都是曾国藩一言指示之力，自己办理交涉，不论英、俄、德、法，只捧着“诚”字锦囊同西方国家相对，果然没有差错，且有很大收获。李鼎芳指出：“清季外交，系于李鸿章一人之手。而鸿章晚年之事业，亦即以此为巨。鸿章之外交，世人恒以软弱讥之，然其能取信于外人，亦为时人所不可及。但斯二者，鸿章皆有所承受而然，则得之自曾国藩也。”①

郭嵩焘十分赞同曾国藩提出的“以条约为凭”，力保和局，不轻易发动战争的外交思想。针对守旧势力对曾国藩坚守和约外交思想的指责，郭嵩焘对此进行了批驳。他说：“曾文正公办理天津一案，乡人大哗，至今物论尚未平也。此无他，用其鼠目寸光、豁壑褊小之心，而傲然自以为忠孝，慢上无礼，漠不为耻。”② 郭嵩焘继承了曾国藩“和戎”外交思想，提出了以“和”为主的外交原则。光绪十年九月，他在《因法事条陈时政疏》中称，中国与西方国家的摩擦已深，亟应以外交方式加以处理，不宜交兵。③

黎庶昌继承和发展了曾国藩坚守和约的“和戎”外交思想。黎庶昌（1837—1898），字莼斋，贵州遵义人，师事曾国藩，被誉为“曾门四弟子”之一。黎庶昌在《与李勉林观察书》中称：“中国诚能于此时廓开大计，与众合从，东联日本，西备俄罗斯，而于英法等大邦择交一二，结为亲与之国，内修战备以御外侮，扩充商贾以利财源，此非不足大有为于时也。否则敬慎守约，不使官民再启衅端，亦可十年无事。若犹偃然自是，不思变通，窃恐蚕食之忧，殆未知所终极。”④ 受曾国藩“以诚待夷”外

---

① 李鼎芳：《曾国藩及其幕府人物》，岳麓书社1985年版，第64页。

② 《郭嵩焘全集》（十一），岳麓书社2012年版，第131页。

③ 《郭嵩焘全集》（四），岳麓书社2012年版，第860页。

④ 黎庶昌：《西洋杂志》，湖南人民出版社1981年版，第180—181页。

交思想的影响，黎庶昌主张以“仁”“智”为外交总方针。黎庶昌在《儒学本论序》中称，唯仁者能以大事小，唯智者能以小事大，是实现邦交友好的基础，凡是与我国订立条约的国家，订约后就应言归于好。黎庶昌“敬慎守约”的外交思想是对曾国藩外交思想的继承和发展。

早期维新派继承并发展了曾国藩外交思想，提出了保持和局、“自立”“自强”的思想主张，和曾国藩外交思想相吻合。早期维新派对国际公法有了较为明确的了解，主张通过谈判解决中外争端。

薛福成在《代李伯相筹议日本改约暂宜缓见疏》中称，虽然不平等条约使中国受亏过巨，往往与国际公法相违背，但为了避免与西方国家发生直接的军事冲突，仍然需要“守定和约”“坚守和约”。同治九年，薛福成跟随曾国藩办理天津教案时，对曾国藩的外交思想予以肯定。他在《代李伯相拟陈督臣忠勋事实疏》中称，曾国藩深知时势之艰难，对外交涉非常小心谨慎，不肯与西方国家轻易开战，但求坚守条约，示以诚信，使西方国家不能随便入侵中国。①

后来，薛福成在办理教案时，继承了曾国藩的外交思想。1891 年，他在《分别教案治本治标之计疏》中称：“惟彼倘借护教为名，迫我以不能行之事，或欲别订章程，隐收权利，且使彼教日益恣横，自当坚定以拒之，镇静以应之。昔曾国藩办理津案，虽一时谤议纷起，阅世以后，人咸谅其心之公忠，并知其事之妥协者，盖既保全和局，而原案外并无所让也。”② 薛福成后来提出了“以和为体，以作可战之势为用”“先作势欲战而以和为归宿之地”“设防以定和局”的外交思想，这在较大程度上与曾国藩的外交思想相吻合。

王韬继承并发展了曾国藩“和戎”外交思想，认为徐图自强是中国唯一的出路，中国的发展需要一个和平的外部环境。他在《强弱论》中称：“自强之道，有为守御计者，有为征伐计者，有为侵并计者，非一端也。当先审力之足以胜人，万全而无害，然后可以发难，否则宁先为自固计。故与其本弱而示之以强，不如内强而示之以弱，此善于谋国者也。”③ 王韬对外交涉的基本态度是，主张“宜和不宜战”，先以和弭之，然而徐

① 《薛福成选集》，上海人民出版社 1987 年版，第 51 页。

② 同上书，第 393 页。

③ 王韬：《弢园文录外编》，上海书店出版社 2002 年版，第 169—170 页。

图自强。1883年中法战争爆发时，王韬主张以和平方式解决中法争端，认为中国“既无战之具，又非战之时”，“而与之和，则其和可久”。他说：“盖我今日兵卒孱弱，财用空竭，外之国威未振，内之强寇未锄，势固不逞与之战也。和战利害，不待智者而知之矣。”①

郑观应继承了曾国藩“理势并重”的外交思想，对曾国藩的外交思想予以高度认可，认为曾国藩在解决国家与国家之间的关系问题上，具有忍辱负重的精神。郑观应在《交涉》中指出：“曾文正言：‘方今中国好言势者，专事羁縻，幸免开衅。……好言理者，又激于忠义，卤莽从事。然操纵无术，决裂堪虞。皆非万全之策也。’旨哉斯言！诚老成谋国之笃论也。”② 郑观应对“言理者”与“言势者”提出了批评，认为他们要么是以鲁莽方式行事，要么是以隐忍方式偷安，谬托正论，务虚名而贾实祸。

曾纪泽是中国近代史上著名的外交家，其外交思想的形成，无不受曾国藩外交思想的影响。在曾国藩的熏陶下，曾纪泽对西方近代文化产生了一定的兴趣，初步从辨认星座到通晓天文、地理，实现了由“天圆地方”“天朝至尊”观念到“国家平等”观念的转变，这为曾纪泽外交思想的形成奠定了基础。

曾纪泽继承了曾国藩坚守和约的外交思想。在与俄国谈判之前，曾纪泽在《恭报由英启程日期疏》中称：“遵旨将条约章程等件详细酌核，分别可行及必不可行之款，奏准后知照前来。”③ 同时，曾纪泽继承并发展了曾国藩“为民争利”的外交思想，主张弱国通过坚持不懈的努力，尽量争取为民谋利。曾纪泽在与俄国谈判的过程中，遇到了很多棘手的问题，但仍抱着多争一分利就少一分害的信念，不畏强权，据理力争。

四　曾国藩“中体西用”思想的历史影响

“中体西用”观念的实质是“以中国之伦常名教为原本”，既以纲常名教束缚人们的思想，又主张发展近代科学技术。在曾国藩看来，一方面

---

① 王韬：《弢园尺牍》，《近代中国史料丛刊续集》（第100辑），台北文海出版社1983年版，第169页。

② 郑观应：《盛世危言》，内蒙古人民出版社2006年版，第15页。

③ 《曾纪泽集》，岳麓书社2005年版，第30页。

要维护中国传统文化，为“三纲五常”服务；另一方面又要勇于接受新鲜事物，学习西方近代文化。

受曾国藩文化思想影响的冯桂芬，推崇经世致用之学，积极参与筹备上海中外会防局及上海方言馆。冯桂芬在《采西学议》中指出的：“诸国同时并域，独能自致富强，岂非相类而易行之尤大彰明较著者？如以中国之伦常名教之原本，辅以诸国富之术，不更善之善者哉？”[①] 这种“中体西用”观，反映了曾国藩文化思想的影响。

受曾国藩“中体西用”思想影响的一大批研究科技的汉学家，如徐寿、李善兰、华蘅芳、徐建寅等人，在江南制造总局内设翻译馆，翻译西方科技图书，开创近代史上的留学生运动。

曾国藩“中体西用”教育文化思想，对容闳、吴汝纶等人近代新式教育文化观的形成产生了较大的影响，推动了中国教育近代化的进程。

曾国藩幕僚容闳，是中国近代史上著名的新式教育家，曾国藩“中体西用”教育文化思想对其产生了很大的影响。正如容闳本人在《西学东渐记》中指出，曾国藩为中国著名的军事家及政治家，自己的教育计划，完全依靠曾国藩的大力提倡，才有机会得以实行。容闳后来回忆说：“即如予之因曾（继甫）而识李，因李而识曾（文正），因曾而予之教育计划乃得告成；又因予之教育计划告成，而中西学术萃于一堂；充类至义之尽，将来世界成为一家，不可谓非由此滥觞。”[②] 李鼎芳指出，容闳为热心于新教育之人，久欲施行其得自美国之新教育计划而无法实现，自从得到曾国藩的重视之后，乃得将其计划付诸实施。[③]

吴汝纶（1840—1903），字挚甫，安徽桐城人，长期师事曾国藩，称为“曾门四弟子”之一。在曾国藩去世后，吴汝纶立志从事教育事业，经张百熙奏请，担任保定莲池书院主教多年。吴汝纶继承并发展了曾国藩“中体西用”的教育文化思想，在坚守中国传统文化的前提之下，积极倡导新式教育。吴汝纶之子吴闿生在《先府君事略》中，称吴汝纶“以新学倡导士子，风气豁开，积习梳薙，士多以英伟识时务著声，后来兴事创业者，咸出其门。先后立英文、日本文学堂，延英日名人以为教授。于时

① 冯桂芬：《校邠庐抗议》，中州古籍出版社 1998 年版，第 211 页。

② 《容闳回忆录：我在中国和美国的生活》，东方出版社 2012 年版，第 36 页。

③ 李鼎芳：《曾国藩及其幕府人物》，岳麓书社 1985 年版，第 61 页。

外国学为众所未闻，俗论多震骇之者，先君不为动”。[①] 后来，吴汝纶担任京师大学堂总教习数十年，多次赴日本考察学制，加速了中国教育近代化的进程。

① 《吴汝纶全集》（四），黄山书社2002年版，第1158页。

结　语

曾国藩是中国近代史著名的政治家、军事家，中国传统社会的最后一位理学大师，近代中国社会转型过程中向西方学习的重要开创者。曾国藩文化思想的形成，既有一定的理学经世思想渊源，又离不开当年社会腐败、政治黑暗、军备废弛的特殊环境。曾国藩被称为“一宗宋儒”，是中国传统文化的集大成者。然而，在“西学东渐”的时代大潮面前，他逐渐从中国传统文化向西方近代文化转变，成为中国近代文化的主要代表。

曾国藩兼有中国传统文化化身和中国近代文化主要代表的双重身份。曾国藩文化思想的内容十分丰富，是一个庞大的思想体系。主要包括：“笃信程朱”的理学思想，“兼容并蓄”的百家思想，“务实求朴”的经世致用思想，“中体西用”的洋务教育思想，“自强求富”的近代科技思想。在曾国藩文化思想体系中，既主张“程朱理学”，又主张“博取众长”；大力提倡经世致用，主张理论联系实际；在如何处理中学与西学的关系问题上，提出了“义理为体、洋务为用”的思想；在具体的实践过程中，逐渐形成了一套比较完整的“自强”“求富”的近代科技思想。

曾国藩文化思想主张以“义理为体、经世为用”“内圣修身为体、外王经世为用”“宋学为体、汉学为用”“儒学为体、百家为用”“中国传统文化为体、西方近代文化为用”。曾国藩的文化思想具有维新性与守成性的双重特点。一方面，曾国藩的文化思想具有维新性。在中西文化交流过程中，曾国藩所阐发的文化思想的精华，繁荣了学术，促进了西方科学技术在中国的传播，为中国近代化的开端奠定了思想文化基础。另一方面，曾国藩的文化思想又具有守成性。曾国藩极力维护中国传统纲常礼教，试图以此捍卫传统等级制度和君主专制制度，保持传统统治秩序的连续性和完整性，极力维护清王朝的专制统治地位，“卫道”而不“变道”是其终身抱定的宗旨和遵循的准则。

洋务运动为中国近代化的起步提供了思想、政治、经济等方面的条件，从而开启了中国近代化的历史车轮。而曾国藩正是这场运动的发起人、倡导者和最早实践者，曾国藩文化思想在洋务运动中发挥着独特的作用。

曾国藩是晚清的“中兴名臣”，他不但在政治上提出了一系列改革的主张，而且成为晚清近代外交的实际开拓者，对推动中国政治近代化进程发挥了十分重要的作用。在长期治政和治军的过程中，曾国藩十分重视“经济”的作用，曾国藩的经济思想，对中国经济近代化的开端起到了积极的促进作用。曾国藩是中国军事近代化建设的主要奠基人和开创者。在治理湘军的过程中，曾国藩提出了“练兵”“制器”和加强海防的近代军事思想，开始了由传统军事思想向近代军事思想的转变，为中国军事近代化的开端奠定了思想基础。随着西学东渐和西方文化认识的进一步加深，曾国藩的近代教育思想开始萌芽，并逐渐形成了“中体西用”的近代教育思想体系，拉开了中国教育近代化的序幕。更为重要的是，曾国藩文化思想对洋务派、早期维新派、维新派产生了较大的影响，推动了中国政治、经济、军事、教育等方面的近代化进程。当然，话说回来，由于曾国藩的文化思想具有很大的守成性，因此，它对于推动中国近代化的历史进程是有限度的。

随着内忧外患的加剧，任何试图在保持旧的政治制度和思想观念的条件下，去实现所谓强国富民的愿望，无疑都是一种空想。“时势造英雄”，时代的要求呼唤更先进的思想体系来推动中国近代化的发展。此后的戊戌维新运动和辛亥革命运动，虽然在思想上和政治制度上使中国近代化的进程又前进了一步，但同样由于其自身阶级和历史的局限性，而未能取得更大的进展。

于是，推动中国近代化进程的历史重任最终落到了中国无产阶级的身上。五四运动提出了“民主”与“科学”的口号，随着马克思主义在中国的广泛传播，中国无产阶级不断成长壮大，并第一次以自为的阶级登上了历史舞台，中国无产阶级的先锋队——中国共产党也应运而生。中国共产党将马克思主义的基本原理与中国革命的具体实践相结合，最终探索出了一条新民主主义革命的新道路，并成功地实现了新民主主义革命向社会主义革命的转变，彻底摆脱了中国半殖民地半封建社会的历史命运，从而为中国走向社会主义现代化开辟了广阔的前景。

主要参考文献

（一）相关史料汇编类

《曾国藩全集》，岳麓书社 1985—1994 年版。

《陶澍集》，岳麓书社 1998 年版。

《贺长龄集》，岳麓书社 2010 年版。

《唐鉴集》，岳麓书社 2010 年版。

《姚鼐文选》，黄山书社 1986 年版。

阮元：《揅经室集》，中华书局 1985 年版。

《孙奇逢集》，中州古籍出版社 2003 年版。

《陆九渊集》，中华书局 1980 年版。

《周敦颐集》，岳麓书社 2002 年版。

《胡宏集》，中华书局 1987 年版。

《张栻集》，岳麓书社 2010 年版

《船山全书》，岳麓书社 1996 年版。

《龚自珍全集》，上海古籍出版社 1999 年版。

《魏源全集》，岳麓书社 2004 年版。

《林则徐全集》，海峡文艺出版社 2002 年版。

《胡林翼集》，岳麓书社 1999 年版。

《李鸿章全集》，安徽教育出版社 2008 年版。

《左宗棠全集》，岳麓书社 2009 年版。

《张之洞全集》，河北人民出版社 1998 年版。

《郭嵩焘全集》，岳麓书社 2012 年版。

《张裕钊诗文集》，上海古籍出版社 2007 年版。

《刘蓉集》，岳麓书社 2008 年版。

黎庶昌：《拙尊园丛稿》，光绪十六年。

《郭嵩焘等使西记六种》，中西书局 2012 年版。
《曾纪泽集》，岳麓书社 2005 年版。
《吴汝纶全集》，黄山书社 2002 年版。
《薛福成选集》，上海人民出版社 1987 年版。
王韬：《弢园文录外编》，上海书店出版社 2002 年版。
《新政真诠：何启、胡礼垣集》，辽宁人民出版社 1994 年版。
《康有为政论集》，中华书局 1981 年版。
《梁启超文集》，北京燕山出版社 1997 年版。
《严复集》，中华书局 1986 年版。
《黄遵宪集》，天津人民出版社 2003 年版。
《蒋介石全集》，上海文化编译馆 1937 年版。
《毛泽东早期文稿》，湖南人民出版社 2008 年版。
《陈寅恪集》，生活·读书·新知三联书店 2001 年版。
《李肖聃集》，岳麓书社 2008 年版。
《筹办夷务始末》（同治朝）卷二五，中华书局 2008 年版。
《洋务运动》，上海人民出版社 1961 年版。
《大清新法令》，商务印书馆 2010 年版。
朱有瓛：《中国近代学制史料》，华东师范大学出版社 1983 年版。
贾文昭：《桐城派文论选》，中华书局 2008 年版。
《鸦片战争史料选译》，中华书局 1983 年版。
《马克思恩格斯选集》，人民出版社 1972 年版。

（二）相关著作类

朱熹：《大学章句》，上海古籍出版社 2002 年版。
胡安国：《春秋传》，岳麓书社 2011 年版。
唐鉴：《清学案小识》，商务印书馆 1935 年版。
江藩：《国朝汉学师承记》，中华书局 1983 年版。
方东树：《汉学商兑》，同治十年三月影印本。
章学诚：《文史通义》，上海书店出版社 1988 年版。
王定安：《湘军记》，岳麓书社 1983 年版。
冯桂芬：《校邠庐抗议》，中州古籍出版社 1998 年版。
郑观应：《盛世危言》，内蒙古人民出版社 2006 年版。
黎庶昌：《曾国藩年谱》，岳麓书社 1986 年版。

黎庶昌:《西洋杂志》,社会科学文献出版社 2007 年版。
容闳:《西学东渐记》,岳麓书社 1985 年版。
欧阳兆熊:《水窗春呓》,中华书局 1984 年版。
魏源:《圣武记》,中华书局 1984 年版。
蔡锷:《曾胡治兵语录》,中国民族摄影艺术出版社 2002 年版。
何贻焜:《曾国藩评传》,正中书局 1947 年版。
李鼎芳:《曾国藩及其幕府人物》,岳麓书社 1985 年版。
钱穆:《中国近三百年学术史》,中华书局 1986 年版。
钱穆:《现代中国学术论衡》,岳麓书社 1986 年版。
钱基博:《近百年湖南学风》,岳麓书社 2010 年版。
梁启超:《梁启超讲文化》,天津古籍出版社 2005 年版。
梁漱溟:《中国文化要义》,学林出版社 1987 年版。
贺麟:《文化的体与用》,商务印书馆 1947 年版。
萧一山:《清代通史》,中华书局 1986 年版。
萧一山:《曾国藩传》,东方出版社 2009 年版。
柳诒徵:《中国文化史》,中国大百科全书出版社 1988 年版。
蒋廷黻:《中国近代史》,岳麓书社 1987 年版。
罗荣渠:《现代化新论:中国的现代化之路》,华东师范大学出版社 2013 年版。
史远芹:《中国近代化的历程》,中共中央党校出版社 1999 年版。
朱东安:《曾国藩传》,百花文艺出版社 2001 年版。
李育民:《曾国藩传统文化思想研究》,湖南师范大学出版社 2006 年版。
史革新:《晚清理学研究》,商务印书馆 2007 年版。
熊月之:《西学东渐与晚清社会》,中国人民大学出版社 2010 年版。
李泽厚:《中国古代思想史论》,人民出版社 1985 年版。
丁伟志:《中体西用之间》,中国社会科学出版社 1995 年版。
林存阳:《清初三礼学》,社会科学文献出版社 2002 年版。
章继光:《曾国藩思想简论》,湖南人民出版社 1988 年版。
张德泽:《清代国家机关考略》,中国人民大学出版社 1981 年版。
赵丰田:《晚清五十年经济史》,哈佛燕京学社 1939 年版。
沈渭滨:《困厄中的近代化》,上海远东出版社 2001 年版。
余英时:《士与中国文化》,上海人民出版社 2003 年版。

［美］芮玛丽：《同治中兴：中国保守主义的最后抵抗》，房德邻等译，中国社会科学出版社 2002 年版。

［美］兰比尔·沃拉：《中国：前现代化的阵痛》，寥七一等译，辽宁人民出版社 1989 年版。

［美］柯文：《在中国发现历史：中国中心观在美国的兴起》，林同奇译，中华书局 2002 年版。

［美］费正清：《剑桥中国晚清史》，中国社会科学出版社 1993 年版。

［日］紫山川崎三郎：《曾国藩传——日本人眼中的曾国藩》，王纪卿译，香港中和出版有限公司 2012 年版。

［英］阿雷恩·鲍尔德温：《文化研究导论》（修订版），陶东风等译，高等教育出版社 2004 年版。

［英］爱德华·泰勒：《原始文化：神话、哲学、宗教、语言、艺术和习俗发展之研究》，连树声译，广西师范大学出版社 2005 年版。

［德］康德：《判断力批判》，宗白华译，商务印书馆 1985 年版。

（三）相关期刊、报刊及学位论文类

汪康年：《商战论》，《时务报》1896 年 12 月 15 日。

郭斌龢：《曾文正公与中国文化》，《大公报》1932 年 11 月 7 日。

陈恭禄：《曾国藩与海军》，《武汉大学文哲季刊》1934 年第 3 卷第 4 期。

李朴生：《曾国藩的用人方法》，《行政效率》1934 年第 7 期。

秦骊：《曾国藩之实干精神及其事业》，《汗血学刊》1934 年第 2 卷第 6 期。

林炳康：《曾国藩论国难与吏治》，《行政效率》1935 年第 3 卷第 2 期。

唐庆增：《曾国藩之经济思想》，《经济学季刊》1935 年 3 月第 5 卷第 4 期。

黄仁荣：《曾国藩之生平及其治军方略》，《黄埔月刊》1935 年第 5 期。

曾胜镇：《曾国藩的教育思想》，《师大月刊》1936 年第 28 期。

黎正甫：《曾国藩的家训》，《公教学校》1936 年第 28 期。

乃统：《曾国藩的实干精神》，《励志》1936 年第 4 卷第 29 期。

齐宣：《曾国藩对盐务的贡献》，《东亚经济月刊》1942 年第 1 卷第 5 期。

王芸生：《论曾国藩》，《人物杂志》1946 年创刊号。

王德亮：《与王芸生先生论曾国藩》，《中央周刊》1948 年第 40 期。

阿英：《曾国藩的媚外》，《人民日报》1960 年 11 月 5 日。

杨国强：《曾国藩与传统文化》，《近代史研究》1989 年第 1 期。
许山河：《曾国藩是爱国者》，《湘潭大学学报》1989 年第 1 期。
杨国洪：《论曾国藩的外交思想》，《深圳大学学报》1992 年第 4 期。
盘桂生：《“曾国藩是爱国者”驳论》，《广西师范大学学报》1992 年第 2 期。
邓亦武：《浅论曾国藩“理学经世”思想》，《扬州师范学院学报》1993 年第 2 期。
徐泰来：《论曾国藩的历史作用和地位》，《湖南师范大学社会科学学报》1995 年第 5 期。
郭汉民：《曾国藩与近代中国首批留学生的派遣》，《湖南师范大学社会科学学报》1996 年第 3 期。
秦志勇：《曾国藩的理学经世思想及理学用世观》，《北方工业大学学报》（人文社科版）1996 年第 2 期。
胡维革、张昭君：《曾国藩理学经世思想探渊》，《北方论丛》1996 年第 1 期。
黄长义：《儒家心态与近代追求——曾国藩经世思想简论》，《求索》1996 年第 3 期。
王兴国：《曾国藩在中国近代思想史上的三个贡献》，《求索》1996 年第 2 期。
朱东安：《曾国藩与中国传统文化》，《近代史研究》1997 年第 1 期。
宋德华：《曾国藩与中国近代文化精神》，《湘潭大学学报》（哲学社会科学版）1997 年第 1 期。
汪林茂：《中国近代化历程纵横观》，《浙江社会科学》1997 年第 3 期。
童远忠：《曾国藩晚年对西方近代文化的认识》，《钦州师范高等专科学校学报》1998 年第 4 期。
史革新：《理学与晚清社会》，《北京师范大学学报》1998 年第 4 期。
李细珠：《理学与“同治中兴”——倭仁与曾国藩比较观察》，《学术月刊》1999 年第 3 期。
陈铁军：《“中体西用”思想与中国近代化进程》，《安庆师范学院学报》1999 年第 4 期。
华友根：《曾国藩法律思想述略》，《史林》2001 年第 3 期。
吴乃华：《洋务运动与中国近代化》，《湖北省社会主义学院学报》2002

年第 3 期。

张昭军:《曾国藩理学思想探析》,《北京师范大学学报》(社会科学版)2004 年第 3 期。

蒋广学:《曾国藩:近代中国政治与文化保守主义思潮的奠基者》,《江苏社会科学》2005 年第 5 期。

刘基玖:《论曾国藩、李鸿章与中国军事近代化》,《船山学刊》2005 年第 1 期。

朱汉民:《曾国藩的礼学及其经世理念》,《中国哲学史》2007 年第 1 期。

王继平:《论曾国藩的现代化意识及其意义——兼论近代以来中国现代化的路向》,《湘潭大学学报》(哲学社会科学版)2007 年第 2 期。

肖高华:《论曾国藩文化思想的主要特征》,《湖南科技大学学报》(社会科学版)2007 年第 2 期。

罗玉明:《曾国藩与中国教育近代化》,《求索》2007 年第 6 期。

罗检秋:《学术调融与思想改良——曾国藩、郭嵩焘的礼学思想述论》,《天津社会科学》2007 年第 3 期。

辛松:《曾国藩科技思想探究》,硕士学位论文,国防科学技术大学,2007 年。

文瑶:《曾国藩与中国科技近代化》,硕士学位论文,湘潭大学,2007 年。

李洪华:《曾国藩政治思想的文化特性》,《贵州文史丛刊》2009 年第 3 期。

徐雷:《曾国藩理学思想研究》,博士学位论文,湖南大学,2010 年。

梁念琼:《试论曾国藩在近代中西文化交流中的作用和地位》,《船山学刊》2000 年第 2 期。

余祖华:《"中国最后一位大儒"与"中国西学第一人"——曾国藩与严复思想比较》,《湖南人文科技学院学报》2012 年第 1 期。

李娇莹:《曾国藩的经世思想与近代中国》,博士学位论文,(台湾)中国文化大学,2008 年。